"2012年重庆师范大学学术专著出版基金"资助项目

是，一国能从企业国际化和外向 FDI 中得到什么好处？接下去的问题是，中国总体上能从对外直接投资中获得哪些利益？诸如此类的考虑，促成了这个选题的选择。

选题是有了，聚焦点也找到了，但作为导师，我很清楚，研究的实施是有风险的，最大的风险是缺乏大块的主流经济学理论支撑，尤其是缺乏可以直接引进利用的计量模型。略有些经济学"业内见识"者多半都清楚，近些年中国经济学"圈内"形成一种倾向，这便是从欧美高端杂志或研究机构已经发表的一些成果（包括工作论文）中找论题，借鉴这些成果中的现成模型，再把中国数据引入，得出计量结果。犹如美术界学绘画的人先搞临摹那样。这样做对初学者而言容易上手，国内较好的高校，硕博论文选题十有八九都是这个套路。这样，选题对于学生完成论文较为保险，最大的保险系数在于紧贴西方主流，在高端杂志发文概率高。本书论题的选定多半与这个套路相背离，因为不是从高端杂志文献中找论题，而是从现实中找，缺乏高端研究文献参照，做下来风险自然要大些。但世界上的事物总是出奇地和经济学的某些原理相吻合——风险和收益成正比，风险大，预期收益往往也大！不入主流的选题路子，选出的论题创新余地往往较大。这也是当初我对这篇博士论文的预期。

事后来看，上述预期确在很大程度上给作者变现了。就作者目前完成的这本书来看，创新不少于三：第一个是综合考虑外向 FDI 对于投资母国的各种显性效应（revealed effects），建立了一个较为规范的分析框架。这在此前同类研究中尚属空缺。第二个是较为系统地梳理了外向 FDI 对于投资流出国产生效应的各种机制，并勾勒出一个分合兼具且能够自圆其说的机理系统。第三个是从中国作为新兴市场经济体的现实背景出发，设计了一种计量外向 FDI 对于母国 TFP 增进效应的方法。之前此类模型全部基于发达国家之间或者它们那些向比自己落后一筹的经济体投资考虑，本书考虑了作为新兴市场经济体的背景，这个背景也即"中国背景"。

以上可谓本书亮点，也是本书出版的价值所在。当然，作为一篇博士论文，带有研究者初作的天然印迹，不完善与研究的缺失也不难发现。现在看来，最大的缺陷是微观视点的缺失，具体地说，缺乏一种异质企业—全球价值链分工—贸易而 FDI 流动及其效应的链条视点，这一视点，恰是最近十几年来西方主流经济学理论突破的重要视点。改进的方向当是从微观层面切入，上升到宏观层面。

当然，作为一本初作，不可苛求，毕竟是一种新的尝试。以专业的眼光审视，本书简洁的分析框架和选题的独到视野，对于初学者当具有较大的启示意义。有鉴于这些认识，我愿强力向读者推荐本书。

2013 年 12 月 2 日写于杭州—昆明航空旅行中

内 容 提 要

20世纪80年代以来，全球对外直接投资（Foreign Direct Investment，FDI）流量与存量双双激增，成为当代最重要的国际经济现象之一，其对东道国经济、母国经济以及全球经济的影响越来越受到各方面的关注。世纪之交，中国政府提出了"走出去"战略，鼓励企业进行跨国投资与经营，由此正在促成中国企业的对外直接投资高潮，这个高潮势必对中国经济产生重大而深远的影响。基于国际国内政策环境的变化以及对外直接投资浪潮的蓬勃发展，本书将对外直接投资与母国经济利益作为考察的视角，并进行相关理论与实证分析，为中国下一步促进对外直接投资发展提供相关政策建议。

本书在系统梳理有关对外直接投资影响母国经济的相关文献基础上，采用实证分析与规范分析相结合的方法，就对外直接投资与母国经济这一论题展开了研究。在具体研究上，本书构建了一个对外直接投资影响母国经济利益的传导机制框架，就对外直接投资影响母国经济利益的微观机制进行了深入剖析，并将其纳入一个完整的框架之中予以分析，而这一传导机制也是其后进行经验检验与实证分析的理论框架。具体而言，对外直接投资影响母国经济利益是通过对母国的产业结构施加影响、导致母国技术进步、促进母国出口贸易增加、改善母国国内就业以及影响母国国际收支平衡这五方面进行的。

通过对先行的对外直接投资大国美国和日本的实证分析，得出的主要结论是：无论美国还是日本，其对外直接投资都对本国经济产生了重要影响。不同的是，美国的对外直接投资促进了本国产业结构的顺利升级，而日本却在对外直接投资过程中陷入"空心化"的趋势；美国和日本都注意在对外直接投资中汲取他国先进技术，尤其是日本通过对美国、西欧等技术先进国的大力投资，促进了日本国内技术的不断进步；美国和日本的对外直接投资都在一定程度上促进了本国出口贸易的发展，从计量结果来看，美国的对外直接投资与其出口贸易之间的线性关系更加明显，但日本的对外直接投资在更大程度上促进了其出口贸易的增长；在对外直接投资与母国的国内就业关系上，实证分析表明，美国与日本的对外直接投资都在一定程度上促进了本国就业的增长，而美国对外直接投资在更大程度上提高了其国内的就业质量；美国和日本的对外直接投资都对本国的国际收支产生了积极影响，改善了彼此的经常账户和资本账户，从而促进了本国国际收支的平稳发展。

通过对中国对外直接投资的实证分析，得出的主要结论是：中国的对外直接投资尚处于起步阶段，其对中国经济产生的影响还不明显，但随着中国对外直接投资的进一步发展，其对中国经济产生的影响也是重大而深远的。通过中国对外直接投资与中国出口贸易和技术进步的计量分析，得出的实证结论有二：其一，中国的对外直接投资是贸易创造性的，对外直接投资促进了中国出口贸易的进一步发展；其二，对外直接投资增加了中国来自国外的研发资本存量，且这些通过对外直接投资溢出的来自国外的研发存量与中国国内的技术进步有显著的正相关关系。虽然中国对外直接投资规模不大且由于统计制度的滞后，使得所采用的数据存在一定的误差，但无论如何，实证研究已表明，对外直接投资促进了中国产业结构的升级、技术进步、出口贸易发展、就业增加以及国际收支改善。因而，大力促进中国企业对外直接投资的发展，更好地参与国际竞争与合作，必将对中国经济产生积极而深远的影响。

ABSTRACT

Since the 1980s, Foreign Direct Investment (FDI) flows and stock increase rapidly and FDI has become one of the most important international economic phenomena. FDI also has brought important influence on economy of both host and home countries as well as economy of the whole world. Every country, especially the governments of home countries always pay attention to the influence of FDI on their economy. At the turn of the century, Chinese government puts forward the strategy of "Going Out" and encourages her enterprises to develop FDI. The subsequent climax of FDI will bring great and profound influence on Chinese economy. Basing on the change of international and internal policy environment, as well as the great development of FDI, this study takes FDI and benefits of home countries as the angle of view, and carries on a theoretical and empirical analysis. The conclusion of theoretical and empirical analysis will offer the Chinese government the policy suggestion related to his next step promoting the development of FDI.

This study adopts the theoretical and empirical analysis to research the economic benefits of FDI of home countries. As far as study in detail is concerned, this study constructs a conduction mechanism of the influence of FDI on economic benefits of home countries. Basing on this conduction mechanism, this study thoroughly researches the influence of FDI on economic benefits of home countries. According to the conclusion of this study, the influence of FDI on economic benefits of home countries are mainly embodied on five aspects: industrial structure of home countries, technology of home countries, export trade of home countries, employment of home countries, and balance of international revenue and expenditure of home countries.

By the experience analysis of American and Japanese FDI, the main conclusion of this study is that FDI has brought great influence on both American and Japanese economy. But there are differences between those two countries. First, American FDI boosts her industrial structure upgrading while Japanese FDI makes her industrial structure get into the trend of "hollowing". Second, both the United States and Japan attach importance to attract foreign advanced technology by FDI, and especially Japan promotes her domestic technology by FDI in technology advanced countries, such as the United States and Europe. Third, both American and Japanese FDI accelerate their export. From the conclusion of econometrics, the relationship between FDI and export in United States is more distinct than that of Japan, but Japanese FDI accelerates her export to a higher degree. Fourth, On the relationship between FDI and domestic employment, experience analysis indicates that both American and Japanese FDI boost their domestic employment, but the United States is more successful than Japan in promoting the quality of domestic employment. Last, both American and Japanese FDI have positive influence on their balance of revenue and expenditure.

By the experience analysis of Chinese FDI, the main conclusion of this study is that the influence of Chinese FDI on her economy is still uncertain, but along with the further development of Chinese FDI, the influence on Chinese economy will be great and profound. There are two econometric conclusions of Chinese FDI between her export and technology: First, Chinese FDI is trade creativeness, and Chinese FDI accelerates her export. Second, Chinese FDI increases her R & D capital stock coming from aboard. But this R & D capital stock coming from aboard does not have notably positive relationship with Chinese domestic technological progress. The reasonable explanations are the small scale of Chinese FDI and the lag of Chinese statistics system of FDI. Anyway, FDI is promoting Chinese industrial structure, accelerating Chinese technological progress and export trade, improving Chinese employment as well as her balance of revenue and expenditure. So, boosting the development of FDI of Chinese enterprises, and better participating in international competition and cooperation will certainly give rise to the positive and profound influence on Chinese economy.

目　　录

第一章

导　论

本章首先简要交代本书的选题背景与研究意义，接着介绍本书的研究思路与基本研究方法，最后就本书的结构安排与主要内容以及论文可能的创新之处作出说明。

第一节　问题的由来及其研究意义

伴随国际经济格局的不断变化，对外直接投资已逐渐成为当今促进世界经济发展的最重要、最活跃的因素。

首先，国际竞争的主要方式由国际贸易演变为对外直接投资。众所周知，一国参与国际竞争的主要方式为对外直接投资、国际贸易与技术转让。在不同的历史时期，这三种国际竞争的主要方式在世界经济中的地位是不同的。长期以来，国际贸易在世界经济中占据主导地位，对出口国、进口国和世界经济产生重大影响，被西方学者称为促进世界经济发展的"发动机"。20世纪80年代之后，对外直接投资发展迅速，流量与存量急剧扩大，成为世界经济中的主导力量。联合国跨国公司中心发表的《1992年世界投资报告》一书首次提出，对外直接投资已成为促进世界经济增长的"发动机"。

其次，参与国际分工的主体由主权国演变为跨国公司。20世纪80年代以来，跨国公司及其对外直接投资得到了极大发展，成为世界经济的主宰者。在当代世界经济中，跨国公司是对外直接投资者和对外贸易者，也是高新技术的创造者、传播者和拥有者。为了保持并发挥其国际竞争优势，跨国公司更乐于将其垄断优势加以内部化，亦即将其拥有的高新技术在本公司内部使用，而不是对外转让。利用技术优势在世界各地设立生产基地，为跨国公司创造了更大的比较优势，使其对外直接投资存量与流量大幅度增加。

最后，发展中国家的对外直接投资也已起步，且增长迅速。自从跨国企业产生以来，发展中国家一直是作为对外直接投资的东道国（host country），但是，从 20 世纪 80 年代开始，发展中国家也逐步成为跨国企业的母国（home country）。作为"一揽子"性质的资本输出，对外直接投资给母国经济带来的影响远远超过资本要素流动本身，因而，对外直接投资对母国利益影响的研究日益提上日程。

对外直接投资对母国经济的影响最初是由发达国家国内各种社会力量，尤其是工会组织从负面效应的角度提出来的。人们从直觉出发，认为对外直接投资会引起资本外流，减少国内就业机会，导致技术转移，影响国际贸易，还会扶持竞争对手，从而不利于国内经济的发展。对此，各国政界、企业界、学术界、工会组织等各种社会力量进行过长期争论。事实上，在对外直接投资风起云涌的同时，理论界对它的研究也在深入进行，从古典经济学家到新古典经济学家对此都有较多的论述。随着对外直接投资的蓬勃发展，对外直接投资的理论研究也经历了从形成到逐渐完善的过程，在这方面，西方先行国家的学者已有大量的研究。但对发展中国家而言，由于对外直接投资起步晚，规模小，对本国经济的影响不显著等原因，针对发展中国家对外直接投资的理论研究滞后，已有研究的视角多是将发展中国家视为东道国之角度进行的，缺乏对发展中国家作为母国的研究。而事实上，处在不同经济发展阶段的国家，对对外直接投资对母国经济影响的关注焦点明显不同，发达国家主要着眼于对就业的影响，而发展中国家主要看重对国际收支的影响。发展中国家的对外直接投资已起步，有的国家对外直接投资已具相当规模，对本国经济的影响已不容忽视。带有自身特点的发展中国家，其对外直接投资对母国经济的影响自然有不同于发达国家的特点，然而，这方面的研究仍是一个空白。基于此，针对对外直接投资与母国经济利益的研究无疑具有重要的理论意义。

改革开放以来，特别是中央最高决策层提出实施"走出去"战略以来，我国企业界掀起了一轮对外直接投资的高潮。据商务部统计，截至 2011 年年底，中国企业进行投资的地区和国家已经达到 178 个，在境外设立了 1.6 万家企业，目前年度投资规模已经达到 688 亿美元，对外直接投资累计达到 3172 亿美元，居世界前五位，在发展中国家中排名第一，连续九年保持增长势头，年均增长速度约49.9%①。如此规模的对外直接投资虽不能与西方发达国家相比，也与我国吸引外资的规模无法比拟，但其增长速度已令世界瞩目，对外直接投资对母国经济利益影响的研究再次成为国内各界关注的焦点。经历了社会发展资金的短缺、国有企业改革的艰辛以及正在经历的就业压力与人民币升值压力的煎熬，对外直接投资无疑更加引人注目。因为，对外直接投资与这些热点问题息息相关。无论是资金的外流对国内投资的挤占，还是国内厂商海外建厂对国内就业的替代以及外汇储备激增造成的人民币升值压力，都需要我们认真思考对外直接投资对母国经济的影响，换言之，对外直接投资与母国经济利益已紧紧联系在一起。近年来，随着国家"走出去"战略的实施，中国企业的对外直接投资蓬勃发展，总体规模已经不小，甚至超过作为新兴经济体代表的韩国，更加值得关注的是，这种趋势仍在加速发展。可以预见，中国企业的对外直接投资必将掀起一轮轮新的高潮，对中国经济的影响将是重大而深远的。在当前我国人民币面临升值压力、外汇储备激增、逐渐承兑世界贸易组织承诺的背景下，深入探讨对外直接投资对中国经济的影响，并借鉴国际经验予以治理，无疑具有重要的现实意义。

长期以来，中国作为发展中国家，以大量吸收外资为己任，各级政府也以此作为政绩显赫的重要指标，改革开放将近三十年，中国已跃居全球吸引外资最多的国家，中国经济也因此而获得了飞速发展，创造了令世界瞩目的"中国奇迹"。但是，无论是成熟的经济理论还是先行国家的经验均表明：当一国经济发展到一定阶段后，其对外直接投资必然会有一个较快的发展。当今之中国，正处于这样一个转折点！研究对外直接投资对母国经济利益的影响，意义自然非同寻常。

从现有的文献看，有关对外直接投资（或国际投资）和母国利益的研究也不少，尤其在西方国家，针对不同国家、甚至同一国家不同历史时期，其对外直接投资对母国影响的研究也很盛行，许多研究是从实证的角度进行的，且有翔实的数据加以支撑。然而，这些研究也存在一个重大的问题：角度单一。它们或仅研究从对外直接投资对母国出口贸易的影响，或仅研究对外直接投资对母国国内就业的影响，而罕有从整体上研究对外直接投资对母国影响的文献。另外，对发展中国家尤其是中国对外直接投

---

① 中华人民共和国商务部网站（http：//hzs．mofcom．gov．cn/date/date．html）。

资对母国影响的研究也很少，这一方面是因为发展中国家对外直接投资起步晚，另一方面是因为发展中国家经济发展的外向型尚不明显，其对外直接投资对母国经济的影响尚不显著，也许研究的意义不大。就国内的研究来看，这方面的工作就更加欠缺了，即使已有的一些研究，往往是泛泛而谈，缺乏规范的经济学分析，尤其缺乏实证分析，这不能不说是一个缺憾。而事实上，对外直接投资对母国经济利益造成的影响是重大的、全方位的，尤其是在开放经济条件下，任何一个国家都必须正视这一影响，中国近年来高速发展的对外直接投资以及这些投资对国内经济的冲击已说明了这一点。本书的现实意义也十分明显，基于西方发达国家对外直接投资与中国对外直接投资的国际比较，并建立模型进行实证分析，可以清晰地看出我国与西方国家的差距，并借鉴西方国家成功的经验，避免失败的教训，进而为我国有关部门制订并实施"走出去"战略，大力发展对外直接投资提供理论参考。

第二节　研究思路与方法

从思路来看，本书是沿着"构建分析框架—理论与实证分析—对策研究"的逻辑线索展开的。从对外直接投资对母国产业结构、技术进步、出口贸易、就业和国际收支平衡几方面展开研究，构建对外直接投资影响母国经济利益的传导机制。在此基础上，以先行国家的经验为依据，结合中国对外直接投资的实践，对理论加以实证检验，从而得出一般性的结论，在此基础上提出相应的对策建议，做到实证与规范研究的有机统一。

本书主要采用实证分析与规范分析相结合的方法、计量经济学的协整分析方法以及比较研究和经验分析方法。

经济学的主要研究方法是实证分析的方法和规范分析的方法。实证分析只涉及对经济现象的解释和预测，规范分析则研究应该如何做出经济决策。本书采用实证分析与规范分析相结合、理论与实践相结合的研究方法，主要是在充分把握丰富的历史文献的基础上，重新整合已有的对外直接投资理论，并提出一些理论见解充实该理论。在进行主观判断的同时，进行客观事实的研究，在实证的基础上再提出相应的对策建议，做到实证分析与规范分析的有机统一。

计量经济学的协整分析方法是近期国际上较流行的计量分析方法，由于该方法能较好地解决时间序列数据的平稳性问题，因而成为研究时间序列数据计量的常用方法。本书在实证分析中采用该方法，主要是为了检验对外直接投资对母国出口贸易及技术进步的影响，以期通过计量结论验证一些理论见解，从实证角度支撑理论假设，力求做到每一种理论解释都有实证研究的支持。在相关计量结论的基础上，再提出相应的对策建议，使得出的结论更有说服力。

比较研究及经验分析方法也是经济学研究常采用的方法。本书的比较分析涉及发达国家对外直接投资对这些发达国家经济利益产生了什么样的影响，也涉及中国对外直接投资与这些发达国家的比较，而这些比较对尚处于对外直接投资起步阶段的中国具有一定的借鉴意义。这里的经验分析并不是指经济学一般意义上的对经济现象的分析和解释，而是指通过理论归纳或者模型的构造对现象进行解释。正如一般意义上的经济学方法论所述，本书的解释只涉及真实世界的某些或某个方面，并不能完全反映真实世界。

第三节　研究的基本框架

本书的分析框架如下页图所示，首先是导论，然后是文献综述，接着是理论分析与框架构建，随后两章进行经验与实证检验，分别就对外直接投资的先行国家与中国的对外直接投资对本国的经济影响进行了实证研究，最后是结论与有待进一步研究的问题。

本书共分六章，分别是导论、文献综述、理论框架、先行国家的实证研究、中国的初步分析与结论部分。

第一章是导论。简要地交代本书的选题背景与研究意义、研究思路与方法、结构安排与主要内容以及可能的创新之处。

第二章是对外直接投资与母国经济利益：文献综述。本章从两个方面就对外直接投资与母国经济利益的已有研究进行了梳理，即对外直接投资影响母国经济利益的理论分析与对外直接投资影响母国经济利益的实证分析。

```
┌──────────────────┐
│       导论        │
└──────────────────┘
          ↓
┌──────────────────┐
│     文献综述      │
└──────────────────┘
          ↓
┌──────────────────┐
│     理论框架      │
└──────────────────┘
     ↓              ↓
┌──────────────┐  ┌──────────────┐
│ 先行国家的实证研究 │  │ 中国的初步分析 │
└──────────────┘  └──────────────┘
                      ↓
            ┌──────────────────┐
            │   结论与政策建议    │
            └──────────────────┘
```

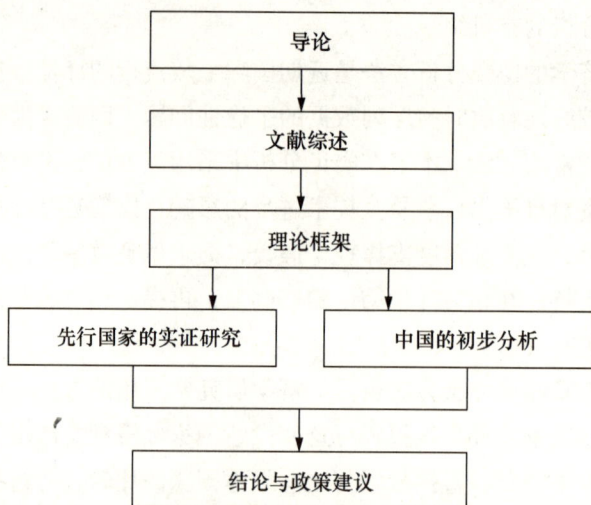

本书的研究思路与框架结构

第三章是就对外直接投资与母国经济利益：机理分析。就现实经济生活而言，对外直接投资对母国经济利益的影响是一个错综复杂的问题，是一系列相关因素相互作用的结果，不能一概而论。但对外直接投资对母国经济利益的影响是客观存在的，是可以进行相应研究的，且可以加以模型化的。本章通过分析，认为可以从以下五个方面分析对外直接投资是如何影响母国的经济利益的，它们分别是：对外直接投资与母国产业结构、对外直接投资与母国技术、对外直接投资与母国出口贸易、对外直接投资与母国就业以及对外直接投资与母国国际收支平衡。对外直接投资是通过一个复杂的传导机制，对母国的经济利益产生影响的，这些影响既有积极的，也有消极的，本章力图通过构建一个完整的传导机制框架，将对外直接投资对母国经济利益造成的积极与消极两方面的效应纳入其中，并进行理论与实证的分析。

第四章对外直接投资与母国经济利益：先行国家实证。本章就美国与日本两个对外直接投资大国与强国的对外直接投资经历以及对各自国内产生的影响对对外直接投资与母国经济利益问题进行了实证研究。美国的对外直接投资虽然起步不算最早，但在第二次世界大战后发展速度最快，其对美国的经济产生了深刻的影响；日本在第二次世界大战后的重新崛起，尤其是其产业结构的不断调整、优化与升级，在很大程度上与其对外直接投资息息相关。

第五章是对外直接投资与中国经济：初步分析。本章就中国对外直接投资的实践对对外直接投资与母国经济利益进行了实证研究。中国企业对外直接投资的蓬勃发展对中国国内经济产生了深刻的影响，这些影响集中体现在对外直接投资促进了中国产业结构升级，带动了中国的技术进步与出口贸易增加，促进了国内就业的增长和质量的改善，构建了中国更为安全的国际收支平衡体系。实证检验从对外直接投资与中国出口贸易以及对外直接投资与中国技术进步这两方面展开，并做了初步的实证分析。

第六章是研究结论与政策建议。本书从对外直接投资影响母国经济利益的传导机制角度切入，首先，从理论上构建了对外直接投资影响母国经济利益的传导机制。其次，对先行国家美日的经历进行经验检验，即美日对外直接投资无疑都对本国经济产生了重大影响，且这种影响是多方面的，都通过以上传导机制施加这种影响。最后，就中国对外直接投资而言，虽然时间短，数量少，但其对中国国内经济仍产生了一定的影响，且这种影响随着中国对外直接投资规模的逐渐扩大而增强，实证检验在两方面展开，即对外直接投资对中国出口贸易的影响以及对中国技术进步的影响。实证检验的结论进一步加深了对理论部分的解释，也为相关部门制定政策提供了参考。

第四节　研究的技术路线

本书的研究选择从对外直接投资对母国经济利益这个角度展开，这个背景不可能离开国内外宏观背景的讨论，因为对外直接投资活动不仅脱离不了国内外宏观背景，而且在相当大程度上受国内外宏观背景左右。

基于这样的考虑，在学习和吸收国内外现有理论成果基础上，本书试图构建一个对外直接投资的一般理论体系，在这个统一的分析体系内，定性与定量相结合地分析对外直接投资对母国的经济利益的影响。

经济学以实证与规范为主要分析方法，实证主要解决的是"为什么"的问题，规范分析则是"怎么样"，因此本书主要运用实证分析与规范分析相结合的方法。在分析大量数据的基础上，通过实证验证 OFDI 相关理论对现实的解释能力，并完善相关理论，以此为基础提出相应的对策建议，做到实证分析与规范分析的有机统一。

由于本书研究内容涉及大量的时间序列数据，而计量经济学的协整分析方法能有效解决时间序列的平稳性问题，因此实证分析中将主要以协整为基础对数据进行处理。

比较研究及经验分析方法也是经济学研究常采用的方法。本书以美国、日本两个对外直接投资先行国家的研究作为参考，比较分析了发达国家对外直接投资对母国经济利益产生的影响，并据此比较先行国和中国对外直接投资和这种投资对各自国内经济影响的不同，这些比较对尚处于对外直接投资起步阶段的中国具有一定借鉴意义。

第五节　可能的创新

鉴于国内外研究现状，本书的可能创新点主要集中在以下几点：

第一，通过链条模型，构建了一个完整的对外直接投资影响母国经济利益的传导机制框架，并就对外直接投资影响母国经济利益的微观机制进行了深入探讨，该框架也是其后进行经验检验与实证分析的理论基础。

第二，运用传导机制框架不仅对比分析了美国、日本对外直接投资对各自经济利益影响的异同，而且对比分析了发达国家和中国对外直接投资对各自经济的影响，在比较研究的基础上提出相应的对策建议。

第三，构建了针对中国对外直接投资影响其经济利益的一个初步分析框架，并采用国际上比较前沿的计量分析方法进行了实证研究，通过协整分析得出的结论表明中国对外直接投资与出口贸易是正相关的；同时，采用最新的数据就对外直接投资对中国技术进步的影响进行了实证检验，模型检验的预期结果对制定相应的政策提供了可靠的参考。

第二章

对外直接投资与母国经济
利益：文献综述

本章从两个方面就对外直接投资与母国经济利益的已有研究进行了梳理，即对外直接投资影响母国经济利益的理论分析与对外直接投资影响母国经济利益的实证分析。就对外直接投资影响母国经济利益的理论分析而言，国内外学者研究的角度多是从对外直接投资的动因着手。根据对外直接投资动因的差异，又可以分为从对外直接投资动因实践中显现的母国经济利益与从对外直接投资动因理论中显现的母国经济利益，前者多为国内学者的研究成果，而后者则为西方主流经济学家所关注，并有相当的理论成果可资借鉴。具体来说，对外直接投资动因有资源寻求型、市场寻求型、效率寻求型以及战略资产寻求型，相应的对外直接投资动因也蕴含于此。同时，对一国而言，对外直接投资的动机并非单一的，其对母国经济的影响也是综合的。

近年来，中国学者在这方面也做了较多研究。另外，有关对外直接投资的理论研究很多，它们从各个角度研究了企业对外直接投资的动因，但直接提及母国经济利益的研究却并不多，所有有关对外直接投资对母国经济利益产生影响的分析都隐含在有关理论中，在所有这些理论中，可以清晰地显现出母国经济利益的有垄断优势论、内部化理论、产品生命周期理论以及邓宁的折中理论。

就对外直接投资影响母国经济利益的实证分析而言，已有研究基于对外直接投资对母国经济利益影响的考察主要是从贸易和就业的视角展开的。在贸易方面，主要考察对外直接投资对企业和母国出口的影响；在就业方面，主要考察对外直接投资对母国就业的影响。另外，随着对外直接投资规模的不断扩大，其对产业结构优化、技术进步和国际收支平衡的影响也越来越受到母国政府的关注。具体而言，对外直接投资对母国产业结构影响的文献集中分为两类，即对外直接投资与母国产业结构优化以及对外直接投资与母国产业结构"空心化"。两方面的研究都有实证支撑，具有相当的说服力，但实际研究则因国家的不同、产业结构与投资结构的不同而各异；对外直接投资对母国技术升级主要通过两条途径施加影响：一是通过改变母国熟练劳动与非熟练劳动的构成进而影响母国技术升级；二是通过技术的溢出进而影响母国的技术升级。其中，前者从劳动力构成即技术的载体方面进行研究，而后者则从技术溢出即技术的传导方式进行研究，二者殊途同归，最终都因对外直接投资而发生进而影响母国技术进步。

对外直接投资对母国贸易，尤其是出口贸易的影响，西方学者已有相当的研究，但在对外直接投资与对外贸易的关系上，一直存在着两种相反的观点，即"贸易替代论"与"贸易补充论"，其理论争论可追溯到20世纪50年代。争论的理论框架经历了由新古典理论到新贸易理论的变迁，而实证分析的视角则经历了从宏观分析到微观分析直至因果分析的转变。

就对外直接投资与母国就业的已有研究看，西方学者存在两种截然相反的观点，一些西方学者认为对外直接投资减少了本国的就业机会，是导致本国高失业率的重要原因，而另一些西方学者和官方机构则持相反的观点。西方学者在研究对外直接投资与母国就业关系时，通常从两个角度，即对外直接投资与母国就业的直接和间接联系来进行研究。

就对外直接投资对母国国际收支平衡的影响而言，已有的研究多从两方面进行。因为一国的国际收支状况反映在国际收支平衡表中，资本项目和经常项目是国际收支平衡表的重要组成部分，因而，一国对外直接投资对其国际收支平衡的影响集中体现在对资本项目和经常项目的影响上。

但就研究的结论而言，总体来讲，对外直接投资在短期内可能对投资母国国际收支带来负效应，但在长期内将有助于改善投资母国国际收支状况，且对外直接投资对发达母国的国际收支的正效应要远大于发展中母国。但由于各国国情的不同，这种效应在国家之间的差异也较大。

第一节 对外直接投资与母国利益：早期研究

有关对外直接投资与母国经济利益的研究，最初多半起源于对外投资尤其是对外间接投资。早在一个半世纪前，在资本输出刚刚兴起时，马克思就已经注意到了资本输出对其母国经济利益的影响，他写道："如果资本输往国外，那么这种情况之所以发生，并不是因为它在国内已经绝对不能使用。这种情况之所以发生，是因为它在国外能够按更高的利润率来使用。"后来列宁也指出："输出资本的国家，几乎总可能获得相当的'利益'，这种利益的性质也就说明了金融资本和垄断组织的时代特征。"但值得指出的是，无论是马克思还是列宁，这里所说的资本输出的利益，主要是针对国际间接投资尤其是国际信贷资本输出而言的，因为在那个时代，国际直接投资还不太盛行，大量的资本输出是间接投资，尤其是西方列强国家的金融机构向殖民地半殖民地国家政府贷款。20世纪后半叶，随着企业国际化浪潮涌动而发生的对外直接投资流动规模的迅速膨胀，对外直接投资对母国经济利益的影响才日益显著。

目前所知的关于对外直接投资的最早理论研究，是纳克斯（Nurkse，1933）发表的《资本流动的原因和效应》论文。纳克斯是把对外直接投资总体作为国际资本流动来研究的，使用的完全是国际资本流动分析范畴，其实，他所分析的产业资本跨国移动，即是后来所称的对外直接投资。随后，麦克杜格尔（MacDougall，1960）从经济学角度分析了国际资本流动对母国、东道国经济增长和福利的效应，其结论是资本跨国流动增加了全世界的总产出，而且这种收益为母国与东道国所分享。肯普（Kemp，1962）在此基础上做了进一步分析，其结论与麦克杜格尔相似。

以上分析表明，无论是马克思主义经典理论还是资本主义经济理论，都承认这样一个事实：对外直接投资对母国经济利益有重大影响。然而，这种影响具体表现在哪些方面，则是一个有待回答的问题。随着对外直接投资在世界经济中的地位日益提高①，理论界对它的研究也在深入进行。20世纪60年代后期，特别是80年代以来，有关对外直接投资的研究大量涌现，研究的角度大致经历了从理论到实证的转变，理论上主要是从对外直接投资的动因着手，而实证方面则大量关注西方发达国家对外直接投资对母国经济利益的影响。仔细梳理有关对外直接投资的文献，可以清晰地看到对外直接投资与母国经济利益的内在联系。为了更好地把握这种内在联系，本书从两个大的方面对有关文献进行了归纳。一方面，大量的文献是从对外直接投资的动因视角研究对外直接投资现象的，而在这些动因

---

① 经历了从20世纪30年代英国经济学家罗伯特逊提出的"贸易是经济增长的发动机"到80年代美国经济学家彼得·德鲁克提出的"对外直接投资是全球经济增长的发动机"的转变。

的背后，又隐含着母国的经济利益，本章的第二部分对此进行了综述；另一方面，对外直接投资与母国经济效应是多方面的，实证研究大致从五方面进行了相关检验，有关这方面的文献综述归入了本章第三部分，这也是本章的主体部分。在已知所有有关对外直接投资与母国经济效应的研究中，对外直接投资对母国产业结构升级、技术进步、出口贸易、国内就业及国际收支平衡的影响尤其受到关注。

第二节　对外直接投资与母国经济
利益：动因视角

对外直接投资理论所要解释的核心问题之一是企业对外直接投资的动因①。而在这些动因中，自然包含了母国对某种经济利益的追求。

在实践中通常把企业的对外直接投资动因分为资源寻求型、市场寻求型、效率寻求型和战略资产寻求型四类②。而在实践基础上，理论界有关对外直接投资的成熟理论就更多了，仅叫得出名的就有20余大类，如垄断优势论、寡头均势论、生产要素优势理论、行为理论、管理理论、战略与政策理论、产品周期理论、市场不完全理论、资本过剩理论、区位理论、内部化理论、综合主义理论、国际投资周期理论、国际资金市场理论和国际市场理论，等等。

一　对外直接投资动因：实践中显现的母国经济利益

在企业对外直接投资实践中，依据动因的划分可以对企业的对外直接投资进行分类（Narula，1996）。

资源寻求型对外直接投资是企业为了保证所需的关键性自然资源的有保证供应或有利价格条件的供应，在该资源丰富的国家投资建立子公司或附属企业，这类投资的区位选择通常决定于自然资源的可得性和成本，以及非熟练劳动力的供应情况。企业的这类投资，在增强企业自身实力的同

---

① 大量的实证调查显示，企业进行对外直接投资活动的动因十分复杂。如叶刚（1989）对中国企业对外直接投资的问卷调查，涉及的动因有10项，而张海岩（1994）根据对中国40家跨国企业的调查，涉及的动因有28项。

② 有时也从理论上把对外直接投资动因分为防御性和进攻型，例如小岛清（1973）曾将对外直接投资动因分为劳动力导向的防御性和市场导向的防御性。

时，无疑可以保障母国对一些稀缺的，尤其是具有重要战略意义的原材料的稳定供应，张建刚（2011）通过对省级面板数据的研究，分析出我国东部地区和中部地区对外直接投资是自然资源的寻求型动机驱动。

市场寻求型对外直接投资是企业为了有效供应东道国当地或所在区域市场，在国外投资建立的生产制造、产品分销或售后服务子公司，这类投资主要取决于国外市场的规模和性质、相对生产成本、跨国运输费用、出口障碍以及企业可能失去市场的担心等。近年来，随着地区贸易组织的建立和贸易保护主义的抬头，出口产品越来越困难，而通过对外直接投资，尤其是跨国并购的方式在那些贸易壁垒较高的国家或地区投资建厂，在当地生产并销售，则可以增加企业的销售额，占领更大的市场，赵伟（2004）对海尔、TCL等企业的案例分析表明，跨国并购为主导的对外直接投资不仅可以增强企业的实力，而且促进了母国出口贸易的进一步发展，对整个母国经济产生了积极的效应。李良新（2010）构建模型探讨企业以扩张产品销售为目的的对外直接投资行为，他通过放松企业来自同一母国的假定且假定两企业规模不一，从而得出不同规模企业进行对外直接投资对母国造成的影响也不同的结论。

效率寻求型对外直接投资通常是企业的连续性投资，而不是初次投资（B. Kogut，1983），企业试图通过在国外建立子公司实现跨国界的横向一体化或垂直一体化，以获得规模经济或范围经济的效益。任晓莉、杜明军（2011）从对外直接投资的主体——跨国并购的角度对效率寻求型对外直接投资进行了研究，其结论是：无论是横向一体化的跨国并购，还是纵向一体化的跨国并购，都在一定程度上整合了企业的资源，增强了企业的实力，进而通过一套完整的传导机制，对整个母国的经济发展产生积极的效应。

战略资产寻求型对外直接投资是企业试图通过在国外投资建立子公司，获得国外的关键性要素或无形资产，以增强企业现有资产的组合效应，以保持或加强本企业的主体竞争力，或者削弱竞争对手的竞争地位（Dunning，1993a）[①]。在所有这些战略资产中，获取国外的先进技术尤其

---

① 维森（T. Wesson，1997）建立了一个关于战略资产寻求型对外直接投资的理论模型。马基诺（S. Makino，1998）对维森的模型进行了扩展，发现许多企业特别是发展中国家的企业对外直接投资，有相当部分是为了接近和获得国外的新技术和组织能力而进行的战略资产寻求型对外直接投资或资产增值型对外直接投资。蒂斯（D. Teece，1987）则强调了有效配置和利用互补性资产对企业更好地利用自己核心能力的重要性。

是核心技术最为关键，这也是大多数发展中国家企业采取逆向投资方式到发达国家投资建厂的目的。

但对一国而言，对外直接投资的动机并非单一的，其对母国经济利益的影响也是在综合的。近年来，中国学者在这方面也做了较多的研究。在西方对外直接投资经典理论的基础上，孙建中等人（2004）提出了综合大国优势理论，从多发展目标、多差别优势、多发展空间的角度论述了中国的对外直接投资动机，隐含在这些动机背后的，是国家整体经济利益的追踪与获取。赵伟（2004）则从跨国并购的角度出发，指出跨国并购是当今对外直接投资的主流，跨国并购有四大动机，纵观中国企业的跨国并购活动，也可以看到这些动机的影子，且产生了多重并购效应，这些效应对跨国并购企业以及中国的整个国家经济利益都产生了积极的影响。王光强、田昊、张继成（2008）从中国企业的对外直接投资情况看到，分析对外直接投资模式，一定能发现更多的来自国外的利润源泉，促进经济增长。吴晓波、丁婉玲、高钰（2010）运用多案例研究方法，对企业能力、竞争强度如何影响企业对外直接投资动机的形成进行了探讨，得出结论是，对外直接投资在一定程度上促进了企业能力和竞争力的提高。朱美虹、池仁勇（2011）以广州的 8 家中小民营企业对外直接投资相关问题进行调研分析，归纳总结得出了通过对外直接投资，可以缓解国内生产能力过剩问题，并能寻求新的市场，获取最大化利益，这说明对外直接投资可以拉动东部地区的经济增长。

二 对外直接投资动因：理论中显现的母国经济利益

有关对外直接投资的理论很多，它们从各个角度研究了企业对外直接投资的动因，但直接提及母国经济利益的研究却并不多，所有有关对外直接投资对母国经济利益产生影响的分析都隐含在有关理论中。在这些理论中，可以清晰地显现出母国经济利益的有垄断优势论、内部化理论、产品生命周期理论以及邓宁的折中理论。

垄断优势论是海默（Hymer，1960）以市场不完全为前提提出的一种对外直接投资理论，其核心命题是为了在与具有先天优势的当地企业的竞争中取胜，进行对外直接投资的外国企业必须具有一定的补偿优势，即企业对外直接投资必须满足两个条件：其一是企业必须拥有垄断优势，以抵消在与当地企业竞争中的不利因素；其二是不完全市场的存在，以使企业拥有和维持这种垄断优势。此后，金德尔博格（Kindleberger，1969）进一步把市场不完全分为产品市场不完全、要素市场不完全、规模经济和政策措施导致的市场不完全①，并把企业特有优势归纳为知识资产（专有技术、管理技能等）、产品差异化能力（商标、营销技巧等）和内部与外部规模经济三类，并用收益流量资本化的公式来说明海默理论与以前的国际资本流动理论的区别（林德特和金德尔博格，1982）②。沿着海默的垄断优势论思路，尼克博格（Knickbocker，1973）通过对美国对外直接投资较多的行业情况的分析，发现这些行业的集中程度一般较高，具有典型的寡头垄断的特点，在这种寡占性的市场结构中，为了竞争的需要，寡头企业把相互追随进入新的国外市场作为一种预防性策略，即一旦该行业中某个企业到国外投资，为了抵消占优者可能获得的优势，其他企业也会追随先行者进入新市场，这就是"跟随领先者假说"。垄断优势论虽是站在企业的角度研究对外直接投资的动机，但一国企业通过对外直接投资，获取并巩固了自身的垄断优势，无疑可以增强母国经济在整个世界市场上的竞争力，其对母国经济利益的影响是深远的。

　　内部化论以市场交易性不完全为前提，以交易费用理论为基础，对企业对外直接投资的出现提出了另一种解释。在科斯（Coase，1937）以交易费用理论为基础解释市场中企业存在的原因后，其假说在两个方向上得到了拓展：一是由张五常（Cheung，1983）、杨小凯和黄有光（1993）发展出来的"间接定价"理论；二是由威廉姆森（Williamson，1975，1985）等发展的纵向一体化理论（张维迎，1999），而后者恰好可以解释企业对外直接投资行为。另外，巴克利和卡森（Buckley and Casson，1976）根据交易费用理论指出，随着分工的深化，中间产品在分工中的作用增大，更重要的是，以知识形态为主的中间产品地位超过传统的半成品、原材料。由于信息不对称，知识、技术、技能等中间产品通过市场进行交易的交易费用过高，甚至无法实现交易。在这种情况下，企业会通过

---

　　①　其实，金德尔博格的理论存在明显的缺陷，即他把市场不完全与导致市场不完全的因素混淆了。

　　②　因此，通常把垄断优势论称为"海—金传统"（Buckley and Casson，1985），或"海—金范式"（Liu，1997）。同时对该理论作出贡献的还有凯夫斯（1971，1974）、约翰逊（1970，1977）等人，他们主要是从不同方面、不同层次对特有优势形态的性质进行补充。赫希（1976）、蒂斯（1976，1977）、沃尔夫（1977）、拉奥（1980）等人则从研发和营销的长期投资、企业规模、技术动态变化、要素投入、技术转让和产品多样化角度，对特有优势的形成进行了深入探讨，可参见鲁桐（2000）和刘海云（2001）。

内部化交易取代市场，当企业的这种内部化过程跨越国界时，对外直接投资便产生了①。很明显，对外直接投资有助于企业减少交易费用，当一国所有对外直接投资的企业都通过内部化节省了交易费用，不仅企业提高了在国际市场的竞争力，整个国家的竞争力也得到了提升，必将对母国经济利益产生重大的影响。

产品生命周期本来是市场营销学中的一个概念，弗农（Vernon，1966）借用这一概念来分析美国跨国公司在当时的对外直接投资活动。该理论认为，企业对外直接投资是随着产品的生命周期展开的。产品生命周期是指一个产品存在产品创新、产品成熟和产品标准化三个阶段。在产品的创新阶段，需要密集地使用大量的先进技术和熟练劳动力，同时，技术创新往往是对国内消费需求的反映。美国消费者的人均收入水平高于其他国家，而且，美国是研究开发实力最雄厚的国家，所以，新产品往往是在美国这样的发达国家产生，并首先在美国生产。在产品的成熟阶段，随着产品走向成熟，国内外市场对产品的需求不断增加，产品具有获得较高收益的机会。同时，一些国外厂商开始仿造新产品，创新企业面临丧失技术优势的危险。因此，创新企业对国际市场日益重视，选择对外直接投资以占领当地市场。因西欧国家的经济技术和消费水平最接近美国，所以，美国企业首先在欧洲投资。在产品的标准化阶段，其生产技术已经扩散，产品竞争主要靠价格竞争。这时，产品生产成本成为选择区位的决定因素。于是，跨国公司把生产转移到发展中国家，因为那里拥有大量非熟练劳动力。技术创新国从国外进口自己需要的产品，自己开始新一轮的新产品开发和生产。产品生命周期论把产品的要素强度和生产区位结合起来，动态分析跨国公司在出口和直接投资两种方式上的选择，可以说是一个动态的、融国际贸易与对外直接投资为一体的、统一的国际分工理论。该理论虽是从产品角度分析企业对外直接投资的动因及阶段特征，但各国的产品都在创新、成熟与标准化中演进，有针对性地对本国的产业结构加以调整与升级，无疑可以促进母国经济的健康发展，故该理论对整个母国的对

---

① 巴克利和卡森是根据中间产品市场不完全导致的交易费用来解释内部化及跨国企业的产生。根据资产专用性和机会这一假设（威廉姆森，1985）可以更一般化地来解释交易费用、内部化及跨国企业的产生。威廉姆森（1985）提出了企业内部"完全子市场"和企业各单位"内部充分交易"的概念，并分析了企业通过内部市场，转移那些具有价值创造能力的专有技术和管理技能等知识性中间产品的相对有利性，也为跨国企业的内部化理论提供了更多的分析工具。

外直接投资具有积极的指导意义。

邓宁（Dunning，1977，1979，1980，1981，1988）依据已有研究成果提出了对外直接投资的折中理论，试图确定企业对外直接投资的充分和必要条件，并对企业国际化经营方式的选择给出统一的解释。他把与企业对外直接投资的相关条件概况为所有权优势、内部化优势和区位优势，形成了在对外直接投资的方面影响最大的理论范式——OIL折中理论。企业的所有权优势是指对外直接投资企业在国际市场上拥有的超过其他企业的特定优势，包括技术优势、规模优势、经营管理优势等。内部化优势是指企业内部交易取代市场交易所形成的优势，具体来说，一是由于减少市场交易费用，并利用具有隶属关系的企业内部组织来获取交易利润；二是保证从自己拥有的特定优势上获得最大限度的租金，并避免因技术扩散等因素造成的垄断租金耗散。区位优势是指东道国所持有的有利于国外企业投资的条件：一是东道国要素禀赋所产生的有利条件，如自然资源、地理位置、市场规模、收入水平、基础设施等；二是指东道国社会因素所产生的有利条件，如政治法律制度、经济政策、文化政策、教育水平等。在邓宁看来，所有权优势、内部化优势、区位优势是形成对外直接投资的三个最关键的因素。这三方面因素的组合，不仅可以确定各种类型的对外直接投资，而且可以解释企业关于对外直接投资、出口销售和许可证交易这三种经济活动的选择行为，即仅在上述三个优势均具备的情况下，企业的对外直接投资才会发生（Dunning，1981b）。通过解决企业在国际上扩张所涉及的一系列问题，折中理论解释和预测了对外直接投资的原因和模式。[①]邓宁认为，这些优势不仅影响所发生的国际经营活动的性质和区位，而且影响企业本身及其竞争对手的特征，由此决定它们在国际市场上的战略，因此，折中理论不仅能够有效地解释传统的资源寻求型、市场寻求型和效率寻求型对外直接投资，而且也能够解释新的战略资产寻求型对外直接投资（Dunning，2000）。这些投资都与母国经济利益息息相关，可见，邓宁的折中理论是站在整个母国经济利益的角度，对母国企业采取何种方式参与国际合作与竞争提供了理论指导，当且仅当企业同时具备所有权、内部化与区位优势时，对外直接投资才会发生，此时的对外直接投资才会成

---

　　① 由于折中范式没有统一的理论基础，作为一个关于国际化生产决定因素的分类体系（Buckley and Casson，1985）很适当，但作为一个理论则有问题，因为其不具备能够被证明或证伪的条件，特别是随着邓宁的不断补充，包括的变量越来越多，更加难以进行经验检验。

功，企业才会盈利，母国也因此才会从本国企业的对外直接投资中获益。

第三节 对外直接投资与母国经济利益：效应视角

对外直接投资实证研究的相当部分成果是基于贸易和就业的视角来考察其对母国经济利益的影响。其中，在贸易方面，主要考察的是对外直接投资对企业和母国出口的影响，而在就业方面，主要考察的是对外直接投资对母国就业的影响。另外，随着对外直接投资规模的不断扩大，其对产业结构、技术进步和国际收支平衡的影响也越来越受到母国政府的关注。

一 对外直接投资与母国产业结构

一国经济发展的进程必然伴随国内产业结构的不断优化。在开放条件下，参与国际直接投资是一国实现国内产业结构不断优化升级的重要途径。大多数西方学者认为，通过对外直接投资，母国可以将本国已经失去或即将失去国际竞争力的产业转移到其他国家，从而实现国内产业结构的优化。也有一些西方学者认为，这种产业的转移有可能会造成母国的产业"空心化"，不利于母国产业结构的优化与成长。

（一）对外直接投资与母国产业结构优化

早在20世纪50年代末期，邓宁（Dunning, 1958）就提出"对外直接投资促进母国产业调整"的观点。此后，一些学者对澳大利亚、加拿大、新西兰、荷兰等国的实证研究结果为邓宁的观点提供了有力佐证。小岛清（1987）的边际产业扩张论进一步系统地阐述了对外直接投资的产业结构优化效应。该理论认为，母国将失去比较优势的产业转移到东道国，使东道国特定产品销售的比较优势由潜在变为现实，产业结构发生新的变化；与此同时，母国减少已失去比较优势产业的生产，可以将有限的资源更多地用于扩大具有比较优势产业的生产和出口，使母国的产业结构也发生新的变化。这样的直接投资能使两国的比较成本差距扩大，从而使双方充分得到国际分工和贸易的利益。更重要的是，按这种产业调整要求所进行的直接投资将导致贸易的扩大，即所谓的"顺贸易导向型投资"，使投资与贸易之间形成了一种互补的关系，而不是相互替代。相反，如果将具有比较优势的产业，通过对外这一直接投资的方式转移到国外，则母国与东道国的比较成本差距反而缩小，减少了双方可享受的国际分工和贸易的利益，母国也会减少可供出口的比较优势产品，不利于贸易收支平衡，限制了贸易的扩大，从而导致投资替代贸易，即所谓的"逆贸易导向型投资"。20世纪60年代以来，日本的对外直接投资就是以投资带动贸易，形成顺贸易导向型投资，通过对外投资直接带动本国产业结构的调整，以新的国际分工强化其国际竞争力。另一个成功的例子是韩国和中国台湾的对外直接投资。从20世纪60年代开始，韩国和中国台湾接受日本的直接投资和产业转移，出口导向的劳动密集型产业迅速发展，成为日本"雁行发展模式"下的第一层投资与产业调整互动关系的外围地区。到20世纪80年代，随着韩国、中国台湾经济的成长，劳动力工资水平上升，本币升值，加上美国的贸易保护政策，劳动密集型产业已逐渐丧失比较优势，也开始仿效日本的做法，通过对外直接投资转移"边际产业"，以加速本地产业调整。20世纪80年代中期之后，韩国、中国台湾制定了对外直接投资的鼓励政策，从而出现了对中国大陆和东盟四国的产业转移高潮，促进和带动了本地区产业结构的升级和优化。

美国的对外直接投资也在其产业结构的升级和优化中起到重要的促进作用。在20世纪80年代末以来的美国产业结构大规模调整中，美国政府把发展高技术产业作为调整经济结构的龙头，集中国内资源主要用于发展以信息技术为主的高技术产业，对传统产业则通过积极鼓励企业以对外直接投资的方式向国外大规模转移，从而使得以信息产业为代表的美国新兴产业得到了迅猛发展，进一步增强了其世界头号经济大国的地位。

肖卫国（2002）对德国的研究也显示，作为当今科技强国的德国在20世纪80年代曾在尖端技术方面处于落后地位，1983年，在美国、日本、德国、英国、法国和瑞士的尖端技术产品出口中，美国占37%，日本占25%，德国仅占17%。在德国政府的大力支持下，德国企业加大了研发力度，对外直接投资，夺回失去的市场，从而使得德国的产业结构向高度化演变成为可能。

李良新（2010）研究湖南对外投资加速增长时指出，加大对外直接投资可以提升自己的竞争力，促进国内产业升级与经济平稳快速增长。

应当指出，不同类型的对外直接投资对投资国产业结构优化的效应差异极大，发达国家对发展中国家的垂直投资对投资国产业结构优化的正效应最大，经济发展水平相近国家之间的水平投资的正效应较小，发展中国家对发达国家的逆向投资则很难产生正效应。

（二）对外直接投资与母国产业"空心化"

大多数西方学者关于对外直接投资对投资国国内产业结构优化的积极作用持肯定态度，但也有一些西方学者提出了相反的看法，认为对外直接投资将会对投资国产业结构优化带来不利影响，易导致国内产业的"空心化"（Hollowing）。这一问题自 20 世纪 50 年代被提出以来，已经引起了越来越多西方学者的重视。

产业"空心化"理论最早是根据美国对外直接投资的实践提出的。一些西方学者认为，美国的产业"空心化"出现于 20 世纪 60 年代初。1958 年欧洲共同体（EEC）宣告成立，对外实行共同关税。为了绕开关税壁垒，拓展欧洲市场，美国以汽车、电动产品为主导，大举向西欧国家进行直接投资。此举的结果是，美国对西欧各国的汽车、电机等产品的出口减少，而西欧国家的汽车、电机等产业有了较大的发展，反过来又向美国出口此类产品，并对这些产业进行投资，从而使美国的汽车、电机等产品的生产厂家受到不利影响。基于此，一些美国学者认为，美国已出现了产业"空心化"问题。进入 20 世纪 80 年代之后，美国政府实行高利率政策，国内市场的进口商品越来越多。为了降低生产成本，美国企业的原材料、中间产品等越来越多地依赖国外市场，或者通过对外直接投资的方式将生产基地转移到国外。一些美国学者断言，美国制造业中跨国公司的对外直接投资导致了美国国内产业的"空心化"，并得到了越来越多的学者和企业家的关注。1996 年 3 月美国《商业周报》专门出版了论述产业"空心化"的特刊，其副标题即为"制造业的衰落威胁着美国经济"。日本学者关下稔（1990）指出："过去美国跨国公司向海外扩张，为世界经济带来活力，形成'世界经济美国化'，但另一方面，却使美国经济不振，陷入'空心化'"。

日本是对外直接投资的后起之秀。进入 20 世纪 80 年代之后，日本对外直接投资得到了极大的发展，特别是从 1985 年起，伴随着日元的持续升值，日本与西方发达国家的贸易摩擦日趋激化，日本对外直接投资得到了空前的高速发展，成为主要对外直接投资大国。基于此，一些日本学者认为，日本也出现了国内产业"空心化"的问题。

一些西方学者认为，对外直接投资导致的产业"空心化"给母国宏观经济和对外直接投资者带来一系列的负效应：（1）导致国际贸易收支逆差。一些西方学者认为，由于对外直接投资所带来的出口替代效应与反向进口效应的存在，使得母国进口增加或出口减少，其后果是导致母国的贸易收支出现逆差。一些西方学者将巨额贸易逆差视为美国国内产业"空心化"的主要标志。（2）降低了对外投资者的国际竞争能力。对外直接投资是"一揽子"生产要素的转移，即资金、技术、管理经验和劳动力由母国转移到东道国。一些学者认为，随着对外直接投资的发展，母国生产技术也将会流向国外，等于扶持了竞争对手，东道国当地企业一旦掌握了这种技术，就会与外国投资者相抗衡，削弱对外投资者的国际竞争能力。（3）减少国内就业机会。一些西方学者认为，随着生产基地由国内转移到国外，国内的制造业会不断地萎缩，减少了就业机会。

二　对外直接投资与母国技术升级

对外直接投资影响母国技术升级的途径主要有两条：其一是通过改变母国熟练劳动与非熟练劳动的构成进而影响母国技术升级；其二是通过技术的溢出进而影响母国的技术升级。

（一）劳动构成与母国技术升级

对外直接投资通过获得外国生产要素，进而改变母国的最优要素比例。就劳动密集度而言，如果劳动不是同质的，对外直接投资必然会改变母国就业中熟练和非熟练劳动力构成。一般而言，跨国公司生产活动的全球配置会使得熟练劳动密集型的活动留在国内，而将劳动力密集度的活动转向工资较低的发展中国家。

实际上，有关对外直接投资影响技术需求的研究从20世纪80年代以来就在更广泛的框架下纳入了熟练与非熟练工人上升的工资缺口的争论中。赫尔普曼、梅利茨和耶普（Helpman，Melitz and Yeaple，2007）发现，美国跨国公司比非跨国出口公司具有更高的劳动生产率，但这两类公司又都比那些既非跨国公司，又不出口产品的公司具有更高的劳动生产率。标准的赫克歇尔—俄林模型预测，熟练劳动富裕的国家与非熟练劳动富裕的国家进行贸易将会导致非熟练劳动密集生产的产品的相对价格下降，这便会减少非熟练劳动的工资，增加熟练劳动的工资（斯托尔泊—萨谬尔森定理），从而导致经济结构变得更加专业于技术密集度产品的生产（赫克歇尔—俄林—萨谬尔森定理）。

然而，美国的证据并没有与这些理论预期一致。根据贝尔曼、邦德和格瑞里奇（Berman，Bound and Griliches，1994）的研究结论，仅有小部分对熟练劳动的需求可被产出在产业间的转移所解释。相反，大部分与产业内变化有关。同样，斯托尔泊—萨谬尔森定理也不成立。非熟练劳动密集生产的产品，如衣服，其价格在20世纪八九十年代较之于熟练劳动密集生产的产品，如计算机的价格是相对上升了（洛瑞斯和斯洛特，1993）。

对这种不一致的一个合理解释是，随着公司生产阶段的分离，贸易效应在产业间发生作用（Gorynia et al.，Boudier Bensebaa，2009，2010）。如果高收入国家的公司将其生产活动分离并外包给劳动力低的国家，这便导致了产业内的专业化和技术需求的变化，部分解释了对熟练劳动的相对需求。20世纪90年代南北贸易中间品的大量增加便是很好的证据（Philip McCann and Tomokazu Arita，2010），部分外包过程是通过垂直对外直接投资进行的（汉森、马塔洛尼和斯洛特，2009）。

一般而言，垂直对外直接投资会导致对高收入国家熟练劳动力的需求相对上升。一般情况下，总部的活动较之于分支机构的活动是更加技术密集型的。总部在技术密集型领域向国外分支机构提供专业化的服务，如研发、设计、市场、金融、战略管理。这样，非熟练劳动密集型的活动便配置在劳动力便宜的国家。

对该问题的计量分析与研究中间投入品的贸易效应分析一致。这些研究从产业或公司特定生产函数导出了对相对熟练劳动的需求，并研究以各种方式测量的中间活动是否影响这一需求。

大量研究针对的是发达国家，史密斯（D. F. Smith，2010）研究的是美国，马基森（J. R. Markesan，2008）研究了瑞典，赫德和瑞斯（Head and Rees，2002）研究了日本。在成本最小化的框架中，基于仅有两种要素——熟练和非熟练劳动是可变的，而资本在短期内是不变的假设，这些研究从对数成本函数中导出了简单的短期劳动需求。在从对数成本函数中推导劳动需求时，技术升级通过非生产工人的工资份额加以衡量。为测度对外直接投资的作用，可通过国际化的测量来反映。测量模型如下：

$$SH_{St}^k = \beta_o + \beta_1 \ln w_{Ut} + \beta_2 \ln w_{St} + \beta_3 \ln \frac{K_t^k}{Y_t^k} + \beta_4 \ln Y_t^k + \beta_5 MNE_t^k$$

其中，SH_{St}^k 是母国 i 中 k 公司（或产业 h，如果是在产业水平进行的分析）中熟练劳动在工资总额中所占的份额；w_{St} 和 w_{Ut} 分别是母国在 t 时刻的熟练和非熟练工资；K_t^k 是资本，Y_t^k 是产出。MNE_t^k 由于衡量跨国活动对 k 公司在 t 时的重要性，其通常用海外就业（价值增加或销售）占国内就业（价值增加或销售）的比例来代替。β_5 是重要的系数，在其他条件不变时，如果显著且是正值，说明对外直接投资引起技术升级；反之，如是负值，表明技术下降。

赫德和瑞斯（2002）的研究结论表明：对外直接投资是否引起技术升级，关键是看采用产业还是公司水平的数据进行的研究。用前者进行的研究并未发现存在显著影响，反之，用后者进行的同样研究却发现对外直接投资与母国技术升级间存在正的且显著的关系。

斯洛特（2000）集中研究了美国的跨国公司且使用的是产业水平1977—1994 年间的模板数据。他测试生产阶段从美国母公司向国外分支机构的转移是否会引起美国产业间的技术升级，并使用了不同方法测量跨国公司内的生产转移，所有方法都基于美国跨国公司国外分支机构的活动与美国国内公司活动间的产业特定比率。他发现，国外分支机构的活动在影响国内熟练劳动力需求方面并不存在统计上的显著关系。

赫德和瑞斯（2002）研究的是日本海外生产对日本国内技术升级的效应。由于他们同时使用了 1971—1989 年间产业水平和公司水平的数据，所以他们的研究能直接表明跨国公司对外直接投资对母国技术升级的影响。其研究结构表明：当在产业水平加总公司数据，且执行与斯洛特（2000）相似的回归分析时，国外生产对母国的技术升级并未产生影响（即 MNE_i^k 是非显著的）。而当转向公司水平的数据进行研究时，实证结论显著改变，国外生产对国内技术升级具有正的且显著的效应。这些效应同样依赖于东道国的技术丰裕度。当在回归中包含东道国的收入变量时，赫德和瑞斯证明海外生产对母国技术升级的正效应会更大。

汉森（Hansson，2001）对瑞典跨国公司的计量研究亦得出了与赫德和瑞斯（2002）相似的结论。汉森使用公司水平的数据并将对外直接投资按目的地国家（OECD 或非 OECD 国）加以分类。他发现在 20 世纪 90 年代，瑞典跨国公司向非 OECD 地区进行的投资有助于瑞典跨国公司母国的技术升级，尤其是 1993 年后向东欧国家的投资具有较大的正效应。在提及的对瑞典跨国公司的其他研究中，产业水平的数据并未发现对外直接投资对瑞典的技术升级有统计上的显著性。

李普塞（Lipsey，2002）在一篇评论性文章中就对外直接投资对母国与东道国的影响进行了系统的分析，就对外直接投资与母国的劳动构成及技术状况的关系而言，他在引用了众多的文献进行论证后认为：以对外直接投资数量最多、争议也最大的美国为例，跨国公司的对外直接投资导致资本密集型和技术密集型的生产留在了美国国内，而将劳动密集型尤其是非熟练劳动密集型的生产配置到了发展中国家的分支结构，而这样配置的结构使美国的技术密集型产业得到了进一步发展。

总之，这些研究支持这样一种观点，即对外直接投资，尤其是向廉价劳动力国家进行的垂直对外直接投资，其对跨国公司母国的技术升级具有正效应，这也是发达国家向发展中国家大量转移"夕阳"产业的根本原因。

（二）技术来源、技术扩散与母国技术升级

传统观念认为，一国获得国外先进技术的主要途径为以许可证的形式购入技术，对进口产品所包含的新技术进行分析研究并掌握这种技术和引进外国直接投资。巴克利与卡森（Buckley and Casson，1976）认为，由于技术的特殊产品性质使得以许可证的形式购入技术在实际运用中往往存在一定的障碍，而通过引进外国直接投资的方式同样难以获得先进技术，因为为了在竞争中处于优势地位，跨国公司不可能将所拥有的最先进的技术转移出去，加上技术知识外溢的空间约束性，使得技术劣国有动力以直接投资的形式获得技术先进投资国的反向技术外溢，达到获得新技术，实现技术升级的目的。蒂斯（Teece，1992）研究了外国直接投资大量涌入硅谷的现象，他认为外国企业可以通过接触当地的信息渠道从而获得当地特殊知识，这种反向的知识外溢势必对投资国的技术升级产生积极的效应。

在已有的一些研究中，跨国公司进行海外投资的目的被假设为开发一些先进的技术，作为竞争手段以弥补建立海外分支机构付出的更高成本。然而，相反的模式也可能发生作用。随着技术性知识在地理位置上的集中［贾菲、川藤博格和亨德森（Jaffe，Trajtenberg and Henderson，1993）］，没有特殊竞争优势的跨国公司可能会在技术密集地区建立分支机构，以直接获取或通过溢出而获取新的知识和技术。福斯弗瑞和莫塔（Fosfuri and Motta，1999）、勒文和塞欧茨（Neven and Siotis，1995）以及塞欧茨（Siotis，1999）的理论模型表明，落后的公司可能会采用对外直接投资的方式以获得所投资区位的特定知识。

许多实证和经验证据支持技术来源是决定对外直接投资的一个重要因素的观点，大量文献对此问题的研究集中在对外直接投资以获取国外技术，进而对母国生产率的影响方面。布瑞克尼尔、艾克霍姆和纳维斯（Braconier, Ekholm, Midelfart Knarvik, 2001）使用瑞典跨国公司水平的模板数据去评估通过对外直接投资和引进外资渠道的技术溢出影响。基于科和赫尔普曼（Coe and Helpman, 1995）贸易导向型研发溢出的开创性工作，布瑞克尼尔、艾克霍姆和纳维斯（2001）的研究结论是：对外直接投资和引进外资的规模越大，以及在伙伴国家研发的资本存量越大，向母国转移的来自国外的研发溢出也越大。其结果是，越是投资在技术研发丰裕的国家，对外直接投资越是会得到更多的技术溢出。通过对产业 h 内的跨国公司 k 以及其在 j 国的分支机构的研究，布瑞克尼尔、艾克霍姆（Braconier and Ekholm, 2002）导出了对外直接投资权重，以计算可能产生溢出的国外研发存量：

$$OFDI^{kh} = \sum_j \frac{L_j^{kh}}{L_j^h} S_j^h$$

其中，$\frac{L_j^{kh}}{L_j^h}$ 是产业 h 内的公司 k 在 j 国的就业人数比 j 国 h 产业的总就业人数，S_j^h 是 j 国在 h 产业上的研发投资存量。通过控制其他技术来源，如公司自身的研发投资和产业 h 的内流研发投资，他们考察了外国研发存量是如何与跨国公司母国的生产率相关的。然而很遗憾，他们并未发现技术来源导致的研发溢出的证据。

珀特斯博格、万恩和李藤博格（Pottlelsberghe, Van and Lichtenberg, 2001）使用了相似方法，但他们分析的是 13 个 OECD 国 1971—1990 年加总的对外直接投资和引进外资的数据。他们分析，当投资于研发密集的国家时，一国的生产率会因对外直接投资而提高，相反，引进外资对东道国而言，并非是技术溢出的渠道。

布瑞斯特（Branstetter, 2000）集中研究了日本公司的专利活动情况是否受到它们在美国活动的影响。他发现，日本公司在美国的活动确实增加了日本公司的专利权。这表明，研发溢出除了对母国生产率的综合影响外，还直接影响母国的技术升级。

近年来，有关对外直接投资对母国技术升级的研究已引起国内学者关注，在众多的研究中，较有代表性的是孙建中（2006）、谭本艳（2008）、刘力臻（2010）、杨惠升（2010）以及姜开诚，赵立平（2011）等。其中，孙建中（2006）从技术积累、竞争策略方面对发展中国家对外直接投资进行了深入论述，并构建了发展中国家对发达国家逆向投资的学习型 FDI 模型。谭本艳（2008）认为，"跨国公司在东道国的技术寻求型直接投资所引起的 R&D 投入将带动母公司 R&D 的进一步投入，两者是互补和促进关系，而不是此消彼长的替代关系。"这也可以解释跨国公司在海外增加 R&D 投入对东道国产生技术外溢效应的同时，投资母国也能从中受益。他还指出，跨国公司通过直接投资与东道国科研机构进行合作并从新技术外溢中受益，可以提高跨国公司研发人员的创新能力，这些人员在公司内的流动能够产生新的知识外溢，并通过培训等机制使这种外溢效应进一步扩大。而研发队伍及其创新能力是一国实现技术升级过程中极其关键的因素。他同时指出，技术寻求型对外直接投资的前提条件是投资企业必须拥有知识吸收能力和构建网络的联系能力。刘力臻（2010）指出，技术寻求型的对外直接投资者可以通过直接投资方式，与发达东道国的高技术或风险投资公司合资创办研究与开发型公司，充分利用当地的技术资源优势，了解和把握国外新技术发展的最新动态，以此作为开发和引进国外先进技术的基地。他还指出，发展对外直接投资也是发达国家获得国外先进技术的重要途径。发达国家跨国公司在向国外进行研究与开发型投资时，主要投向本国拥有技术比较优势的领域，旨在获得东道国相关的先进技术，以强化其特定的技术比较优势。杨惠升（2010）认为，我国国内有实力的企业"走出去"，到科技资源密集的地方设立研发机构或高技术企业，开发生产具有自主知识产权的新技术新产品，是利用国外科技资源的一种有效形式。姜开诚，赵立平（2011）从技术扩散的角度阐明，技术落后的厂商进行对外直接投资可能是为了在地理上靠近先进厂商以分享技术溢散的好处，而不是为了利用已有的优势。他们引入了技术的单向扩散模型和双向扩散模型进行分析，表明技术扩散的存在，使得通过对外直接投资来寻求技术成为可能，一些发展中国家的公司可以对技术先进的发达国家进行直接投资，以利用技术扩散来实现技术升级。

　　另外，跨国并购作为对外直接投资的一种形式，近年来获得了蓬勃发展，其中，跨国并购的技术需求动因尤为突出。李蕊（2003）通过实证研究，对跨国并购的技术需求动因进行了证明，认为跨国并购的对外直接投资方式可以使跨国公司获得大量与核心技术相关的技术，使其技术研发的数量和质量都有增长，技术研发能力大幅度提高，同时也加快了开发、创造新产品新技术的速度。在国际跨国并购浪潮的影响下，中国企业也掀起了一股跨国并购的浪潮，赵伟，古广东（2005）指出，中国企业跨国并购的所有动机中，获取互补性技术已占有重要地位，许多民营企业在这方面成功的跨国并购，产生了良好的示范效应。王会龙（2011）通过剖析浙江民营企业对外直接投资的主要模式，指出企业跨国并购活动有助于企业提高自身能力，从而增强国际竞争力。

三　对外直接投资与母国对外贸易

对外直接投资与对外贸易之间的关系一直是国际经济学研究的重要内容。基于对外直接投资对一国对外贸易发展所产生的巨大作用，各国政府对这一问题也予以高度重视。

西方学者在对外直接投资与对外贸易的关系上，一直存在着两种相反的观点，即"贸易替代论"与"贸易补充论"，而其理论争论可追溯到20世纪50年代。争论的理论框架经历了由新古典理论到新贸易理论的变迁，而实证分析的视角则经历了从宏观分析到微观分析直至因果分析的转变。

（一）新古典理论框架下的分析

蒙代尔（Mundell，1957）是第一个对在 HOS 框架下分析资本流动与贸易之间的互补或替代关系的学者。他首次严格地将资本引入古典国际贸易理论，并放松了生产要素在国际上不能流动的假设和引入关税分析。其结论是资本流动将替代商品贸易，即关税保护将导致资本流动和商品贸易之间的完全替代。随后，赫尔姆伯格和施米茨（Helmberger and Schmitz，1970）通过比较资本不能流动的均衡与资本完全流动的均衡，证明在特定情形下，当生产要素在国际上流动时，贸易会随之增加。但他指出，国际商品贸易和资本流动之间究竟是互补还是替代关系，其实是一个实证问题而非理论问题。弗拉特茨（Flatters，1972）证明，仅仅在特定环境和贸易情形下，要素流动可能是对商品贸易的完全替代。他认为蒙代尔的基本原理是含糊的，并针对这一局限扩展了蒙代尔模型。通过扩展，他证明当两种要素和产品的贸易是自由的时候，要素和产品的流动是互补而非替代关系。普尔维斯（Purvis，1972）试图在 HOS 框架下分析对外直接投资和贸易之间的理论关系，他放松了国家之间存在相同生产函数的假设，这便暗示 Rybczynski 线具有不同的斜率。他证明只要两国的生产函数不相等，资本流动和商品贸易之间的替代和互补关系都是可能的，其本质依赖于 Rybczynski 线斜率。在普尔维斯的分析中，资本流动刺激国际贸易，二者之间的互补过程是由于出口一种商品和进口另一种商品所带来的贸易机会的增加；反之，资本流动替代贸易是因为资本流动减少了贸易量。小岛清（Kojima，1978）在其模型中仍使用了 HOS 分析框架，他也抛弃了国家之间具有相同生产函数的假设。然而，与以往观点相比，小岛清从不同视角考察了对外直接投资与贸易的关系，即以往的学者都是考虑货币资本流动，而小岛清原创性地将对外直接投资视为资本流动的特殊形式。在他的分析中，小岛清倾向于对外直接投资和贸易间具有互补性的观点，但这种互补性并非绝对的。当且仅当对外直接投资所涉及的产业在母国处于比较劣势而在东道国却处于比较优势时，对外直接投资就会刺激国际贸易的发展。反之，当对外直接投资所涉及的产业在母国处于比较优势而在东道国却处于比较劣势时，对外直接投资会恶化母国贸易。为验证其理论观点，作者比较了日本和美国模式，并认为日本对外直接投资很可能刺激国际贸易。总之，在新古典理论框架下的有关资本流动与对外贸易之间关系的模型都是在 HOS 框架，即两国、两种商品、两种要素下作的分析，但这些分析都没有很好地处理资本流动和出口贸易的变动关系。

（二）新贸易理论框架下的分析

自 20 世纪 70 年代末期，国际贸易理论迅速发展，其显著特征是建立了一系列规模报酬递增，不完全竞争的模型。基于这些新方法，对外直接投资和商品贸易之间替代或互补关系的问题再次引起关注。史密斯（Smith，1987）是第一位在不完全竞争情形下基于战略角度去思考对外直接投资的学者。他分析企业国际化必须做出的两种选择，即出口或海外生产。基于两种选择的各种成本的比较，斯密斯证明了市场结构（垄断/双寡头垄断）在决定出口和海外投资之间选择的重要性。在垄断情形下，所做的抉择依赖于海外投资的固定成本和出口的运输与税收的直接比较。在古诺双寡头竞争情形下，两寡头间的产出水平和利润份额依赖于他们的战略行为。斯密斯的分析虽过于简单，但具有一定的价值。海默（Hymer，1979）通过公司拥有的垄断竞争优势来解释对外直接投资行为，他认为这些垄断优势可能来源于市场的不完全性，生产差异，要素价格，规模经济，经济政策（自由贸易壁垒和财政措施）。事实上，当这些优势获益高于海外建厂的成本时，公司倾向于国际化生产而非出口。维农（Vernon，1966，1979）在其产品生命周期理论中认为生产活动的连贯分布依赖于产品生命周期所处的阶段。新产品首先在国内生产和销售。在第二阶段即成长阶段，产品陆续出口到邻近的然后更远些的国外市场。当进入成熟阶段，跨国公司直接在外国投资建厂生产。跨国公司的决定源于这些海外国家具有优势的劳动力成本，更大的当地市场需求及减少的运输和生产成本。交易成本理论学派中，主要有威廉姆森（Williamson，1979）和科斯（Coase，1994）对解释进入外国市场的不同形式的选择感兴趣。在他们的分析中，强调了交易成本在决定国际化战略中的重要性。他们认为，进入市场的交易成本越高，直接在外国市场投资并生产当地化便越明智。邓宁（Dunning，1995）在其折中 OIL 范式中通过三种类型的优势，即所有权优势、内部化优势和区位优势来解释国际化战略，并认为只有所有权优势适合出口贸易；只有上述三种优势均具备的条件下，对外直接投资才是最佳选择。马库森（Markusen，1983）证明蒙化尔模型中资本流动和商品贸易的替代关系只是一个特例，它仅在贸易是基于国家之间相对要素禀赋差异的基础上才有效。他经过研究得出结论：基于不同国家贸易的要素禀赋差异所引至的要素流动促进贸易。赫尔普曼（Helpman，1984）及赫尔普曼和克鲁格曼（Helpman and Krugman，1985）通过查考水平差异产品的不完全竞争模型，证明当对要素禀赋求微分，差别产品的产业内贸易及这些要素投入的公司内贸易将会出现。布瑞拉德（Brainard，1993）发展了具有两国和两个产业的模型。处于差别产品产业的公司在出口和作为替代模式的对外直接投资之间选择以进入外国市场。就差别产业而言，由于公司内部的研发活动，生产是一个多阶段的内部报酬递增过程。布瑞拉德证明通过对外投资和贸易向海外扩展的决定依赖于邻近优势和有关规模大小，即生产集中于同一地区的优势之间的获利机会。马库森（Markusen，1995）也得出相似的结论。他尤其强调了规模经济，要素禀赋差异，运输成本，公司特定优势之间的相互作用在决定投资和国际贸易之间关系时的重要性。沿着汉森（Hanson et al.，2001）等人的研究思路，依克霍尔姆（Ekholm et al.，2003）等人建立了一个出口导向型对外直接投资的三个地区之分析框架，即两个同等的，大的高成本经济体与一个小的低成本经济体，其结论为：两个大的高成本经济体倾向于向与对方邻近（尤其是同一自由贸易区）的小的低成本经济体进行对外直接投资，并进而低成本出口到对方市场。该结论并不否定对外直接投资替代贸易，反而认为出口导向型对外直接投资会促进贸易。

新古典国际贸易理论并没有说明贸易与对外直接投资的关系，同样，新贸易理论也未能做到，所有研究的结论仍摇摆于替代和互补之间。但是，这些研究普遍承认这样一个事实，即理论结论广泛依赖于所考虑的分析框架和假设。所以，对外直接投资和贸易之间的关系不是理论而是实证问题。

（三）相关实证检验

实证检验的核心论题是对外直接投资[①]与投资母国出口贸易之间的联系，即对外直接投资的出口贸易效应。迄今为止，西方学者已进行了大量研究，不同理论体系得出不同的结论。一般而言，国际贸易的禀赋理论支持对外直接投资与出口贸易的替代关系，而竞争优势理论、新贸易理论的不同流派、产业组织理论支持对外直接投资与出口贸易的互补关系。此外对外直接投资的公司理论有的支持替代关系，有的则支持互补关系。

上述研究之所以结论各异，主要是由于实证研究所使用的模式不同造成的。就已有的实证研究所使用的模型来看，主要分为三类：一是检验对外直接投资和贸易相对比例变化的模型；二是出口或出口估计模型；三是专门检验对外直接投资—贸易关系的模型。主要模型归纳如表 2-1 所示。

表 2-1　　　　　　　　　对外直接投资与出口贸易关系实证模型

作者	自变量	方法
Adler 和 Stevens （1974）	海外子公司销售	OLS
Belderbos 和 Sleuwagnege （1998）	贸易政策、市场规模、产品周期阶段	OLS
Gopinath 等 （1999）	作为对外直接投资代理变量的海外子公司销售	OLS
Gruber 等 （1967）	海外子公司销售	OLS
Pain 和 Wakelin （1998）	对外直接投资流出存量、对外直接投资流入存量、世界需求、相对价格、生产质量	OLS
Aberg （2001）	对外直接投资流量、对外直接投资存量（t-1）、国家虚拟变量	合成数据回归（固定效应、虚拟变量）
Alguacil 和 Orts （1999）	对外直接投资存量	时间序列分析、VAR

①　本书 FDI 指 Outward Foreign Direct Investment（即对外直接投资）。

续表

作者	自变量	方法
Golberg 和 Klein（1998）	汇率、母国和东道国 GDP、对外直接投资、对外直接投资存量（t−1）	时间序列分析
Graham（1999）	对外直接投资存量	横截面分析
Gubert 和 Mutti（1991）	海外子公司销售、GDP、人均 GDP、距离、投资政策虚拟变量、税率	横截面分析
Lin（1995）	对外直接投资流出量、对外直接投资存量（t−1）、GDP、销售价格指数	时间序列分析
Lipsey 和 Weiss（1981）	GDP、对外直接投资、距离、欧盟成员	横截面分析
Lipsey 和 Weiss（1984）	公司在美国的销售、东道国净销售、非制造业海外子公司销售	横截面分析
Lipsey 等（2000）	对外直接投资、子公司就业量、GDP、距离	横截面分析
Meredith 和 Maki（1992）	出口比例、制造业增加值、（美国、加拿大）广告预算差异	横截面分析
Yamawaki（1991）	资本密集度、运输成本、R&D 密集度、子公司总就业	横截面分析
Blonigen（2001）	价格向量、日本公司海外生产、美国公司海外生产	SUR 回归
Brainard（1997）	对外直接投资、运费、关税、税率、工厂规模经济、公司规模经济、语言、GDP	2SLS 回归
Golberg and Klein（1999）	美国真实 GDP、东道国真实 GDP、真实汇率、特定部门对外直接投资、其他部门对外直接投资	时间序列分析
Svensson（1996）	GDP、人均 GDP、海外子公司净销售（对外直接投资代理变量）、距离	时间序列分析
Swedenborg（2000）	GDP、R&D、自然资源密集度、熟练劳动、制造业海外子公司年限	合成数据分析（2SLS）
Wilamoski and Tinkler（1999）	GDP、汇率、对外直接投资流量、对外直接投资存量（t−1）	时间序列分析（VAR、脉冲响应函数）

资料来源：项本武：《中国对外直接投资：决定因素与经济效应的实证研究》，社会科学文献出版社 2005 年版。

对外直接投资和出口贸易之间关系的实证检验文献，大致可以从三个角度进行归类，即直接投资和出口贸易之间的微观分析、宏观分析及因果分析。

微观层次的分析是指企业的对外直接投资对其出口贸易的影响。早期研究几乎都是从这一角度入手的，所有这些研究或使用单个或使用加总的跨国公司数据。李普塞和维斯（Lipsey and Weiss，1981，1984）是该领域的先驱。他们首先使用加总数据，接着使用单个公司数据，研究了美国跨国公司对外直接投资对其出口贸易的影响。首先，他们研究了美国1970年出口到44个国家的跨部门数据以及其他13个主要的出口国数据，其结论支持贸易与对外投资之间的互补性观点。投资海外的美国制造业无论是在发达国家还是发展中国家对出口是正相关的，只是在发达国家程度低一些①。进一步说，投资海外的制造业与竞争国出口是负相关的，美国投资海外具有贸易转移效应②。为深入研究，李普塞和维斯（1984）进而使用产业、投资目的地和出口目的地的分解数据且区分了最终产品和中间产品，最后得出的结论仍支持互补性假说。他们认为，均衡时，美国公司的海外生产没有替代母国的出口。进而，美国在一国生产规模越大，美国对该国的出口就越多。然而，在贸易和海外投资之间的互补性方面，中间产品比最终产品更显著。沿着布瑞拉德（Braimard，1997c）开创的基于相对成本的比较静态研究思路，赫尔普曼等（2003）人建立了一个多国、多部门的一般均衡模型用以解释有差异的公司服务海外市场的决定：出口还是对外直接投资。其结论是在均衡状态下，生产较多的公司会开拓国际市场③，且生产更多的公司才会通过对外直接投资服务海外市场。他们尤其强调公司差异性（生产规模大小）在出口和对外直接投资方面的决定性。

宏观层次的分析主要是从国家的角度进行的。为研究对外直接投资与贸易之间的实证关系，美国学者霍斯特（Horst，1974）选取美国跨国公

---

① 具体而言，当分支机构在发达国家时，美国海外分支机构在当地市场一美元的净销售会增加美国对该国1.5—78美分的出口，而当分支机构在发展中国家时，该数值为3—79美分。

② 具体表现为，当美国制造业分支机构布置在发展中国家时，其海外市场以1美元的净销售会排挤竞争国12美分—1.66美元的出口，而当美国制造业分支机构布置在发达国家时，该数字为23美分—3.8美元。

③ 他们将公司按生产大小和经营范围分为四类，即最小的公司破产，稍微大点的公司仅在国内活动，只有大公司才会跨国经营，其中，规模小点的通过出口贸易维持海外市场，而最大规模的公司只有对外直接投资才是维持海外市场的最好方法。

司对外贸易与对外直接投资的有关资料进行动态研究，结果发现只要跨国公司国外分支机构的销售额（占国内出口的百分比）低，随着销售额的提高，美国的出口额（占国内出口的百分比）会增加；在达到某一临界点之后，随着国外分支机构销售额的继续增加，出口额就会下降。也就是说，在较长的时期内，母国出口与跨国公司国外分支机构销售额之间的互补效应会超过替代效应，这些互补性可能是正在使用着的相关商品导致的，也可能是有关的促销努力（如销售网点、广告、市场研究等）的结果。李普塞和维斯（1976）在随后进行的一系列相关研究也得出了类似的结论。他们检验了美国和另外13个主要出口国出口与对外直接投资之间的相互关系。回归分析的结果表明，美国制造业跨国公司国外分支机构的经营活动与美国出口额的变化方向是一致的。同样，另外13个国家制造业跨国公司国外分支机构的数目与出口额也呈同方向变化。盆恩和维克林（Pain and Wakelin，1998）用时间序列数据研究当地生产和出口之间的关系，并选取了包括11个OECD国1971—1992年上半年的数据，共有473个观察值，其结论各异：一方面，对外直接投资减少了法国、德国、瑞典三个国家的出口额；另一方面，它又增加了日本、英国、美国的贸易额。关于这一问题的最新成果来自斯文森（Svensson，1996）对瑞典跨国公司对外直接投资所做的研究。其研究结果表明瑞典跨国公司在东道国分支机构的出口行为在一定程度上会替代来自母国的相应出口，但斯雯森同时也承认，这种情况仅仅是一种特例，这与瑞典跨国公司特殊的对外直接投资结构、特定东道国有关。对其他国家而言，这种替代效应可能是很小的。埃顿和塔姆拉（Eaton and Tamura，1996）利用1985—1990年日本和美国与不同的100个伙伴之间的双向对外直接投资和贸易流量进行分析。他们在分析中融合了诸如人口、财政收入、资本密集度、入学率及经济联盟等变量。其实证研究的主要结论是：对外直接投资总体上看会增加贸易，即对外直接投资与出口贸易具有正相关关系。弗恩坦基恩和盘约特（Fontagne and Pajot，1997）沿着埃通和塔姆拉的研究思路，选取法国、意大利、日本、美国、瑞典及欧盟（12国）在1984—1994年的数据作为研究对象。他们分别研究了对外直接投资流量与存量对母国出口贸易的影响，其结论却迥然不同：对外直接投资流量与母国出口是正相关关系，而当考虑对外直接投资存量时，所有国家的互补性假设不再有效。李普塞等（1999）研究的主要是日本跨国公司的对外直接投资活动，他们对日本跨国公司在 1986 年、1989 年和 1992 年的对外直接投资规模与相关年份日本出口贸易规模进行了相关性分析。研究结果发现，日本的出口贸易额随着其对外直接投资规模的不断扩大而增长，二者之间有较强的相关性。在另一项研究中，李普塞等人比较了美国、日本和瑞典三国的对外直接投资与出口、就业的关系，进一步支持了上述结论。这些实证研究的结果表明，在跨国公司的出口与对外直接投资两种方式选择之间存在着较强的互补性。从总体来讲，对外直接投资与母国对外贸易之间的互补性要大于替代性。

　　另外，不少学者针对对外直接投资与出口贸易关系展开了因果分析，该分析主要运用的是格兰杰的时间序列模型。自从格兰杰提出经济序列数据之间的因果关系以来，许多经济学家用该理论在不同领域做了大量实证研究，对外直接投资与贸易的关系也不例外。法芬梅拉（Pfaffermayr，1994）用时间序列法，分析了澳大利亚 1969—1991 年的对外投资和出口间的格兰杰因果联系。其结论支持这两个变量间的双向格兰杰因果联系下的互补性假设。巴约－鲁比约（Bajo－Rubio，1999）实证分析了西班牙的对外直接投资流出与出口的关系。研究结论是对外直接投资流出与出口之间是互补关系。然而，这两个变量间的互补性仅在对外直接投资对出口方向上起作用。作者说明对外直接投资对出口的格兰杰因果关系具有一个正的系数。维森姆（Wissem，2002）对美国、日本、法国、德国及西班牙 1970—2001 年的年度数据进行了计量分析，实证考察了宏观水平的对外直接投资与贸易的关系。他将考察的变量分为两组，即出口与对外直接投资流出和进口与对外直接投资流入，并对他们的互补与替代关系进行了分析。其结论是对外直接投资与贸易之间的关系广泛依赖于各国经济特征。格兰杰因果关系检验证明了对外直接投资（流入和流出）与贸易（出口和进口）的一些因果关系。但针对所有国家的分析均表明这种因果关系仅是单向的，说明因果关系不仅依赖于所分析国家的经济特征，而且其特点与方向在不同国家间波动较大。如在进口对对外直接投资流入的影响上，法国的数据表明有显著因果关系，但在对外直接投资流入对进口的影响上，日本的数据又具有显著的因果关系，美国的对外直接投资流出对其出口也有显著的因果关系。

四　对外直接投资与母国就业

　　一些西方国家的工会组织认为，对外直接投资减少了本国的就业机会，是导致本国高失业率的重要原因。而一些西方学者和官方机构则持相反的观点。关于对外直接投资会减少母国就业机会的观点，最早是六七十年代由美国的一些工会组织提出的（胡德和杨，1990）。

西方学者在研究对外直接投资与母国就业关系时，通常从两个角度，即对外直接投资与母国就业的直接和间接联系进行的研究。

（一）对外直接投资和母国就业的直接联系

关于对外直接投资对母国就业数量的效应，霍金斯（Hawjins，1972）的研究是早期比较有代表性的。霍金斯将对外直接投资对母国的就业数量的影响分为三种效应，即生产替代效应、出口刺激效应和跨国公司总公司及辅助性企业效应。对外直接投资的生产效应替代了母国就业，表现为"工作削减效应"，但出口刺激效应、跨国公司总公司及辅助性企业效应构成了母国的"工作创造效应"。因此，对外直接投资对母国就业数量的效应视"工作削减效应"与"工作创造效应"比较的净效应而定。布瑞拉德和瑞克（1997a，1997b）研究美国跨国公司母公司与其分支机构的就业替代弹性，而且计算了在地理位置和发展阶段不同的东道国的分支机构间的就业替代弹性。他们的研究结果表明，母国和海外分支机构间的就业替代弹性非常低，与之相对，分布在不同新兴市场国家的分支机构间的就业替代度则非常高，然而分布在工业化国家和新兴市场国家的分支机构间的就业关系却是互补的[①]。总之，该结论提出了一种跨国公司根据技术和工资差异在全球范围内配置其生产活动以最小化其成本的垂直生产结构。斯洛特（1995）除了将其分析限制在生产工人外，使用了相似的方法，因为生产工人最容易遭受潜在的替代效应。他也发现母国公司与其海外分支机构的就业替代度很低。事实上，当允许资本存量变动时，上述关系还是互补的。汉茨尔斯（Hatzius，1997b）研究了瑞典的劳动替代与就业的关系。他提出瑞典跨国公司是否根据瑞典和各个东道国各自的工资而改变其劳动需求分布的问题，研究结果表明，劳动需求对实际和潜在东道国的工资高度敏感但对瑞典国内的工资却不敏感。这种不对称有点奇怪但可能暗示替代弹性是非常低的，实际上，汉茨尔斯的研究中弹性方程的解释能力相当低[②]。由于在母公司和外国分支机构就业上的低替代度，上

---

① 例如，墨西哥的工资降低10%，美国的国内就业率仅下降0.17%，然而，其他发展中国家如马来西亚的就业率将下降1.6%。

② 相关性指数 R^2 仅为0.3。

述结论暗示，即使存在因对外直接投资而对母国工人的就业转移，这种影响效应可能也是非常小的。安德森和海洛特（Andersen and Hainaut，1998）在其研究中也暗示了这种替代效应。他们的研究表明，美国分支机构的就业受工业化国家及新兴市场东道国相对工资水平的显著影响。通过对 1994 年美国分支机构在 20 个工业化国家的产出及工资水平的计量分析，其结果表明这种替代弹性高达 0.42，加入另外十个新兴市场国家的数据后，替代弹性有所下降，但仍高达 0.29，且相关性都较高。替代效应的证据在李普塞使用一系列面板数据进行的分析中也可见到。所有的经验方法（Lipsey and Kravis，1988；Lipsey，1994；Blomstrom et al.，1997）都基于如下方程：

$$Emp = \alpha + \beta Xp + \delta X_{a,i} + \varphi X_{a,d} + \varepsilon$$

这里，Emp 指母公司的就业，Xp 指母公司的产出，$X_{a,i}$ 指在工业化国家的分支机构的产出，$X_{a,d}$ 指在新兴市场国家的分支机构的产出，ε 是随机变量。运用该方程，李普塞（1999）利用近 20 年美国跨国公司就业数据进行实证研究，其结论是：对外直接投资对美国整体就业并没有造成不良影响，即使有影响，也是使美国国内的工资水平上升了。李普塞等人（2000）还对几个主要对外直接投资国，即日本、美国、瑞典的跨国公司对外直接投资对其母国就业的影响进行了国际比较，其结论为：日本对外直接投资规模与国内就业水平正相关，即国外分支公司生产水平越高，日本国内就业水平也增加，但美国的情况却相反。陈等人（Tainjy Chen et al.，2003）用中国台湾制造业的数据进行了实证研究，结果表明：中国台湾制造业对外直接投资对中国台湾的就业净效应为正，即对外直接投资促进了岛内就业，但对不同的劳动群体影响不一。一般而言，对外直接投资对技术工人就业最有利，其次是管理人员，对蓝领工人带来的益处最小甚至是负效应。

（二）东道国和母国就业的间接联系

对外直接投资间接影响母国就业可从两方面加以分析。其一，对外直接投资对国内投资的替代，进而对母国就业的替代；其二，对外直接投资替代国内出口甚至反向进口母国造成母国就业的损失。

在对外直接投资对国内投资的替代，进而对母国就业的替代方面，菲尔德斯坦（Feldstein，1994）的研究是早期具有代表性的。他在试图回答对外直接投资外流一单位会减少多少国内投资这一问题时得出了一个例外的结论。其实证方法本质上是菲尔德斯坦和霍瑞卡（Feldstein and Horioka，1980）方程包括对外直接投资及其他可能影响对外直接投资和国内储蓄与投资变量的扩展。菲尔德斯坦偏向于对外直接投资和国内投资 1:1 均衡的方程，储蓄系数保持在 0.75 的水平且很大程度上独立于有无对外直接投资。结果表明对外直接投资每上升一单位将导致相应的国内投资下降。然而，当海外分支机构控制的资产超过对外直接投资流出时，又是另外一番结论。实际上，主要投资国的海外资产都以对外直接投资流出额的数倍增长，这些资产主要来自东道国或第三国的融资。斯惕雯斯和李普塞（Stevens and Lipsey，1992）研究是否跨国公司投资海外的决定通过金融的相互作用而影响其在国内的投资。在研究中使用资产/负债比代表金融联系，结果在最大程度上发现显著且为负的系数，即在 14 个单独的国内与国外投资方程中，有 11 个资产/负债率系数是负的且显著。其后他们又使用母公司和分支公司的自有资金和产出代表金融联系，结论不再明显。虽然母公司的自有资金和产出系数显著为正，但分支机构的产出随不同的公司与方程而变化，因而不能表明对外直接投资与国内就业是替代还是互补关系。与此同时，贝约米和李普塞（Bayoumi and Lipsey，1997）对日本的研究却表明对外直接投资对国内投资具有替代效应，虽然，这部分是由于模型的特殊性决定的。假设在日本国内外的投资活动能确定是否对外直接投资，且使用了日本与 20 个东道国的面板数据进行估计。结果表明，日本的对外直接投资被一体化动机所驱动，与国内投资是互补关系。

另一方面，由于对外直接投资替代国内出口甚至反向进口母国造成母国就业的损失也是间接联系所研究的重点。自从蒙代尔（Mundell，1957）开创性地得出要素流动与对外贸易是替代关系后，一国对外直接投资是否通过外贸变化而影响国内产出与就业的话题引起了激烈的争论。由于一般观点是对外直接投资通过更高的进口而减少国内就业（例如，分支机构的进口与对外直接投资是互补的且大多通过中间品的公司进口），那么关键问题就是对外直接投资与母国出口是替代还是互补的。大部分对美国研究（Lipsey and Weiss，1981，1984；Blomstrom et al.，1988；Hufbauer et al.，1994；Lipsey，1994）的结论是美国对外直接投资与美国出口间是一种弱互补关系，另一些学者在对澳大利亚与德国（Hufbaue et al.，1994；Pfaffermayer，1994）、法国（Fontagne and Pajot，1997）以及瑞典（Swedenborg，1985；Blomstrom et al.，1988）的研究也得出了相似的结论。然而，一些学者也得出与此不同的结论。例如，斯雯森（Svensson，1996）认为，由于分支结构向第三国的出口，即使母公司向分支机构所在东道国的出口增加，对外直接投资对母公司出口总的影响仍是负的。更进一步说，当控制价格和非价格的竞争后，潘和维克林（Pain and Wakelin，1996）发现了对欧洲大多数国家以及美国的长期替代效应，但对日本则例外。就德国而言，约斯特（Jost，1997）的误差修正模型揭示了在对外直接投资与出口间的显著短期与长期关系。由于大约 2/3 的德国对外直接投资的地区分布可由出口分布解释，德国对外直接投资与出口贸易的关系具有互补性。由于先验知识暗示对外直接投资紧随出口，关键问题是一旦对外直接投资扩张完成，这种正相关关系还是否维持。对此，贝约米和李普维尔斯（Bayoumi and Lipworth，1997）以及戈德伯格和克莱因（Goldberg and Klein，1998）的估计是有指导性的，即盘和维克林所得出的正相关关系被限制在建立阶段，此时日本公司从增加的投资品出口中受益。一旦外国工厂竣工，主要效应是日本更多的进口。相反，戈德伯格和克莱因发现日本在东南亚的投资与日本对该地区进出口之间的关系具有强烈的互补性，该结论亦为日本在拉丁美洲投资的类似估计所支持。李普塞等（2000）等人的一项研究结果表明，日本与瑞典的国内就业水平与其对外直接投资规模是呈同方向变动的。换言之，日本与瑞典的对外直接投资对其本国就业有着积极效应。

五　对外直接投资与母国国际收支平衡

一般而言，对外直接投资通常伴随着资本的流出，有可能会对投资国的国际收支平衡带来不利影响。然而，大量理论研究与实证分析表明，对外直接投资对母国国际收支平衡的直接影响并不大，且主要表现为短期影响；间接影响则较大，主要表现为对外直接投资所带动的母国对外贸易的变化会进一步影响其国际收支的平衡。间接影响在较长时期内持续发挥效用。应该看到，直接影响与间接影响是相互关联的，后者更是构成了前者的一个进一步影响因素。一国的国际收支状况反映在国际收支平衡表中，资本项目和经常项目是国际收支平衡表的重要组成部分，因而，一国对外直接投资对其国际收支平衡的影响集中体现在对资本项目和经常项目的影响上。

（一）对外直接投资与母国资本项目平衡

对外直接投资对母国的国际收支效应是十分复杂的，这主要是因为：

一方面，跨国公司在从事对外直接投资时，凡涉及母公司与海外分支机构的经济交易（如资金转移、投资收益汇回、进出口等）均关系到母国国际收支问题；另一方面，跨国公司海外直接投资是以获得长期综合利益为目标的跨国性生产经营活动，因而对国际收支具有长期而复杂的影响（赵伟、古广东，2005）。为了便于分析，一般将其对投资国的国际收支效应分为两个方面：

第一，正面效应：其一，从长期看，海外子公司各种投资收益（包括利息、红利、专利技术使用费和服务收益等）的汇回，可以增加母国的对外支付能力，有利于改善母国的国际收支状况。其二，跨国公司海外直接投资是包括资金在内的一揽子生产要素的跨国转移，它必然带动投资国对东道国相关原材料、中间产品、资本货物的出口。其三，跨国公司海外直接投资有助于巩固原有市场和开辟新市场，增加母国的出口业绩。这些均利于增加贸易收支，进而改善母国国际收支状况。

第二，负面效应：其一，由于涉及资金外流，海外直接投资至少在短期内对母国国际收支具有消极影响。其二，海外子公司的产品可能在东道国产生对母国出口产品的替代，而子公司的他国销售可能与母国产品形成竞争，海外子公司的产品亦可能大量返销母国，等等，这些可能对母国贸易收支平衡产生不利影响，进而恶化母国的国际收支。

显然，上述分析将资本流出与商品进口分隔开来考察各自对母国国际收支的影响，过于定性且缺乏实证综合分析。从第二次世界大战后跨国公司海外直接投资的实践看，其对母国（尤其是发达的母国）国际收支改善具有综合的正效应，更重要的是，从发达国家的经验来看，对外直接投资对经常项目与资本项目之间的平衡起着重要的调节作用（程惠芳，2008）。

对外直接投资对投资国国际收支中资本项目的效应与特定的对外直接投资项目所处的阶段、投资国经济发展水平有着密切联系。从其所处的阶段来看，在不同的阶段，对外直接投资项目对投资国资本项目的效应是不同的。在对外直接投资的初始阶段，跨国公司在国外设立分支机构，通常会有一部分货币资本流出，有可能构成投资国资本项目逆差的一部分，但如果其资本流出采取的不是资金流出方式而是向国外分支机构提供原材料、零部件、技术和设备等方式，则不会构成投资国资本项目逆差的一部分。随着国外业务的开展，跨国公司总公司可能会不断地向其所属的分支机构出口原材料、零部件、技术和设备等，构成投资国资本项目顺差的一部分。当跨国公司国外分支机构进入赢利阶段后，会不断地向总公司汇回利润、特许费和管理费等，将会进一步增加投资国资本项目的顺差。大量实证研究结果表明，跨国公司总公司在对外直接投资项目实施初期（建设期）对国外分支机构的投资额小于后期（生产和经营期）国外分支机构对总公司汇回的各种款项。这一结论说明，国外分支机构成立之初的一次性货币资本流出给投资国带来资本项目的逆差部分，与后期连续性收入流量所带来的持续顺差相比，将可能是微不足道的。所以，从一个较长时期来看，对外直接投资对母国资本项目有正效应，有利于母国国际收支状况的改善（李东旭，2007）。

对外直接投资对不同经济发展水平的母国资本项目有着不同的效应。对发达母国而言，由于经济发展水平高，本国跨国公司所有权优势和内部化优势强，信誉卓著，在对外直接投资的筹资过程中处于有利地位。大量实证研究结果表明，发达国家的对外直接投资的资金来源中，来自国际金融市场和东道国的融资以及利润再投资占据极大比重，而来自跨国公司总公司自有资金投入的比重则相当小。发达投资国家的大型跨国公司在国际金融市场和东道国金融市场上有较强的融资能力，其国外投资项目的高利润率可以将丰厚的投资利润用于再投资。这些因素使得对外直接投资给母国资本项目可能带来的负效应降到一个较小的程度。如果考虑项目生产和营业期利润等的汇回，则有利于改善投资国的国际收支状况。尽管投资初期的资金流出对母国国际收支有不利影响，但资金外移只是母国一系列要素资源外移的一部分；而且研究表明，海外直接投资的返还期大致为5—10年，如赫夫鲍夫和阿德勒（1968）对美国跨国公司在20世纪60年代上半期的海外直接投资的分析表明，约9年的利润收入即可收回全部直接投资，从长期结果来看，美国国际收支得益每年达11.7亿美元。另外，对英国的研究也得出类似的结论，按1955—1964年60家英国企业的数据推断，平均每增加100英镑对外直接投资，从长期结果看，每年可给其国际收支经常账户带来8.1英镑的收益（陈小强，2005）。事实上，跨国公司母公司从海外直接投资中获取的收入及其利润增长是非常高的。1982—1992年，美国、日本、瑞典从国外获得的直接投资收入的年均增长率分别为5%、13%和17%；1993年，上述三国从事海外贸易直接获得的收入分别为280亿美元、83亿美元和18亿美元。可见，从长期看，跨国公司在海外直接投资的巨额收入有利于改善母国的国际收支状况。例如，根据美国商务部的统计，20 世纪 70 年代后期，美国国内制造业的平均利润率为 13%，而 1979 年美国对外直接投资的利润率为 21.9%，其中在发达国家投资的利润率为 19.2%，在发展中国家投资的利润率高达 32%。1960—1976 年，美国跨国公司国内分支机构的利润增加 3.2 倍，而国外分支机构的利润则增加 5.2 倍。在 1966—1978 年的 13 年间，美国跨国公司国外分支机构纳税后的利润总额为 1704 亿美元，而在 1979—1982 年的 4 年中则高达 1307 亿美元，1983—1989 年为 2600 亿美元。这种巨额利润的获得进一步增强了美国跨国公司利润再投资的能力。在 1996—1982 年间，美国将获得的投资利润用于再投资部分为 1255 亿美元，占利润总额的 41.8%，而在 1983—1989 年，利润再投资额达 1266 亿美元，占获得利润额的 48.7%（陈继勇，1993）。1994 年，美国跨国公司国外分支机构资本存量的资金来源结构为：东道国金融市场筹资占 42%，国际金融市场筹资占 20%，投资国金融市场筹资占 2%，利润再投资占 13%，总公司股权投资和贷款占 23%（WIR，1999）。而对发展中投资国而言，经济发展水平低，本国跨国公司的所有权优势和内部化优势弱，加之对外直接投资起步较晚，实践经验少，在投资项目的选择等方面与发达国家有很大的差距，在利润的获取上存在着较多的风险与不确定性，这在很大程度上制约了其利用利润进行再投资的能力。同时，由于发展中国家的对外直接投资者一般规模相对较小，缺少信誉卓著的大型公司，利用国际金融市场和东道国金融市场进行融资的能力有限，使得对外直接投资初期的一次性资本投入更多地要依赖于其国内的资本。这同时也意味着，对发展中投资国而言，对外直接投资的初期阶段的资本外流可能会给发展中投资国资本项目带来负效应。即使在不考虑对外直接投资促进母国对外贸易增长进而改善国际收支状况的间接效应的情况下，还存在生产和经营期内的利润、管理费等汇回所形成的收入流量。再从一国整体来看，对外直接投资所形成的资本流出与利润汇回都必须是一个持续的过程，二者相抵后的净效应还是视特定投资项目的具体情况而定，不能简单地一概视之。由此，李东旭（2007）得出的结论是：相比于发达国家，发展中国家在进行对外直接投资的过程中将会承担较大的国际收支失衡的风险。

（二）对外直接投资与母国经常项目平衡

投资收入在经常项目的收支中已占有相当大的比重。发达国家样本国中投资收入占经常项目收入比例，英国达 30% 以上，日本为 25% 左右，美国为 20% 左右。英国对外直接收入占经常项目收入比例为 8% 左右，这表明对外直接投资收入对经常项目平衡调节已经产生重要影响（程惠芳，2008）。

经常项目通常由商品贸易项目、服务贸易项目和收益项目组成，因而对外直接投资分别通过影响这些构成要素来对母国经常项目收支发挥调节作用，主要表现为以下三个方面（易钢、张磊，2009）：

第一，对外直接投资的行业结构对商品贸易收支项目产生的效应。对外直接投资的行业结构可以分为促进出口增长型结构、替代出口增长型结构和阻碍出口增长型结构三类。促进出口增长型结构是通过对外直接投资促进出口商品结构和出口行业结构的转换，增强一国出口竞争力，使出口持续增长，从而有助于改善商品贸易收支，实现商品贸易项目的顺差。替代出口增长型结构是对外直接投资行业替代了本国具有比较优势的出口贸易先进水平，此类对外直接投资对商品贸易收支平衡并不产生明显的调节作用。阻碍出口增长型结构是指本国对外直接投资由于行业投向结构不合理而阻碍本国出口增长，对商品贸易收支调节产生负效应。

第二，对外直接投资对服务项目收支产生的效应。对外直接投资通常会带动服务贸易业开放和发展，如果服务贸易开放程度与本国服务贸易竞争不相适应，服务贸易收支就会出现逆差。可见，对外直接投资对服务贸易收支产生的是间接效应。

第三，对外直接投资对收益项目收支产生的效应。一般来说，随着对外直接投资规模的扩大，由此产生的利润额也会随之增加。在商品贸易项目和服务贸易收支一定的条件下，对外直接投资的利润将对收益项目产生重要效应，并继而对经常项目收支产生影响。当对外直接投资利润收入增加时，收益项目将出现顺差。

上述分析表明，对外直接投资从三个方面对国际收支中经常项目收支产生影响或调节作用。要使一国对外直接投资对母国经常项目收支产生积极作用，其前提是对外直接投资的产业和投向选择必须合理，必须有利于增强本国出口竞争能力，有利于带动本国出口产业结构优化。

此外，伴随对外直接投资的发展，服务贸易的开放要与本国服务贸易业的国际竞争力相适应，以防止因服务贸易项目逆差导致经常项目不平衡。在这方面，发达国家对外直接投资对其国际收支中经常项目的调节作用更为明显。发达国家对外直接投资项目的盈利能力较强，其投资收益在经常项目的收支中已占有相当大的比重。例如，20 世纪 80 年代末到 90 年代中期，英美两国对外直接投资收益占其经常项目收入比例达到 8%。发达国家的投资收益项目盈余已成为缓解商品贸易项目逆差的重要组成部分。80 年代末以来，英美两国在商品贸易项目下出现持续逆差，但在服务贸易项目和收益项目下出现连续顺差，后者的盈余在一定程度上抵消或缓解了商品贸易赤字，减少了经常项目逆差的数额。另外，从德国的情况来看，其对外直接投资作为抵消对外贸易巨额顺差的手段，在保持国际收支平衡方面起到很大的作用。资料显示，德国的对外直接投资与出口贸易之间存在一定的时滞（刘跃斌，2010 年）。相比之下，发展中国家对外直接投资对经常项目的调节作用要单一一些，由于其对外直接投资的赢利性相对较弱，投资收入部分对经常项目的调节作用有限，更主要的还是依靠对外直接投资所带动的出口贸易增长来改善经常项目收支。

总体来讲，对外直接投资在短期内可能会对投资国国际收支带来负效应，但在长期内将有助于改善投资国国际收支状况；对外直接投资对发达母国国际收支的正效应要远大于发展中母国。但由于各国国情的不同，这种效应在国家之间差异也较大。

第四节　本章小结

对于对外直接投资与母国经济利益的研究，理论上仍是一个薄弱环节，大量理论与实证的研究仍陷于对外直接投资有利于或有损于母国经济利益的争论之中，但总而言之，大部分理论研究已支持对外直接投资有利于母国经济利益的观点，大量的经验研究亦与此结论相同，本章的研究进一步加深这种认识。

就对外直接投资与母国产业结构的关系而言，存在对外直接投资与母国产业结构优化与空心化的争论，不同国家的实践也差异较大，但一般认为，对外直接投资有助于母国产业结构优化；就对外直接投资与母国技术进步而言，存在两条影响母国技术升级的路径，即对外直接投资—劳动的技术结构变化—母国技术升级与对外直接投资—技术获取、技术扩散—母国技术升级，这两条路径无疑都支持对外直接投资有利于母国利益的观点；就对外直接投资与母国出口贸易而言，存在对外直接投资替代或互补母国出口的争论，相关研究也从各个角度展开，包括新古典理论框架下的分析，新贸易理论框架下的分析以及实证分析，但大部分研究支持对外直接投资与母国出口贸易互补的观点；就对外直接投资与母国就业关系而言，仍然存在对外直接投资替代还是互补母国就业的争论，研究的角度也经历了从直接联系到间接联系的全过程，但大部分研究也支持对外直接投资与母国就业互补的观点，至少在提高母国就业质量上如此；就对外直接投资与母国国际收支平衡的关系而言，一般从对外直接投资对母国经常项目和资本项目两个角度展开，大量研究表明，对外直接投资有助于改善母国的国际收支平衡。

对中国而言，对外直接投资的进程还很短，规模也不大，其对中国国内产业结构、技术进步、出口贸易、国内就业及国际收支平衡的影响尚不显著。但就中国企业近年来掀起的对外直接投资热潮来看，尤其是中央最高决策层提出实施"走出去"战略以来，中国企业对外直接投资无论数量还是单个规模都明显增加，且这些对外直接投资带有明显的目的性，或寻求市场，或寻找技术，或获取稀缺的原材料，这也是企业在"国内竞争国际化，国际竞争国内化"的背景下，走出国门，广泛参与国际竞争与合作的必然选择。通过对外直接投资，企业发展壮大了，我国的综合国力才会进一步显现，这对于中国经济在全球化浪潮中的进一步发展壮大至关重要，对于我国国内的产业结构升级、技术进步、出口贸易的进一步扩大、增加国内就业以及改善国际收支状况必将产生积极而深远的影响。因而，深入研究对外直接投资对母国利益的影响，并借鉴先行国家的有益经验加以规范，对中国经济持续、稳定发展具有重要的现实意义。

第三章

对外直接投资与母国经济
利益：机理分析

  企业对外直接投资在对东道国经济发展起着巨大促进作用的同时，对母国经济的影响也越来越深远。种种迹象表明，随着企业跨国经营战略由源于民族经济和母国利益的"国内战略"日益向服务于全球范围内公司利益最大化的"无国境战略"转化，母国政府管理和引导企业跨国经营的力度正在因渠道的疏远而弱化，进而企业对外直接投资对母国所造成的各种直接和间接影响因管理和引导力度的弱化而变得更为广泛和深入。

  作为资本输出，对外直接投资给母国经济带来的影响远远超过资本要素流动本身。近年来，随着中国对外投资的迅速增长，对外直接投资对资本尚不富足、资本项目大多未开放的中国经济的影响成为备受关注的问题。作为处于对外投资起步阶段的发展中大国，中国对外投资的经济影响无疑是至关重要的，所以国外有关这一问题的研究状况和成果就成为我国理论界了解和评析的重点。

  理论上而言，对外直接投资意味着生产要素向东道国转移，这种转移直接体现为资本流出。基于此，人们往往担心对外直接投资会对母国的经济利益产生负效应。在现实经济生活中，对外直接投资对母国经济的影响是一个错综复杂的问题，且这些影响既有积极的方面，也有消极的方面，不能一概而论。本书力图构建一个完整的传导机制框架，将对外直接投资对母国经济造成的积极与消极两方面的效应纳入其中，为其后的实证分析提供理论框架。本书认为，可以从以下几个方面分析对外直接投资对母国经济造成的影响，它们分别是：对外直接投资与母国产业结构、对外直接投资与母国技术、对外直接投资与母国出口贸易、对外直接投资与母国就业以及对外直接投资与母国国际收支平衡的影响。

第一节　对外直接投资与母国产业结构

在开放条件下，一国产业结构的调整应融入世界产业结构调整的框架内，而其中，通过对外直接投资带动本国产业结构的升级和发展则是一个极为有效的途径。对外直接投资对投资母国的产业结构影响主要包括两方面：其一，投资母国通过直接投资对他国进行国际产业转移，在本国集中资源发展高级产业以达到提升本国产业结构的目的；其二，投资母国的这种行为客观上向东道国移植了与本国类似的产业，在东道国结构变动后也会对投资母国产生反馈效应，表现为东道国类似产业竞争力提高，成为投资母国强有力的竞争对手，引起投资母国同类产业的收缩等。正是由于这种传导与反馈效应，各国产业结构的互动影响不断深化，导致发展对外直接投资可能对投资母国的产业结构调整产生积极影响，也可能带来产业"空心化"的负面效应。

一　对外直接投资与母国产业结构优化

对外直接投资可在宏观层面上起到调整产业结构的作用，这是 20 世纪 70 年代中期日本学者小岛清教授提出的边际产业理论的观点。他在《对外直接投资》一书中指出：一个国家可以通过对外直接投资延长其产业优势发挥作用的时间，即通过产业地点的转移、生产要素的部分替换，使这些产业优势继续存在。为了继续维持和扩大国内现有的生产规模，就需要到比较优势更大的国家进行生产，而在投资母国国内集中发展相对优势更大的产业，使国内产业结构更合理。具体来说，被转移产业的选择标准是：该产业在本国具有比较劣势而在东道国却具有比较优势。因此，一国政府应核定本国已处于或即将处于劣势的产业，按顺序扶植处于边际的产业对外直接投资。若投资母国按边际产业顺序向东道国投资，便可把劳动密集型、低技术、低附加值工序转移到其他国家，而将高技术、高附加值工序留在本国，以便腾出发展新兴产业的空间，同时摆脱了相对劣势的产业，从而使本国的产业不断高级化。一般来说，发展对外直接投资，促进产业结构优化主要有四个方面的机制[①]：

---

① 杨大楷等人（2002）、汪琦（2003）都认为，对外直接投资促进母国产业结构变化的传导机制有五种。

（一）传统产业转移机制

产业结构的调整和升级，必然伴随着新兴产业的兴起和传统产业的逐步衰退，生产要素从传统产业转移到新兴产业，这其实是一个要素重新组合的过程。一国产业结构的优化就是要把有限的生产要素得以最优的配置，以实现经济效益的最大化。按照这一原则，要解决一国的产业结构问题，就应当将停留在一些失去比较优势产业里的生产要素转移出来，用这些资源去发展本国或本地区具有比较优势的产业，以盘活一国或地区内部的生产要素，使生产要素的产出尽可能最大化。然而，由于一些生产要素具有一定的刚性和沉没性，过剩生产要素存在着转出壁垒，这些壁垒主要来自生产设备及人力资本的专用性和沉没成本的存在，另外还有政策和法律的原因。在产业退出壁垒一时难以消除从而阻碍本国产业结构调整的情况下，通过对外直接投资方式，向海外转移尚可利用的传统产业生产能力，使传统产业在一国市场顺利退出而不至于造成大的社会和经济负面影响，则既能释放出沉淀生产要素用于支持新兴产业的发展，又能获得高于国内的海外投资收益，极大地促进本国产业结构的升级。这一机制图 3 - 1 完整地反映出来了。

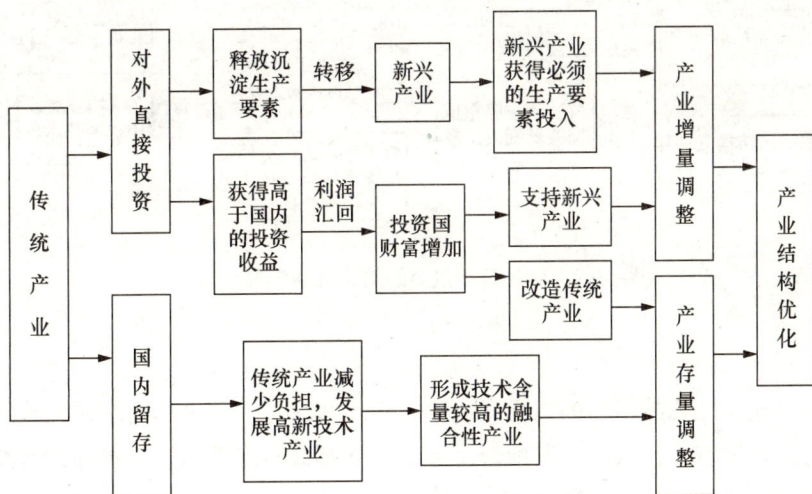

图 3 - 1 对外直接投资的传统产业转移机制

（二）结构互动传导机制

在世界经济发展中，技术的重要性不仅表现在使各国经济中技术密度和生产要素质量得到提高，以及技术进步成为经济增长、结构升级的关键性因素；而且还体现在技术的跨国转移在沟通和连接各国经济，包括促进国际区域间产业结构的互动演进，从而推动全球化进程起着越来越重要的作用。

当投资母国通过一定的渠道引进了东道国的某种先进技术，经复制并被扩散，东道国的产业结构（至少是使用该种技术的产业部门）的状况就通过技术跨国转移而被传导到投资母国。如果投资母国重视技术的转移、扩散、消化和吸引力，将会出现两种情况：一是发挥后发优势，向东道国反输出，使东道国也获得改良后的技术，这会促进两国的结构变动和经济增长；二是投资母国引进技术后进行大规模仿制性生产，并由于某些条件优越，而使其产品具有较高的竞争力，这会促进东道国被迫放弃该种技术所生产商品的市场，转向新的技术开发，从而得到结构改善、技术升级。由此，两国结构形成良性互动关系，引发新一轮产业传导。对外直接投资的上述结构互动传导机制可以通过图 3-2 加以反映。

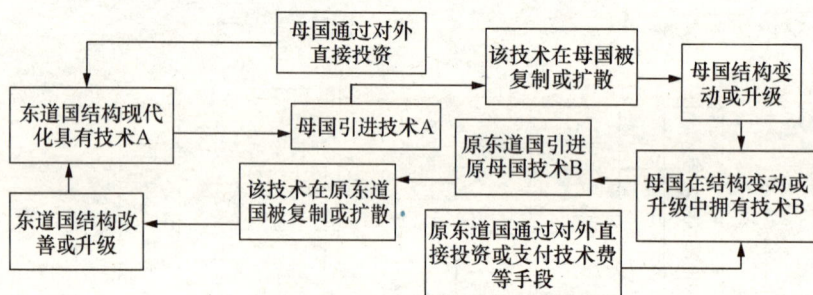

图 3-2 对外直接投资的结构互动传导机制

（三）竞争机制

企业要在日趋激烈的国际竞争中立于不败之地，就必然要求国内或地区为其提供有关投入要素和配套服务的产业提高自身素质，以提高产业结构的整体素质并形成一种产业结构的整合力。一方面进行对外直接投资的企业会要求上游供应商提高质量和效率；另一方面会对流通领域中的信息提供、交货保证、付款条件、售后服务等有更高要求，如希望能得到低成本全球融资的能力、国际市场上营销能力、风险回避能力，得到符合国际惯例的会计、法律、咨询服务的能力，否则将转向全球采购，如此一来，将促使相关产业和配套服务效率的提高。

同时，这样也会使内向化产业逐步转变为中间性产业，甚至向外向型产业转变，由此将极大地提高一国或地区产业结构的开放度，推进产业结构的优化。特别是当企业进行最终产品的海外投资时，对国内或地区内为其提供中国产品的产业要求将更高，也将促使更多的产业卷入开放性的经济活动之中，这将更加强化该国或地区产业结构的开放度。而且，当某个产业中的一家企业采取海外投资策略时，将引入国外的资金、资源和先进技术，提高自己在国内或地区内市场上的竞争力。海外投资企业竞争力的提高，将对国内同行业的企业产生新的威胁，由此将推动该产业内部所有企业都提高自身的竞争能力，这样也就提升了企业所在产业的素质。显然，当企业进行海外投资时，将极大地提高一国或地区产业结构的整体素质，进而促进一国或地区产业结构的优化和升级。这一传导机制可由图3-3加以反映。

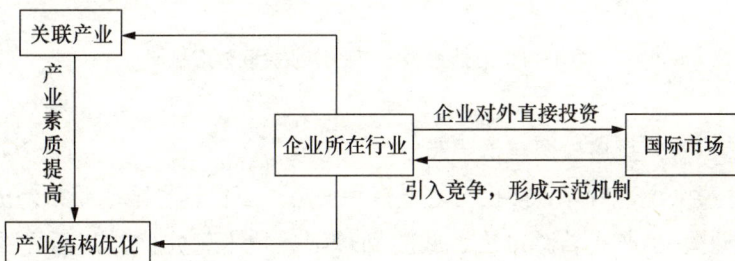

图3-3　对外直接投资的竞争机制

（四）产业关联效应机制

对外直接投资的产业关联效应对国内产业结构升级有重大影响。一般而言，投资关联度弱的产业不利于国内产业结构的跃迁，而国内关联效应强的产业则对国内产业升级促进效应明显。发展中国家对外直接投资的重要目标之一是要充分发挥对外直接投资对国内产业结构跃迁的拉动效应。这一目标的实现，在很大程度上有赖于国际直接投资所带来的"产业内贸易量"的大小。这种交易份额越大，对外直接投资越有利。而产业内贸易量是由产业内各生产阶段的关联度决定的。这种关联关系被区分为前向关联和后向关联两种形式，如图3-4所示。

在图 3-4 中，图 A 表示具有较高的后向关联度的产业综合体，图 B 表示具有较高前向关联度的产业综合体。选择 A 图的产业进行投资可利用国际市场带动国内各种相关产品的生产，从而推动产业的整体发展；选择 B 图的产业投资则有利于利用国外资源来增加母国的产品供给。产业联锁效应即产品的供求链越长，对母国产业结构升级的拉动作用越大。

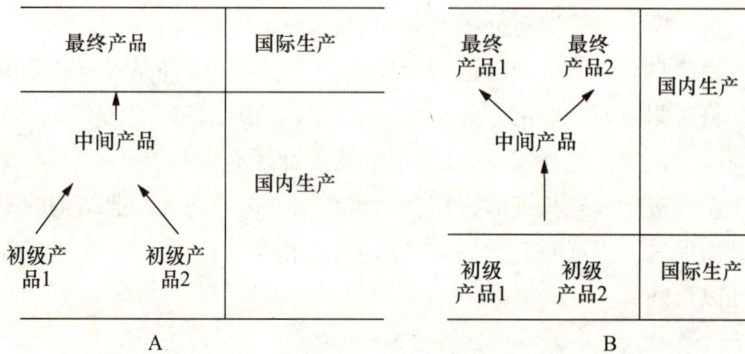

图 3-4　对外直接投资的产业关联效应机制

二　对外直接投资与母国产业"空心化"

一般来说，对外直接投资通过多种渠道可以促进母国产业结果优化升级，但是，当产业转移过度、威胁到母国的技术领先优势甚至导致产业"空心化"现象滋生时，对外直接投资对母国产业竞争力的提高则是一种负面影响。所谓产业"空心化"，不同的西方学者对其内涵界定不尽相同，大致有广义与狭义之分。广义的产业空心化，是指伴随着对外直接投资而出现的服务产业经济化的现象，也即随着对外直接投资的发展而导致国内第一产业、第二产业比重下降，第三产业比重上升的非工业化现象。狭义的产业空心化是指一个国家、地区已有的产业处于衰退阶段，而新的产业还没有得到发展，或者新产业的发展不够充分并且不能弥补已有产业衰退的影响，造成经济陷入不断下降甚至萎缩的局面。

对外直接投资之所以会造成投资母国产业"空心化"，原因是比较复杂的，客观分析，以下两点尤其值得关注：

（一）无序产业外移，削弱原有产业基础

一国的对外直接投资在促进本国产业高级化的同时，也不断把国内的劳动密集型、资源密集型以至于部分资本技术密集型产业转移到海外子公司，使本国有形资本不断外移，从而使国内产业实体出现"空心化"（见图3－5）。在这种情况下，就有可能出现海外生产替代国内生产，使国内生产下降、就业下降、技术流失、税源转移等现象，从而造成国内产业的衰退。

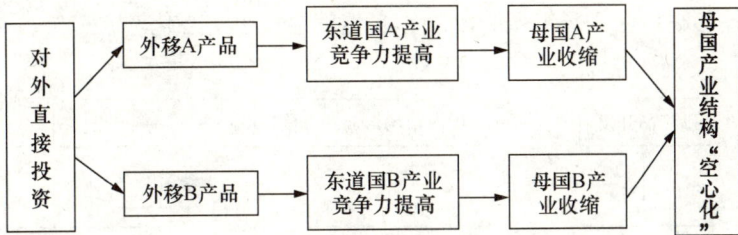

图3－5　一国产业外移导致"空心化"

对外直接投资是否造成母国产业"空心化"，通常视以下四种效应的综合效应而定：一是出口替代效应，即以海外当地类似企业生产的产品替代国内生产出口商品，国内出口减少；二是出口诱发效应，即通过海外直接投资奖励海外企业，增加母国对海外当地企业生产设备、零部件的供给，产生出口诱发效应；三是逆进口效应，即海外当地企业生产和制成品向国内的逆进口增加；四是进口转换效应，即由于生产向海外转移，在国内生产时需要进口的原材料及其结构将发生变化。在以上四种效应中，若出口诱发效应大于其他三种效应，则不会发生产业"空心化"；当其他三种效应大于出口诱发效应，将会造成国内出口产品被部分替代，生产下降，就业、产业衰退。

（二）忽视技术创新，优势产业被赶超

从长期看，一国产业外移是一个循序渐进的过程，在短期内与一国经济运行周期呈现明显的正相关性。只有一国经济繁荣，跨国公司通过技术创新在母国衍生出更高级的产业，某些产业在国内的区位优势不复存在时，进行产业外移才是有必要的。否则，一国的低层次传统产业不断移出，而具有比较优势的新兴产业由于忽视技术创新又无法建立，将使该国的产业实体处于"空心化"。从微观角度而言，先进国家的产品创新是一个循环过程（见图3－6）。当一国进行对外直接投资时，实际上就是产品创新循环过程中的资本、技术出口阶段。在这个过程中，该国的创新产品将慢慢失去优势。这是因为，先进国到后进国进行直接投资，生产创新产品，得益于技术的溢出效应，后进国将慢慢学到创新产品的生产技术，可以自行生产，同时产业结构的演进与先进国的产业结构相重叠，威胁先进国的竞争优势，可能导致先进国国内的产业衰退，进入逆进口阶段。此时，将创新产品移出的国家，若没有再创新产品，或引进新产品，以填补产业外移缺口，循环链条将断裂，自然就会产生空心化。

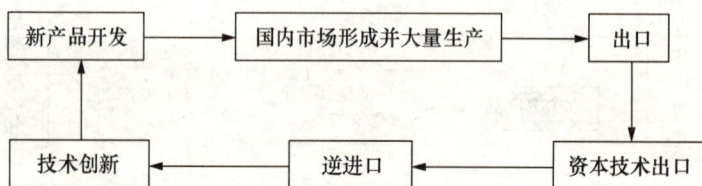

```
┌──────────┐      ┌──────────────────┐      ┌──────┐
│ 新产品开发 │─────▶│ 国内市场形成并大量生产 │─────▶│ 出口 │
└──────────┘      └──────────────────┘      └──────┘
     ▲                                           │
     │                                           ▼
┌──────────┐      ┌──────────┐      ┌──────────────┐
│ 技术创新 │◀─────│  逆进口  │◀─────│   资本技术出口  │
└──────────┘      └──────────┘      └──────────────┘
```

图 3-6 一国产品创新的循环过程

第二节 对外直接投资与母国技术

对外投资对母国技术的影响取决于两方面，一方面，对外直接投资可能导致母国先进技术的流失；另一方面，对外直接投资可以反馈和促进母国的技术进步。一般而言，对外直接投资促进母国技术进步的传导机制包括两方面，即对外直接投资的正向技术转移及其延伸和对外直接投资的逆向技术转移（Keith Head and John Ries，2000）。

一　相关模型分析

对外直接投资影响母国技术进步的相关模型散见于经济学的相关文章中，其中，典型的模型从对外直接投资的产业联系特征角度切入，重在考察不同类型的对外直接投资起因及其对投资母国的技术溢出效应。Keith Head 和 John Ries（2000）将对外直接投资分为水平型和垂直型对外直接投资，Brainard（1997）认为，当贸易成本很高而规模经济很低时，水平型对外直接投资便出现了；Carr、Markusen 和 Maskus（1998）发展了知识资本的概念，并将可运输性、可合作性与技术密集度进行了分析。

Keith Head 和 John Ries（2000）指出，由于假设海外分支机构活动独立于母公司，因此对其对国内的技术密集度没有直接影响，但是海外分支机构的生产会影响国内公司的生产规模，因此对国内技术密集度也有间接的影响，例如对外直接投资会替代母国出口，进而减少国内生产。

当生产函数是异质的，规模影响技术密集度。假设 H 代表公司需要的高技术工人，L 代表低技术工人，即：

$$H = F_H + v_H Y$$
$$L = F_L + v_L Y \tag{3.1}$$

由于生产需要一定数量的固定与变动的高、低技术工人，两者的比率如下：

$$\frac{H}{L} = \frac{F_H + v_H Y}{F_L + v_L Y} \tag{3.2}$$

根据产出变动而相对使用高技术工人的变动为：

$$\frac{\partial(H/L)}{\partial Y} = \frac{F_L v_H - F_H v_L}{(F_L + v_L)^2} \tag{3.3}$$

可见，母国技术密集度可能因产出上升也可能因产出下降，其关键取决于 $\frac{F_L}{v_L} - \frac{F_H}{v_H}$ 的符号。在知识资本模型里，假设高技术活动仅仅需要固定数量的高技术工人，那么 v_H 可能接近零，这意味着当产出增加时技术密集度会下降。水平型的对外直接投资将替代母国出口，通过降低母国国内生产规模而导致母国国内技术进步。然而，垂直型的对外直接投资则因东道国的不同而对母国技术密集度产生不同影响。投资在低收入国家的对外直接投资会导致母国技术进步，反之，投资在高收入国家的对外直接投资会导致母国技术下降。这个结论也与现实观察到的情形相悖。现实可以看到的情形是：几乎所有跨国公司都将研发机构放在高收入的发达国家，其目的非常明确，这便是获得更多的技术溢出效应。

二　对外直接投资影响母国技术进步的机理

对外直接投资对投资母国技术进步具有积极效应，这种效应究竟是借助怎样的机理发生的，这方面的研究目前也处在探索阶段，结论极其零散。纵览有关研究文献，大体可以理出四个机制：

第一，R&D 费用分摊机制，即通过海外投资刺激东道国政府或企业分摊部分研发费用，由此使母国企业腾出部分资源用于核心项目的研究开发。曼斯菲尔德（Mansfield，1974）对美国 30 家跨国公司进行的调查揭示，由于海外子公司为母公司分摊了大量的研究与开发费用，这使得母公司的研发费用减少了 15%。客观地说，外向对外直接投资分摊研发费用的机理主要有二：一个是利用东道国企业研发要素，分摊母公司的研发成本，这在那些研发资源导向型投资者那里尤其突出；另一个是利用扩大了的市场因而增加了的产销量降低单位产品研发费用，这在跨国公司那里尤其突出。

第二，研发成果反馈机制，即通过海外子公司研发形成的新技术反馈母公司，因而促进投资母国技术进步。Ronstadt（1977）的研究发现，发达国家的跨国公司在东道国投资设立研究与开发机构，并与母公司的研发机构开展专业化分工合作。邓宁（1990）对世界大型跨国公司申请专利数据的研究表明，在所研究的公司申请的专利总数中，其海外子公司所占的比率，从 1969—1972 年的 9.8% 上升到 1983—1986 年的 10.6%。研究还揭示，海外子公司研究与开发的新技术，能够更好地反映东道国的要素禀赋优势和消费者偏好，扩大跨国公司的产品竞争优势。几乎所有研究都显示，跨国公司海外子公司研发获得不仅对母公司具有技术反馈效应，而且对同一公司其他子公司的技术也有溢出效应。

第三，逆向技术转移机制，即通过对技术先进国（一般为发达国家）的直接投资，获得逆向的技术转移，这种机制通常与企业并购联系在一起。通过兼并收购、与东道国竞争企业的联合开发等途径，不仅可望掌握新技术发展动向，而且可望将先进技术反馈回国，加速逆向技术转移，进而促进母国技术进步。帕特尔（Patel，1995）考察了英国大公司海外子公司 1979—1990 年的专利变化数据，得出结论说，在这 12 年间，这些公司新增专利的 60% 得益于跨国并购活动。另有研究揭示，美国著名电脑公司恩科系统公司扩张的主要方式就是并购。该公司高层的理念就是：增加企业研发能力的捷径就是收购有用企业；通过并购，可以变竞争对手为合作伙伴，将其研究能力和成果据为己有，为公司注入新的技术和活力。事实上，在跨国公司扩展中，此类案例不在少数。

第四，外围研发剥离机制，即企业通过外向 FDI 剥离外围技术研究并配置到海外机构，从而使母公司可集中财力于核心 R&D 项目，增强母公司核心技术创新能力。这一机制与第一种机制具有异曲同工作用。这方面的效应受到实证研究者的较多关注。据联合国贸发会议近期《世界投资报告》（UNCTAD，2005），有研究者对 104 个企业高级管理者的调查揭示，在高技术对企业生存至关重要的行业，企业一定投向那些接近高端R&D 的地方。70% 受调查的高级管理者将可用劳动的能力与熟练劳工集聚作为关键因素，超过一半的认为海外研发的低成本优势是个重要诱因。

对外直接投资促进母国技术的上述机制，共同构成了一个逆向技术溢出系统，对于这些机理及其构成的机制系统，可以用图 3 - 7 来描述。

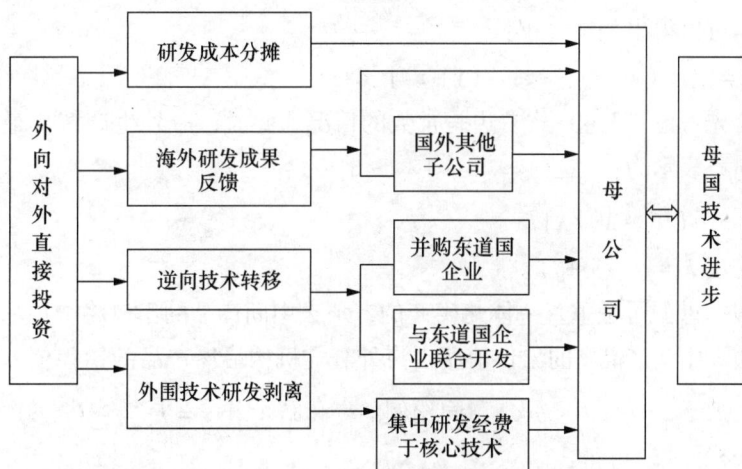

图 3 - 7　对外直接投资促进母国技术进步的传导机制

第三节　对外直接投资与母国出口贸易

对外直接投资对母国出口贸易的影响包括对母国出口贸易规模和出口贸易结构两个方面。而这两方面的影响又都建立在相关理论模型的基础上，所以首先需要对经济学中的相关模型加以介绍。

一　相关模型分析

对外直接投资影响母国出口贸易的模型有理论模型与实证模型之分，理论模型从微观角度分析企业对外直接投资对母公司出口贸易的影响，实证模型多从宏观角度研究一国对外直接投资对该国总体出口贸易的影响。

理论模型一般以企业海外生产如何影响国内出口为切入点，并构建如下模型：

$$y + f = s\alpha I \tag{3.4}$$

其中：y 表示最终产品的出口，f 表示国外分支机构的销售。I 是外国收入，α 表示外国收入中用于购买最终产品的份额，s 表示该公司产品销售在该行业中的份额。该公司同时生产中间品 z 并将其出口到海外分支机构用于最终产品的生产。该模式将评估国外分支机构生产的增加是如何影响总的出口 x 的，即 $x = y + z$。用 $\bar{x}$ 表示 x 的百分比变化，同理 $\bar{y}$ 和 $\bar{z}$。那么，可以得出如下方程：

$$\bar{x} = \bar{y}[y/(y+z)] + \bar{z}[z/(y+z)] \tag{3.5}$$

首先考虑 (3.4) 式右边是常数的情况，此时，海外生产替代最终产品的出口表示为：

$$\bar{y} = -[(1-\lambda)/\lambda]\bar{f} \tag{3.6}$$

这里 $\lambda = y/(y+f)$。

假如母公司是垂直一体化生产的，那么中间产品的出口将增加海外生产。假设中间产品 z 的出口值所占海外分支机构最终产品的销售值 θ 是固定的，那么 $z = \theta f$，$0 < \theta < 1$，同比例的变化暗示着 $\bar{z} = \bar{f}$。将 (3.6) 式代入 (3.5) 式，可得，

$$\bar{x} = \{-(1-\theta)(1-\lambda)/[\lambda + \theta(1-\lambda)]\}\bar{f} \tag{3.7}$$

由于 λ 和 θ 都介于 0—1 之间，(3.7) 式是负值，表明国外生产导致总出口的净下降。在这种情况下，最终产品的出口下降超过了中间产品的出口增加。方程 (3.7) 式也表明，只要海外分支机构的生产没有增加对国外消费者的总销售 ($y + f$)，出口和对外直接投资就是替代的。

为了获得互补性，对外直接投资必然导致总销售的增加。用 $\bar{s}$ 表示总出口增加的百分比，则

$$\bar{x} = \{\bar{s} - (1-\lambda)(1-\theta)\bar{f}/[\lambda + \theta(1-\lambda)]\} \tag{3.8}$$

当对外直接投资的销售扩大效应超过替代效应，即 $\bar{s} > (1-\lambda)(1-\theta)\bar{f}$ 时，对外直接投资与出口贸易是互补的。对外直接投资导致母国出口增加是通过一系列机制实现的。分支机构的存在会提供给外国消费者有价值的服务，这种服务是当地经销商无法提供的；制造业的投资会提高跨国公司在海外的信誉和知名度，使其真正成为本地化公司；对外直接投资

还可以利用当地廉价的生产要素，从而降低生产成本，同时，海外生产还可以避免关税和运输成本。

大部分计量模型从宏观角度将对外直接投资与母国出口贸易进行了相互计量，并将一系列影响因素纳入其中，典型的计量模型如下：

$$FDI_{ti} = f(X_{ti}, IR_t, ER_{ti}, GDP_{ti}, \cdots) + \varepsilon_{ti} \tag{3.9}$$

$$X_{ti} = g(FDI_{ti}, IR_{ti}, ER_{ti}, GDP_{ti}, \cdots) + \varepsilon_{ti} \tag{3.10}$$

其中：t 代表时期而 I 代表国家；FDI 代表对外直接投资，X 代表母国出口；IR、ER、GDP 分别代表利率、汇率和 GDP。

比较有代表性的计量模型是将这些影响因素取对数，关键看每个变量的系数对因变量的影响，例如：

$$\ln(X_{it}) = \alpha_i + \beta_i \ln(S_{it}) + \delta_i \ln(RP_{it}) + \eta_i \ln(RQ_{it}) + \gamma_i \ln(OUT_{it}) + \varphi_i \ln(IN_{it}) + \varepsilon_{it} \tag{3.11}$$

其中：X_{it} 代表 I 国在 t 时期的总出口，S 是世界的总需求，RP 是母国出口的相对价格，RQ 表示产品质量，OUT 表示对外直接投资存量，IN 表示母国吸引的外资数量。上述模型经过安德森（Anderton，1991）、兰德斯曼和斯内尔（Landesmann and Snell，1993）的扩展而进行了实证研究，Nigel Pain 和 Katharine Wakelin（1997）进一步将该模型进行了扩展，并进行了动态分析，具体分析如下：

将（3.11）式进行动态调整，允许成本变动，则

$$\Delta\ln(X_{i,t}) = \alpha_i + \lambda_1\Delta\ln(S_{i,t}) + \lambda_2\Delta\ln(RP_{i,t}) + \lambda_3\Delta\ln(X_{i,t-1}) + \lambda_4\ln(S_{i,t-1}) + \lambda_5\ln(RP_{i,t-1}) + \lambda_6\ln(RQ_{i,t-1}) + \lambda_7\ln(OUT_{i,t-1}) + \lambda_8\ln(IN_{i,t-1}) + \nu_{i,t} \tag{3.12}$$

在（3.12）式中，出口、世界需求和相对价格都是动态的。但是，假如面板数据中存在显著的异质性，则特定国家的固定影响就会产生偏差和不一致的估计系数（Pesaran et al.，1996）。为避免这种异质性存在造成计量上的偏差，可考虑如下模型：

$$\Delta\ln(X_{i,t}) = \alpha_i + \lambda_{1i}\Delta\ln(S_{i,t}) + \lambda_{2i}\Delta\ln(RP_{i,t}) + \lambda_{3i}\Delta\ln(X_{i,t-1}) + \lambda_{4i}\ln(S_{i,t-1}) + \lambda_{5i}\ln(RP_{i,t-1}) + \lambda_{6i}\ln(RQ_{i,t-1}) + \lambda_{7i}\ln(OUT_{i,t-1}) + \lambda_{8i}\ln(IN_{i,t-1}) + \nu_{i,t} \tag{3.13}$$

将模型（3.13）非线性化，可以更方便地提取系数，即得到模型（3.14）：

$$\Delta\ln(X_{i,t}) = \alpha_i + \lambda_{1i}\Delta\ln(S_{i,t}) + \lambda_{2i}\Delta\ln(RP_{i,t}) + \lambda_{3i}\left[\Delta\ln(X_{i,t-1}) - \beta_i\ln\right.$$

$(S_{i,t-1}) - \delta_i \ln(RP_{i,t-1}) - \eta_i \ln(RQ_{i,t-1}) - \gamma_i \ln(OUT_{i,t-1}) - \varphi_i \ln(IN_{i,t-1})] +$
$$v_{i,t} \tag{3.14}$$

模型（3.14）对分析对外直接投资与母国出口贸易之间的长期关系具有重要意义，因为它不仅是动态的，而且计量了面板数据的长期关系，即对外直接投资与母国出口贸易的长期关系。

二 对外直接投资与母国出口贸易规模

在讨论对外直接投资对母国出口规模的影响时，通常将对外直接投资分为三种类型：市场寻求型对外直接投资、资源寻求型对外直接投资、效率寻求型对外直接投资[①]。

（一）市场寻求型对外直接投资对母国出口规模贸易的效应

市场寻求型对外直接投资对母国出口规模的影响取决于对外直接投资对于出口的直接与间接影响。传统的对外直接投资贸易效应的分析从市场寻求型对外直接投资开始[②]。市场寻求型对外直接投资扩大母国出口贸易的原理在于以下两个方面：其一，对外直接投资初期，国外子公司的生产通常是引发对于母国产品（主要是资本品与中间产品以及劳务）的需求。随着服务的可贸易性提高，还会进一步扩大母公司对子公司出口。其二，由于跨国公司具有强大的供应、销售网络和组织生产能力以及市场营销的巨大能力，母国其他企业在作为母公司合作伙伴等各种努力中，可以进入母公司强大的世界网络而扩大母国产品出口。当这种跨国公司是贸易性公司时，这种效应会更大，而当存在贸易的各种壁垒时，贸易性海外子公司就可完全创造母国的出口而不会产生任何替代作用。这时，海外投资通过扩大母国的出口市场从而扩大了母国出口。

（二）自然资源寻求型对外直接投资对母国出口贸易规模的效应

由于自然资源行业对外直接投资与贸易之间存在着线性与序列性关系，贸易占据主导地位，要么是母国对外直接投资带来母国进口，要么母国进口导致对外直接投资，无论是哪种情况均对母国出口影响很小，甚至没有。但是，母国对外进口自然资源的投资会带动母国制成品的出口，既可能是直接的——向东道国出口农用或矿用机器设备，也可能是间接

---

① 这种分类方法首先由英国经济学家邓宁提出。其中效率寻求型对外直接投资指目前以全球资源和市场为对象进行复合一体化国际生产的跨国公司进行的对外直接投资。

② 由于制造业的国际化进程是在获取国外市场的动力下进行，因而早期在对对外直接投资与贸易的分析中，主要集中在以寻求市场为特征的制造业对外直接投资上。

的——其他企业向东道国出口消费制成品，或母国进口资源又在国内加工制成产品再向国外出口。总的来说，自然资源对外直接投资影响母国出口的效应有限，但这类对外直接投资只会促进出口，一般不会产生替代作用。

（三）效率寻求型对外直接投资对母国出口贸易规模的效应

效率寻求型对外直接投资与战略性资源密切相关。由于这类对外直接投资是企业全球资源整合的一个组成部分，其对于母国出口规模并无多大的直接影响。虽然，目前跨国公司的核心能力主要集中在母国总部，且大部分战略性资源由母国公司流出，但对外直接投资企业充分利用其在世界各地的分支机构，广泛获取不同区位的战略性资源，由于资源在企业内部共享，其流入母国非常容易，一旦流入母公司就会加强母公司的竞争力，间接影响母国出口，母国其他公司也可能获得资源的溢出效应，提高出口竞争力，进而扩大出口规模。

这三种类型的对外直接投资对母国出口贸易规模的效应可以用图3－8来反映。

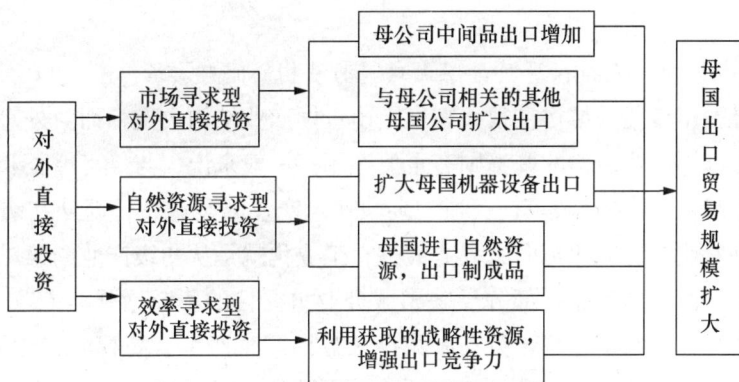

图3－8　对外直接投资增加母国出口规模的传导机制

三　对外直接投资与母国出口贸易结构

对外直接投资对母国出口贸易结构的影响包括直接影响与间接影响。直接影响指因对外直接投资而对母国出口贸易构成的促进作用，间接影响则是来自母国因对外直接投资而进行国内产业结构的调整，进而对出口贸易结构的影响。

（一）对外直接投资对母国出口贸易结构的直接影响

对外直接投资对母国出口贸易结构的直接影响在很大程度上与对外直接投资的行业相关。就制造业对外直接投资而言，由于制造业的对外直接投资呈一种线性关系，传统上是对出口贸易的替代（单一产品），也即减少母国对该种产品的出口。但制造业对外直接投资又产生了更大的对于母国中间产品和资本品以及各种服务的需求，从而扩大了出口。因而制造业对外直接投资对于母国出口贸易的影响在于：以增加出口中间产品和资本品替代了制成品的出口，同时扩大了服务产品的出口，其导致的结果是在母国出口产品中，中间产品和资本品的比例上升，而最终制成品趋于下降。就自然资源寻求型对外直接投资而言，由于自然资源行业对外直接投资对母国出口影响甚小，不会降低制成品的出口比例；若母国在海外的分支机构生产的自然资源返销母国（这种情况主要是国内缺乏资源），母国用这些自然资源生产制成品然后再出口，则制成品出口增加。另一方面，无论是哪一种自然资源的对外直接投资，都会增加对母国中间产品和机械设备的需求，以及总部服务的出口。就服务业对外直接投资而言，由于服务产品的不可贸易性，服务业对外直接投资对母国的出口结构影响非常有限。

（二）对外直接投资对母国出口贸易结构的间接影响

母国出口贸易结构在很大程度上由母国产业结构决定，而对外直接投资对于母国产业结构的调整则有重要作用。一般来说，与经济增长和发展相关的产业结构的调整有三种类型：（1）产业部类调整，即从初级产业特别是农业向制造业再向服务业演进，工业化就是从初级产业向第二产业的转变，而信息产业则部分反映了服务业重要性的不断增强。（2）产业内部调整，从低生产率、劳动密集型工业向高生产率、高智能行业调整。（3）行业内部调整，从低技术含量、低附加值商品与劳务的生产向高技术含量、高附加值的生产调整。对外直接投资与产业结构的边际产业扩张理论认为，一国应从在本国处于劣势，但与某些国家相比处于比较优势的"边际产业"开始对外直接投资，而保持国内优势产业，以出口方式参与国际化经营。根据这种理论，一国不断向外进行对外直接投资转移劣势产业可以提高国内产业结构，从而改善出口产品结构，增强国际竞争力。这也为母国政府采取倾斜政策，推动对外直接投资，改善国内产业结构提供了理论依据。

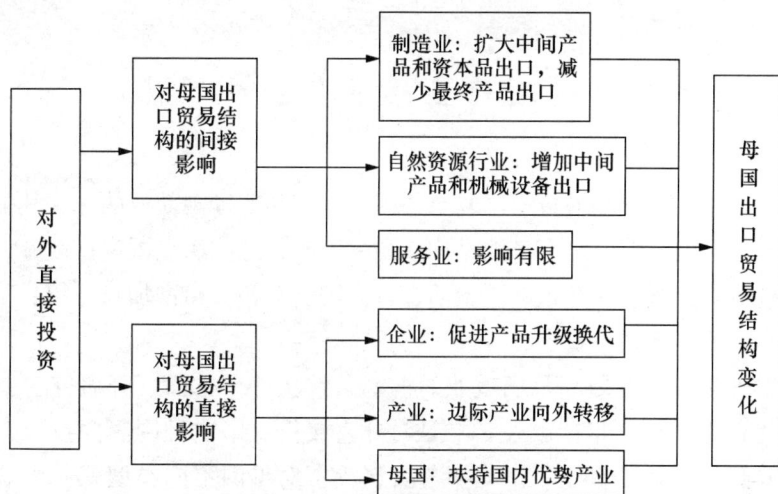

图3-9 对外直接投资促进母国出口贸易结构变化传导机制

这种转移包含以下几方面机理：其一，对于对外直接投资企业而言，基于自身利益的考虑，它们会通过对外直接投资获取低成本的资源或通过采用新技术新工艺使现有产品升级换代来加强出口竞争力，从而促进母国产业结构的改善。其二，就产业转移本身而言，向国外转移受国内资源约束的产业，一方面可以接近市场，另一方面也能更好地利用当地资源，为母国其他企业获取资源开拓空间，使其可能有较低成本的资源供应而提高效率，扩大经济规模，提高技术开发能力。其三，对整个母国而言，向国外转移一些在国内处于发展前景不佳或污染严重的企业，这客观上为具有发展前景的国内企业提供了更大的生存空间，增强这些企业的竞争力。国内过度竞争行业的对外直接投资也为留在国内的企业让出了较宽的市场以扩大生产、获取利润、促进产品生产工艺的升级。母国把最终产品的生产转移到国外，而从子公司进口中间产品与资本品可以使母国中间产品与资本品的市场占有率提高，有利于母国公司提升核心竞争力。在一体化战略下的跨国公司整合全球各种战略性资源并向母国转移，可加强母国相关产业的竞争力。上述对外直接投资行为，均可能改善母国的产业结构，从而优化产品出口结构。对外直接投资促进母国出口贸易结构变化的传导机制可以通过图3-9加以反映。

第四节　对外直接投资与母国就业

对外直接投资是通过一个复杂的传导机制影响母国就业的，这其中既有贸易途径的影响，也有产业结构途径的影响，这些影响既有正效应，也有负效应。在系统研究这些途径前，首先需要对相关模型加以介绍。

一　相关模型分析

对外直接投资影响母国就业的模型大致从三个方面展开研究：一是分支机构生产替代母国就业；二是对外直接投资影响母国国内投资，进而影响母国就业的模型；三是对外直接投资对母国不同类型就业影响的模型。

分支机构生产替代母国就业的模型在对外直接投资影响母国就业研究中占有很大比重，理论模型基于李普塞和克拉维斯（Kravis，1988）、李普塞（1994）和 Blomstrom 等（1997）的相关研究中。大量研究都基于如下模型：

$$Em_p = \alpha + \beta x_p + \delta x_{\alpha,i} + \varphi x_{\alpha,d} + \varepsilon \tag{3.15}$$

其中，Em_p 是母国公司的就业，x_p 是母公司的产出，$x_{\alpha,i}$ 是位于发达国家分支机构的产出，$x_{\alpha,d}$ 是位于新兴市场国家分支机构的产出，ε 是随即变量。

另一方面，对外直接投资通过影响母国国内投资，进而影响母国就业的模型也在这方面的研究中占了相当比重。理论模型基于菲尔德斯坦（1994）、斯蒂文斯和李普塞（1992）以及 Bayoumi 和 Lipsey（1997）的相关文献中，基本模型如下：

$$\Delta \log FDI_i = \alpha + \beta \Delta \log I_{ja} + \delta \Delta \log I_i + \varphi \log e_{ja,i} + \varphi \Delta \log Stock_{i,-1} + \varepsilon \tag{3.16}$$

其中：FDI_i 代表 j 国在 i 国的直接投资，I_{ja} 代表在 j 国的固定投资，系数 β 代表垂直一体化生产吸引对外直接投资的强度，I_i 代表 i 国的固定投资，系数 δ 代表更有效服务于当地市场的对外直接投资动机，$e_{ja,i}$ 代表 I、j 两国的实际汇率，系数 φ 假设是负值，$Stock_{i,-1}$ 代表滞后在 i 国的对外直接投资存量，ε 为随即变量。

其三，对外直接投资对母国不同类型就业影响的模型是基于 Tain – Jy Chen 和 Ying – hua Ku（2003）的研究，理论模型如下：

$$C(Y_1,Y_2,W_1,W_2,W_3) = \beta_1 Y_1 W_1 + \beta_2 Y_1 W_{21} + \beta_3 Y_1 W_3 + \beta_4 Y_2 W_1 + \beta_5 Y_2 W_2$$
$$+\beta_6 Y_2 W_3 + 2\beta_7 W_1 \sqrt{Y_1 Y_2} + 2\beta_8 W_2 \sqrt{Y_1 Y_2} + 2\beta_9 W_3 \sqrt{Y_1 Y_2} + 2\beta_{10} Y_1 \sqrt{W_1 W_2} +$$
$$2\beta_{11} Y_1 \sqrt{W_1 W_3} + 2\beta_{12} Y_1 \sqrt{W_2 W_3} + 2\beta_{13} Y_2 \sqrt{W_1 W_2} + 2\beta_{14} Y_2 \sqrt{W_2 W_3} + 2\beta_{15} Y_2$$
$$\sqrt{W_1 W_3} + 4\beta_{16}\sqrt{Y_1 Y_2 W_1 W_2} + 4\beta_{17}\sqrt{Y_1 Y_2 W_2 W_3} + 4\beta_{18}\sqrt{Y_1 Y_2 W_1 W_3} \qquad (3.17)$$

其中：C 是劳动总成本，W_1、W_2 和 W_3 分别是管理工人、技术工人和蓝领工人的单位成本。产出 Y_1 和 Y_2 分别来自国内和国外的生产。根据里昂惕夫生产函数，虽然生产技术是规模报酬不变的，但它允许不同类型劳动力之间的替代（或互补）弹性是变动的。

根据谢泼德（Shepherd）定理，可得：

$$L_1 = \frac{\partial C}{\partial W_1} = \beta_1 Y_1 + \beta_4 Y_2 + 2\beta_7 \sqrt{Y_1 Y_2} + \beta_{10} Y_1 \sqrt{\frac{W_2}{W_1}} + \beta_{11} Y_1 \sqrt{\frac{W_3}{W_1}} + \beta_{13} Y_2$$
$$\sqrt{\frac{W_2}{W_1}} + \beta_{15} Y_2 \sqrt{\frac{W_3}{W_1}} + 2\beta_{16}\sqrt{\frac{Y_1 Y_2 W_2}{W_1}} + 2\beta_{18}\sqrt{\frac{Y_1 Y_2 W_3}{W_1}} \qquad (3.18)$$

$$L_2 = \frac{\partial C}{\partial W_2} = \beta_2 Y_1 + \beta_5 Y_2 + 2\beta_8 \sqrt{Y_1 Y_2} + \beta_{10} Y_1 \sqrt{\frac{W_1}{W_2}} + \beta_{12} Y_1 \sqrt{\frac{W_3}{W_2}} + \beta_{13} Y_2$$
$$\sqrt{\frac{W_1}{W_2}} + \beta_{14} Y_2 \sqrt{\frac{W_3}{W_2}} + 2\beta_{16}\sqrt{\frac{Y_1 Y_2 W_1}{W_2}} + 2\beta_{17}\sqrt{\frac{Y_1 Y_2 W_3}{W_2}} \qquad (3.19)$$

$$L_3 = \frac{\partial C}{\partial W_3} = \beta_3 Y_1 + \beta_6 Y_2 + 2\beta_9 \sqrt{Y_1 Y_2} + \beta_{11} Y_1 \sqrt{\frac{W_1}{W_3}} + \beta_{12} Y_1 \sqrt{\frac{W_2}{W_3}} + \beta_{14} Y_2$$
$$\sqrt{\frac{W_2}{W_3}} + \beta_{15} Y_2 \sqrt{\frac{W_1}{W_3}} + 2\beta_{17}\sqrt{\frac{Y_1 Y_2 W_2}{W_3}} + 2\beta_{18}\sqrt{\frac{Y_1 Y_2 W_1}{W_3}} \qquad (3.20)$$

其中：L_1、L_2 和 L_3 分别代表管理工人、技术工人和蓝领工人。

根据谢泼德定理，可以相应得出国内产出（Y_1）和国外产出（Y_2）对母国劳动需求的影响：

$$\frac{\partial L_1}{\partial Y_1} = \beta_1 + \beta_7 \sqrt{Y_2/Y_1} + \beta_{10}\sqrt{W_2/W_1} + \beta_{11}\sqrt{W_3/W_1} + \beta_{16}\sqrt{Y_2 W_2/Y_1 W_1} + \beta_{18}$$
$$\sqrt{Y_2 W_3/Y_1 W_1} \qquad (3.21)$$

$$\frac{\partial L_2}{\partial Y_1} = \beta_2 + \beta_8 \sqrt{Y_2/Y_1} + \beta_{10}\sqrt{W_1/W_2} + \beta_{11}\sqrt{W_3/W_2} + \beta_{16}\sqrt{Y_2 W_1/Y_1 W_2} + \beta_{17}$$
$$\sqrt{Y_2 W_3/Y_1 W_2} \qquad (3.22)$$

$$\frac{\partial L_3}{\partial Y_1} = \beta_3 + \beta_9 \sqrt{Y_2/Y_1} + \beta_{11}\sqrt{W_1/W_3} + \beta_{12}\sqrt{W_2/W_3} + \beta_{17}\sqrt{Y_2 W_2/Y_1 W_3} + \beta_{18}$$

$$\sqrt{Y_2 W_1 / Y_1 W_3} \tag{3.23}$$

$$\frac{\partial L_1}{\partial Y_2} = \beta_4 + \beta_7 \sqrt{Y_1 / Y_2} + \beta_{13}\sqrt{W_2 / W_1} + \beta_{15}\sqrt{W_3 / W_1} + \beta_{16}\sqrt{Y_1 W_2 / Y_2 W_1} + \beta_{18}$$

$$\sqrt{Y_1 W_3 / Y_2 W_1} \tag{3.24}$$

$$\frac{\partial L_2}{\partial Y_2} = \beta_5 + \beta_8 \sqrt{Y_1 / Y_2} + \beta_{13}\sqrt{W_1 / W_2} + \beta_{14}\sqrt{W_3 / W_2} + \beta_{16}\sqrt{Y_1 W_1 / Y_2 W_2} + \beta_{17}$$

$$\sqrt{Y_1 W_3 / Y_2 W_2} \tag{3.25}$$

$$\frac{\partial L_3}{\partial Y_2} = \beta_6 + \beta_9 \sqrt{Y_1 / Y_2} + \beta_{14}\sqrt{W_2 / W_3} + \beta_{15}\sqrt{W_1 / W_3} + \beta_{17}\sqrt{Y_1 W_2 / Y_2 W_3} + \beta_{18}$$

$$\sqrt{Y_1 W_1 / Y_2 W_3} \tag{3.26}$$

模型（3.21）到模型（3.26）是研究对外直接投资对母国不同类型就业影响的理论模型，大量实证研究也是以这些模型为基础进行的。

二　对外直接投资影响母国就业的机制分析

按照古典经济学派观点，在劳动力供应和技术状况不变情况下，随着资本存量的增加，资本的边际生产率会下降。在完全竞争市场情况下，资本的收益率和劳动的工资率等于各自的边际产品价值，因此，当资本从母国转移到东道国时，母国的资本收益率就上升，劳动的工资率就随之下降；东道国的情况正相反，这就导致了母国的劳动力因工资水平相对下降而"自愿失业"。这种观点长期以来成为各种反对对外直接投资的势力所引用的观点。

坎普贝尔（Campbell，1993）通过综合分析认为，跨国公司对外直接投资对投资母国就业的影响是多方面的，主要表现为一定程度的"就业替代"和新的"就业空间生成"，即对外直接投资对就业数量、质量及区位方面具有直接的积极或消极效应，以及间接的积极或消极效应（见表3-1）。

表3-1的分析为我们考察海外直接投资对投资国的就业影响提供了理论框架。实证研究表明，海外直接投资可能造成投资国就业机会的丧失，它可以直观表现为贸易影响和资本影响两个方面：一是对外投资可能替代一部分原来的对外贸易，从而导致就业岗位的转移，即由投资国向东道国的就业转移；二是由于资本流出，使本可以投资国内带动就业的机会输出国外，由此导致两国间的"就业替代"，导致投资国就业机会的减少。这两方面的影响可以用一张图来反映（见图3-10）。

表 3 - 1   海外直接投资对投资母国就业的潜在效应

影响表现 \ 影响领域		就业数量	就业质量	就业区位
直接效应	积极	创造或维持母国就业，如那些服务于国外附属企业的领域	产业重构时技能提高，生产价值也提高	有些工作可能移至国外，但也可能被更高技能的工作弥补，从而改善劳动市场状况
直接效应	消极	如果国外附属企业替代母国生产则会产生重新定位或"工作出口"	为了维持母国就业保持或降低工资	"工作出口"可能恶化地区劳动力市场状况
间接效应	积极	为承揽国外附属企业任务的母国供应商或国内服务性产业创造和维持就业	刺激多种产业发展	"蓝领"工作的减少能被当地劳动力市场对出口或国际生产领域高附加值工作的更大需求所弥补
间接效应	消极	与被重新定位的生产或活动有关的产业就业的损失	供应商受到工资和就业标准方面的压力	暂时解雇工人引起当地劳动市场需求连锁性下降，从而导致母国工厂的裁员

资料来源：联合国跨国公司与投资司：《1994年世界投资报告》（中文版），对外经济贸易大学出版社1995年版。

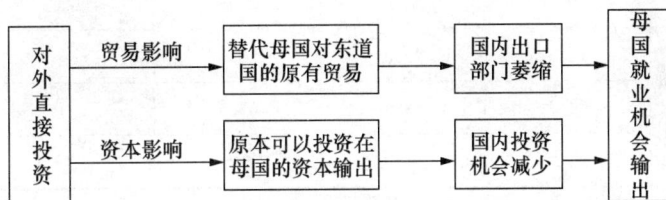

图 3 - 10   对外直接投资替代母国就业的传导机制

然而，这种就业替代是有限度的，它会因为受以下几方面因素的制约而得到减缓：

第一，对外直接投资的出口倾向仍然较低。尽管许多东道国和跨国公司都致力于出口导向型发展战略，部分跨国公司的出口倾向（指子公司出口占销售总额比重）已经达到较高的水平。但是，从普通情况看，毕竟母国相当部分的对外直接投资最初看中的就是东道国的市场，所以，在它们的总产出中用于出口的仍然不是主要部分。在1966—1996年的30年间，美国制造业多数股权国外子公司的出口倾向已经有了较大的提高，但其 1996 年的总体出口倾向只有 42%，在拉丁美洲和加勒比地区，这一比例还只有 31.9%，到 2000 年，美国制造业跨国公司的总体出口倾向也不过 43%，即使是美国和日本在东南亚出口导向型国家的子公司，其总体的出口倾向也只是 35%。① 而从整个世界范围来看，国外子公司的出口倾向则处于更低的水平，一般为 20% 左右，这一情况起码可以说明子公司与国内争夺市场的动机和能力还是十分有限的，因而在较大程度上限制了它对母国就业的替代效应。

第二，从部门结构及其发展趋势看，许多国际直接投资都投资于服务部门，减缓了对母国的就业替代。2001 年，全世界国际直接投资流入服务业部门的比例达到 63.3%（见表 3－2）。因为相当部分的服务是不能实行跨国贸易的，美国在东南亚 5 国的服务业子公司出口倾向只有 1%—2%②。从另一个角度来说，这些领域的相当部分本来就不是母国生产和经营范围，所以对母国的生产和就业自然不存在多大的替代效应。

表 3－2　　　　2001 年按行业统计的国际直接投资流入量比重

部门/行业	发达国家（%）	发展中国家（%）	世界（%）	世界总价值量（亿美元）
初级产品	10.2	7.6	9.6	694
制造业	16.6	33.0	20.5	2805
服务业	64.9	58.4	63.3	4594
其他	8.2	1.0	6.5	472

资料来源：UNCTAD：World Investment Report 2003，第 192 页，附表 A1.4。

第三，资本追求利润最大化的规律本身决定了对母国就业替代的有限性。一方面，从对外投资的目的和动机看，投资者或者是为了拓宽公司业务，或者是为了获得国外的资源优势，通过公司的延伸投资，克服外部市场的诸多不利因素，以获得更为廉价的中间产品供给或税收优惠。这些都有利于母公司增加盈利并获得更好的发展前景，同时也会因为业务的发展

① 这些国家主要包括印度尼西亚、韩国、马来西亚、菲律宾和泰国。参见《1998 年世界投资报告》。
② 联合国贸发会议：《1999 年世界投资报告》中文版，中国财政经济出版社 2000 年版。

而有利于就业的稳定和增加。如果不能很好实现这些目的，包括出现盈利不佳、利润汇回受阻以及经营环境恶化等情况，母公司就会减少投资乃至撤回资本。20 世纪 90 年代中期，美国和德国跨国公司在非洲的子公司数量就曾出现明显的减少。美国子公司从 1982 年的 516 家减少到 1994 年的 444 家（尽管 1995 年又增加到 516 家），德国子公司从 1984 年的 669 家减少到 1996 年的 573 家①，这些都很好地说明了这一点。另一方面，公司的投资是一种十分理智的经济行为，它要对国际国内市场进行严密的可行性分析和盈利比较以后才作出最后的投资决策。许多投资者本来就要通过国际市场来寻求更好的出路，或者可以说，对外直接投资已经是他们的"必然选择"，即使一时间不能投向国外，也不一定会很快投向国内的实际生产部门。从这一意义上说，也就谈不上对外直接投资对国内投资和就业的替代影响。

事实上，对外直接投资会对投资母国的经济发展和就业产生较大的促进和带动作用，它主要通过投资的开拓和收入增加来带动市场的扩张，从而引致就业的增加。这些影响可以概括为市场的"外向嫁接"和"内向增容"两个方面。

第一，市场的"外向嫁接"。因为跨国公司对外直接投资的基本目的是为获取更多的利润和实现其全球性经营战略，所以对外直接投资一旦进入正常运营，就会从多个方面带来市场的"扩容"。公司的直接产品只是其中的一个层面，对外直接投资还可以随之带动相关设备及其他副产品的出口，作为母公司的国外延伸机构，在价格和有关便利条件相差无几的情况下，自然会存在着相当高的公司内部贸易比例。在美国，就国外子公司而言，总公司内部的进口和出口都占据其总进口和总出口的 85% 左右；就母公司而言，这两个比例也都达到 45% 左右的水平。② 所以，对外直接投资绝不是简单的市场转移，而应该被理解为市场的"对外嫁接"，它通过直接投资这一"产权扩张"手段，在转移一小部分市场的同时，又引回了相当大的一个市场份额。它加大了本国经济活动的外在性空间，从而使对外直接投资中的"就业替代"获得相当大的弥补。此外，对外直接投资会自然形成一定的"广告效应"，引导东道国的消费发生有利于投资

① 联合国贸发会议：《1998 年世界投资报告》中文版，中国财政经济出版社 1999 年版。
② 联合国贸发会议：《1999 年世界投资报告》中文版，中国财政经济出版社 2000 年版。

国经济发展的变化，肯德基、麦当劳在中国的扩散就是一个明显的例子。由此必定会推动跨国公司进一步在全球范围拓宽市场，从而间接带动就业的增加。在这里，主要依靠的是投资的带动作用，通过投资的国外开拓来带动市场的外向扩容。

第二，市场的"内在增容"。通过对外直接投资等国际交往活动，使国内经济受到更多刺激，从而激活了更多的潜在市场。另外，对外直接投资又给国内带来了十分可观的收入"回流"，大大增加了国内市场的购买力，从而使国内市场得以增容和扩张，由此带动国内就业的增加。一般来说，跨国公司都能获得较高利润回报。美国在国外的投资收益率一般都在12%以上，在发展中国家和地区的投资收益率更高。以如此高的收益率为基础，又形成了大量的利润回流，从而增加了投资母国的收入，这些利润汇回又在很大程度上弥补了投资母国的资金外流及其可能产生的就业替代。在这里，主要依靠的是收入的增加来引导国内市场增容扩张，通过对外直接投资带来国内收入的增加，使潜在的市场转化为真正有购买力的市场。

对外直接投资增加母国就业机会的这两种效应可以通过图 3-11 来反映。

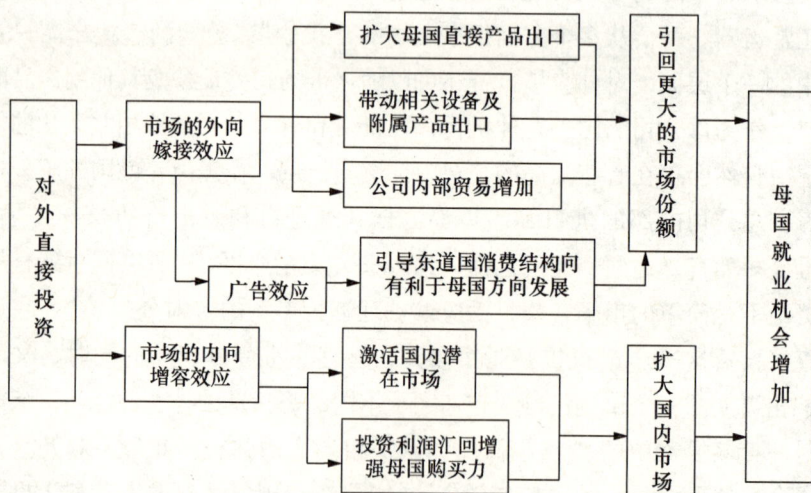

图 3-11　对外直接投资增加母国就业的传导机制

第五节　对外直接投资与母国国际收支

对外直接投资对母国国际收支的影响是一个错综复杂的问题，它既有资本运动本身带来的影响，也有非经济要素影响。国际收支平衡表中的主要内容是经常项目和资本项目，而一国企业对外直接投资对该国经常项目中的货物收支、劳务收支、对外投资的利息和股息以及资本项目中的长期资本和短期资本流动都有直接影响，因此，企业对外直接投资对母国的国际收支效应是十分复杂的。

一　对外直接投资对母国出口的带动效应

出口是获得外汇的一种手段，而外汇则是进口货物与服务所必需的；同时出口也可以获得生产的专业化、规模经济，学习相关市场的经验，而在全球化的世界中，出口能力可以体现一个国家产业的竞争力。母国政府鼓励企业对外直接投资的诱因之一就是看到了其可以带动本国设备、元件及其他物品出口的这一面，并且积极通过立法扩大这种积极影响。企业对外直接投资对母国出口的另一带动效应，是通过扩大企业形象和商标形象的国际影响，融洽本国产品与外国公众的情结，从而带动更多的国内产品出口，并且通过产业转移促进本国出口生产商品的高附加价值化和多品种化，从而扩大出口总额[①]。

二　对外直接投资具有明显的资本积累效应

理论上，对外直接投资意味着本国资金的输出，因此会在一定程度上减少国内资本积累。但事实上，对外直接投资具有明显的资本积累效应，其效应主要体现在以下几个方面：

其一，国外分支机构各种投资收益的源源汇回为投资母国带来大量外汇收入，有利于投资母国的资本积累。1991—1997 年，国际直接投资在东道国以其大大高于其他行业的收益率而赚取了大量利润，其中利润的40% 左右被汇回投资母国，而且发达国家的这个数值更高一些。[②] 汇回的大量利润为母国的国际收支作出了巨大的贡献。

---

① 上野明：《决胜千里——无国境时代的企业经营战略》，中国经济出版社 1991 年版。
② UNCTAD, World Investment Report 1999.

其二，跨国企业从母国外部资金市场筹措资金，从而减少母国资本外流。随着世界各国外汇管理的自由化，许多外国投资者参与当地证券市场运作限制（包括跨国公司跨国上市）的取消，金融市场的高级化与深入化，信息、通信技术的进步，拓宽了跨国公司外部筹资的选择领域。目前，跨国公司外部筹资的领域已扩大到东道国或母国的股票市场、国内外银行与非银行金融机构以及国际资金市场，使得外部筹措的资金成为跨国公司海外直接投资资金来源的极其重要的组成部分，有利于国际收支改善。

其三，企业跨国经营对母国国际收支经常项目顺差的贡献还体现在通过带动人员的国际流动来赢得外汇收入。但在实际操作过程中这部分影响是十分有限的，并且存在来自母国自身的限制，东道国政府出于充分吸收外来生产技术和管理经验的考虑，对外国人在本国外资企业中就业一般都有一定的雇佣限制，尤其是那些急于通过创办外资企业来促进本国技术进步和就业水平上升的发展中国家的限制特别严格。就母国政府自身的考虑而言，由于人员的外派牵涉到技术的外流问题，一般来说，也不希望本国人员尤其是生产技术人员过多过久地滞留国外。

对外直接投资改善母国国际收支的效应可以用图 3 – 12 反映。

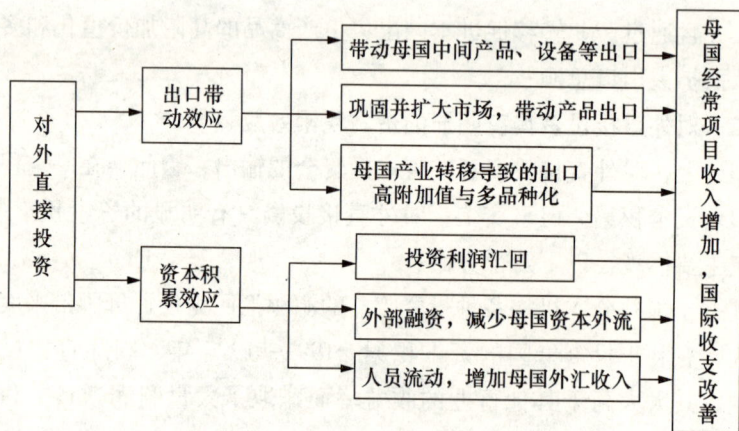

图 3 – 12　对外直接投资改善母国国际收支的传导机制

三　对外直接投资对母国国际收支的不利影响

海外子公司对母国国内市场的反向侵入已经成为一个普遍现象，部分对外直接投资比较发达的国家，其海外子公司所生产产品大量返销国内，大大增加了母国进口，对母国国际收支造成严重不利影响。英国巴克莱银行派驻东京的一位分析家指出，到 1995 年 2 月，进口电视机占日本市场份额已增加到 83%（三年前为 25%），其中大部分是日本设在海外的企业专门为国内市场生产的。这一情况在美国出现的更早更严重[①]，由于跨国公司零部件生产的国际分流，IBM 个人市场繁荣机中 70% 以上的零部件从日本和新加坡进口，波音公司 28% 的零部件靠进口，而汽车工业界的"三巨头"1987 年共进口了 192 万台发动机（1983 年仅为 50 万台）。美国海外子公司零部件及制成品的返销对美国的贸易赤字起到了关键的诱发作用。新加坡对美出口贸易的 52%（1986 年数据），日本对美贸易顺差的 40%（1985 年数据）是由于美国在当地设厂返销国内造成的，国际商业机器公司在日本的企业甚至已经成为日本对美国出口的最大计算机出口商。

另外，随着跨国公司母国观念的逐渐淡化，国际一体化生产体系业已基本形成，跨国公司在海外的利润再投资行为以及转移定价行为已经十分普遍，其对母国经济的负面影响也越来越显著。对母国国际收支而言，企业的对外直接投资至少在其初期阶段将本国资本投向海外。世界对外直接投资第一大国美国到 2002 年为止，海外直接投资已达 15014 亿美元[②]，在其全部制造业资本投入中大约有 1/5 为海外厂家吸收。这对于母国国际收支的平衡已经是一个不容忽视的威胁。

对外直接投资恶化母国国际收支效应的传导机制如图 3-13 所示。

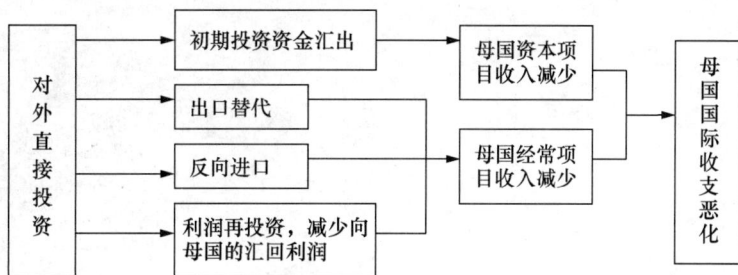

图 3-13　对外直接投资恶化母国国际收支的传导机制

---

① 诺曼·J. 格里克曼等：《新竞争者——外因投资者正在如何改变美国经济》，中国经济出版社 1994 年版。

② UNCTAD, World Investment Report 2003.

第六节　本章小结

　　对外直接投资影响母国经济利益的机理是很复杂的，因而其传导机制框架的构建是一个系统而复杂的工程。在该分析框架中，至少应包含五方面的内容，即对外直接投资与母国产业结构、对外直接投资与母国技术、对外直接投资与母国出口贸易、对外直接投资与母国就业以及对外直接投资与母国国际收支平衡，其中，对外直接投资对上述母国经济利益每一方面的影响，又可分为积极与消极两方面，每一方面又都具有很复杂的微观层次的传导机制。

　　总的来看，上述传导机制可以用一个完整的图来反映（见图 3 – 14）。该图融合了本章的基本思想，也是其后进行实证研究的理论框架。

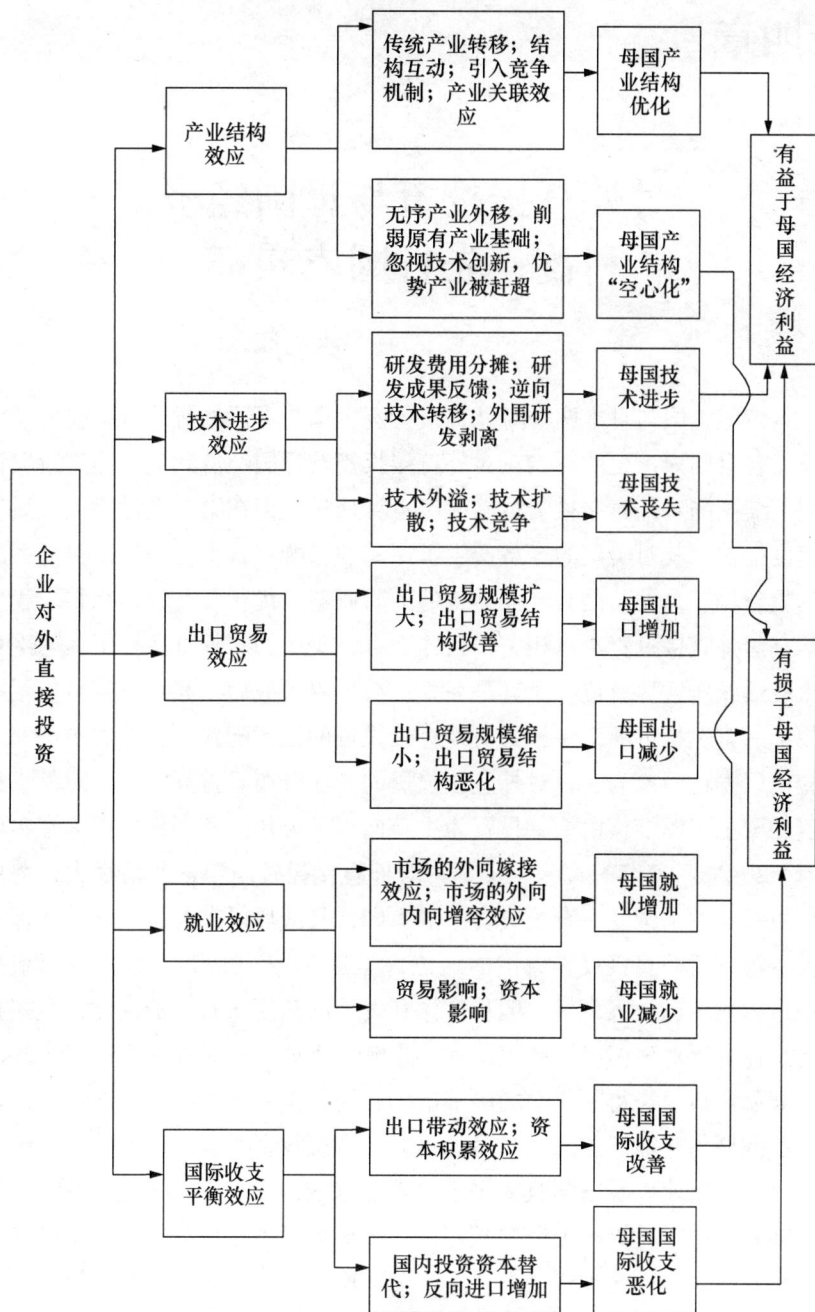

图 3-14 对外直接投资影响母国经济利益的传导机制框架

第四章

对外直接投资与母国经济
利益：先行国家实证

　　本章就美国与日本两个对外直接投资大国与强国的对外直接投资经历以及对各自国内产生的影响对对外直接投资与母国经济利益问题进行实证研究。美国的对外直接投资虽然起步不算最早，但在第二次世界大战后发展速度最快，其对美国的经济产生了深刻的影响；日本在第二次世界大战后的重新崛起，尤其是其产业结构的不断调整、优化与升级，在很大程度上与其对外直接投资息息相关。具体而言，美国的对外直接投资在两次世界大战后跃居世界首位，尤其是在第二次世界大战后，其对外直接投资在规模上一直保持世界第一，其对外直接投资的地区配置由以发展中国家为主转向以发达国家为主，对外直接投资的产业分布日益高级化，对外直接投资的资金来源结构由汇款投资为主转向以子公司的利润再投资为主，但同时，20 世纪 80 年代以来，美国的对外直接投资净流量波动很大，曾由直接投资净输出国变为直接投资净输入国，且战后以来美国虽然始终保持着世界第一对外直接投资大国的地位，但自 60 年代以来，在国际直接投资中所占比重已大大下降。但从整体和发展的角度来看，美国对外直接投资的迅速发展对美国经济产生了重大影响。例如通过对外直接投资带动了相关商品出口，夺得了广阔的国外市场，为美国带来了巨额利润收入，确保了国内原料和能源的进口。另外，对外直接投资对美国产业结构、技术进步、国内就业以及国际收支平衡也产生了深刻影响，这种影响在 90 年代，随着美国对外直接投资规模的进一步扩大而不断增强。就日本经验而言，日本的对外直接投资最早发展于第一次世界大战，但是直到第二次世界大战以后才开始大规模扩张，使日本成为对外直接投资大国中的后起之秀，在 80 年代末 90 年代初，日本曾跃居世界第一投资大国地位。由于对外直接投资的迅速发展，其对日本国内经济产生了深刻影响，这些影响集中体现在对外直接投资促进了日本产业结构的调整，当然，对外直接投资也是造成日本产业"空心化"的部分原因；对外直接投资促进了日本对外贸易的进一步发展，并改善日本对外贸易结构；对外直接投资对日本吸收欧美先进技术起到了重大作用；对外直接投资对日本国际收支产生了有利的影响，改善了日本的国际收支状况。

第一节　对外直接投资与先行国家经济利益

资本在国际范围内的流动，从最早的以国际贸易为代表的商品资本，到以间接投资为代表的借贷资本直到以对外直接投资为代表的生产资本的流动，已有数百年的历史，但真正意义上的对外直接投资的出现却仅有一个半世纪的历史。而对外直接投资从一出现开始，就带有明显的掠夺性质，为这些老牌资本主义国家带来了滚滚利润。

19世纪，英国、德国等国相继完成了第一次产业革命，建立起了机器大工业生产体系和工厂制度，以及包括银行体系在内的庞大的殖民体系，为具有"过剩"资本的殖民统治者进行海外投资奠定了基础，也提供了遍布世界各地有利可图的低风险投资场所。这些国家工业革命的先后完成，则带动了加工制造业的大发展，积聚了大量工业财富，需要寻找新的投资场所。

随着英国国内工业革命的先行完成，大量工业制成品销往世界各地，这就要求有源源不断的原材料供应。国内政治的稳定和经济的增长也使其国内资本积聚，日益扩展的殖民体系就为这些资本提供了低风险的良好投资场所。很快，英国的对外直接投资形成了一定的规模，并占到了英国财富的四分之一（到1913年）。法、德两国在相继完成工业革命之后，也先后开始了对外直接投资，这些投资不仅为国内的"过剩"资本开辟了海外盈利的空间，而且巨额的利润返回进一步促进了母国的工业革命。

1914—1945年，两次世界大战以及由经济危机带来的30年代的大萧条，使得整个世界经济增长缓慢，各国对外直接投资能力也受到重创。尽管如此，欧洲的满目疮痍却凸显了美国的相对稳定和异军突起式的发展，并成为这个时期对外直接投资发展的一大亮点。美国也因为战争而加大了资本输出的力度，并成功超越英国而成为世界最大的投资母国。第二次世界大战后，美国通过实施旨在恢复欧洲经济的"马歇尔计划"，继续加大对外直接投资的力度，一直保持世界第一对外直接投资大国的地位。战后，随着日本经济的复苏，尤其是 20 世纪 80 年代日元升值等因素，日本一度成为世界第一对外直接投资母国。

从对外直接投资出现一个半世纪的历史来看，作为一种重要的国际经济现象，对外直接投资不断发展，规模日益扩大。但长期以来，对外直接投资是发达国家主导的结果，一些老牌的资本主义国家，其对外直接投资已超过 100 年的历史。对外直接投资的结果是这些先行的资本主义国家从对外直接投资中获取了巨大的经济利益，这些经济利益包括促进了母国的产业结构升级、技术进步、出口贸易增加、改善就业以及国际收支平衡。

美国的对外直接投资虽然起步不算最早，但在第二次世界大战后发展速度最快，对美国的国内经济产生了深刻影响；日本在第二次世界大战后的重新崛起，尤其是其产业结构的不断调整、优化与升级，在很大程度上与其对外直接投资相关。本章以这两个当今对外直接投资大国为例，从经验检验的角度研究对外直接投资对母国经济利益的影响。

第二节　美国对外直接投资及其国家经济利益

一　美国对外直接投资的发展

美国是当代最发达的、经济实力最雄厚的资本主义国家，也是世界上最大的对外直接投资母国。作为一个后起的资本主义国家，美国的对外直接投资在其南北战争结束后，进入了迅猛发展时期，随着垄断资本的形成，美国资本输出迅速增加。据统计，1897 年，美国对外直接投资累计额为 6 亿美元，1908 年迅速增至 16 亿美元①。到 1914 年第一次世界大战前夕，美国对外直接投资累计额已达 26.32 亿美元，占主要资本主义国家对外直接投资的一半以上。这一时期的美国对外直接投资，从地区分布来看，绝大多数投向与美国毗邻的地区，如加拿大和拉丁美洲，占美国对外直接投资的 70% 以上；从产业分布来看，绝大部分投资投向生产初级产品和为生产初级产品服务的公共设施部门（见表 4-1）。

第一次世界大战结束后，美国充分利用战后欧洲的经济恢复和 20 年

---

① 陈继勇：《美国对外直接投资研究》，武汉大学出版社 1993 年版。

代资本主义发展相对稳定这一有利时机，凭借自己雄厚的经济优势，空前地扩大了对外投资。1914 年、1919 年和 1929 年，美国的资本输出额由 35 亿美元增至 70 亿美元和 172 亿美元，其中对外直接投资额也由 26 亿美元增至 1919 年的 39 亿美元和 1929 年的 75 亿美元。在主要资本主义国家中，美国的资本输出仅次于英国而居第二位，而在对外直接投资中，美国已稳居第一位（见表 4 - 2）。

表 4 - 1　　　　美国对外直接投资的地区和行业分布（1914 年）

单位：亿美元

地区　　产业	合计	铁路	公共工程	石油	矿业	农业	制造业	销售业
总计	37.25	4.31	2.31	4.76	12.69	5.99	5.15	2.04
拉丁美洲	12.70	1.76	0.98	1.33	5.49	2.43	0.37	0.34
墨西哥	5.81	1.10	0.33	0.85	3.02	0.37	0.10	0.04
古巴及西印度群岛	2.76	0.24	0.58	0.06	0.15	1.44	0.20	0.09
中美洲	0.90	0.38	0.03	—	0.11	0.37	—	0.01
南美洲	3.23	0.04	0.04	0.42	2.21	0.25	0.07	0.20
加拿大	6.10	0.69	0.08	0.25	1.59	1.01	2.21	0.27
欧洲	4.39	—	0.11	1.38	0.05	—	2.00	0.85
亚洲	1.06	0.10	0.16	0.40	0.03	0.12	0.10	0.15
大洋洲	0.17	—	—	0.02	—	—	0.10	0.05
非洲	0.13	—	—	0.05	0.04	—	—	0.04

说明：笔者引用时对数据做了一些调整。

资料来源：陈继勇：《美国对外直接投资研究》，武汉大学出版社 1993 年版。

表 4 - 2　　　　美国对外直接投资的地区和部门分布（1929 年）

单位：亿美元

地区　　产业	总额	采矿	石油	制造业	交通通信公共工程	贸易业	其他
总计	75.28	11.85	11.17	18.13	16.10	3.68	14.35
拉丁美洲	35.24	7.32	6.17	2.31	8.87	1.19	9.38
加拿大	21.10	4.00	0.55	8.20	5.42	0.38	1.55
欧洲	13.53	—	2.31	6.29	1.45	1.39	2.09
其他	6.46	0.53	2.14	1.34	0.36	0.72	1.37

说明：笔者引用时对数据做了一些调整。

资料来源：陈继勇：《美国对外直接投资研究》，武汉大学出版社 1993 年版。

1914—1929 年，是美国对外直接投资迅速发展的时期。在此期间，美国对外直接投资累计余额增长了 1.86 倍，年均递增 7.3%。其中美国对加拿大的直接投资增长得最快，年均递增 8.2%；对拉丁美洲次之，年均增长 7.0%；对欧洲投资增长速度最慢，年均递增 5.9%。从流量上看，这一时期美国对外直接投资增加了 48 亿美元，其中，对加拿大投资增加了 13.92 亿美元，占其增加总额的 28.4%；对拉美投资增加了 22.38 亿美元，占其增加总额的 45.7%；对欧洲投资增加了 7.8 亿美元，占其增加总额的 10%。这意味着，在此期间，美国对外直接投资增加额约 1/2 流向了拉丁美洲，1/10 流向了亚非国家，1/4 流向了加拿大，1/7 流向欧洲，但美国对外直接投资仍以拉美国家和加拿大为其重点。

20 世纪 20 年代末 30 年代初的震撼资本主义世界的经济危机，使美国遭受了巨大破坏，对外直接投资由 1930 年的 75.28 亿美元不断下降，直到 1940 年也只有 70 亿美元（见表 4-3），累计余额 1940 年与 1929 年相比下降了 80%。

表 4-3　　　　美国对外直接投资的地区分布和行业分布（1940 年）

单位：亿美元

地区 ＼ 产业	总额	制造业	石油业	采矿业	农业	贸易业	公共工程	其他
总计	70.00	19.26	12.78	7.82	4.32	5.23	15.14	5.48
拉丁美洲	27.71	2.10	5.72	5.12	3.59	0.82	9.62	0.74
加拿大	21.03	9.44	1.20	1.87	0.10	1.12	4.07	3.23
欧洲	14.20	6.39	3.06	0.53	—	2.45	0.74	1.04
亚洲、非洲、大洋洲	7.06	1.33	2.80	0.30	0.63	0.84	0.71	0.46

资料来源：美国商务部：《1940 年美国对外直接投资》。

总的来看，第二次世界大战前夕，就其地区分布来看，美国的对外直接投资已从以亚非拉落后国家为主逐步转向亚非拉与加拿大、欧洲国家并重的格局；就其产业分布来看，美国对外直接投资仍然以初级产品部门和为生产初级产品服务的公共设施行业为主，但该类投资所占比重逐步下降，制造业所占比重不断上升。上述变化表明，美国的对外直接投资结构逐步走向高级化。

　　第二次世界大战期间，美国利用各种有利的条件，加紧对外资本输出，使得美国在资本主义世界中的经济地位进一步提高。1940—1945 年，美国对外直接投资由 70 亿美元增至 84 亿美元，加强了美国作为世界金融中心的地位。

　　战后以来，美国对外直接投资获得了空前的发展，并在其发展过程中呈现出与战前不同的特点和趋势，归纳起来，这些特点和趋势有以下几点：

　　其一，第二次世界大战后美国对外直接投资的规模急剧扩大，并始终保持着世界第一大直接投资母国的地位。从存量上看，美国对外直接投资 1949 年突破 100 亿美元，1956 年突破了 200 亿美元，1980 年突破 2000 亿美元，1990 年达到 4305.2 亿美元，1998 年突破 1 万亿美元大关，达到 10007.03 亿美元，2002 年更是突飞猛进，在 2001 年 13816.74 亿美元的基础上，增长 33.2%，达到 18399.95 亿美元，2007 年突破 3 万亿美元大关，达到 35530.95 亿美元。截至 2011 年年底，累计余额为 48967.21 亿美元，始终保持着世界第一对外直接投资大国的地位。2011 年与 1914 年相比，美国对外直接投资累计额增长了 1883 倍（见图 4-1）。

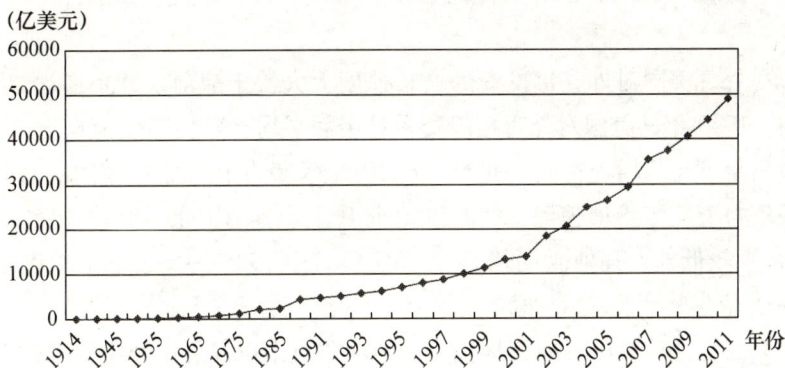

图 4-1　美国对外直接投资累计额

资料来源：美国商务部：《现代商业概览》；UNCTAD：《世界投资报告》有关各期。

　　从流量看，1945—1989 年，美国对外直接投资净增加额达 12362.54 亿美元，平均每年增加 224.77 亿美元，而在 1914—1945 年，美国平均每年增加仅有 1.87 亿美元。1945—1950 年，年均增加额为 6.8 亿美元，

1950—1960 年年均增加 20 亿美元，1960—1970 年增至 46 亿美元，1970—1980 年年均增加 137 亿美元，1980—1990 年年均增加 215 亿美元，1990—2000 年增至 814 亿美元，进入 21 世纪以来，这一倍增趋势更加明显，对外直接投资流量年均高达 2000 亿美元以上，2011 年的对外直接投资流量更是高达 3289.94 亿美元。

表 4-4　　美国对外直接投资累计余额年均增长率（1914—2011）

单位：%

年份	年均增长率	年份	年均增长率
1914—1945	6.5	1970—1975	11.8
1945—1950	8.1	1975—1980	14.7
1950—1955	12.9	1980—1985	1.4
1955—1960	12.9	1985—1990	17.4
1960—1965	11.0	1990—2000	21.5
1965—1970	11.6	2000—2011	31.6

资料来源：根据美国商务部《现代商业概览》；UNCTAD《世界投资报告》有关各期计算。

另外，美国对外直接投资的增长速度大大快于战前，并呈递增趋势。1914—1945 年，美国对外直接投资累计余额平均年增长率仅为 6.5%，而在以后年度年均增速都高于此数。自 20 世纪 50 年代以来，美国的对外直接投资每五年年均增速除 20 世纪 80 年代上半期（1980—1985 年年均为 1.4%）较低外，其他时期均高于 10%；其中 1985—1990 年年均增长速度高达 17.4%（见表 4-4）。

其二，战后美国对外直接投资的地区重点由以发展中国家为主转向以发达国家为主。1950 年，在美国的对外直接投资累计余额中，投向发达国家和发展中国家的直接投资额基本持平。但自此以后，美国对发展中国家和地区的直接投资额占美国整个对外直接投资额的比重不断下降，1960 年降至 1/3，1970 年进一步下降至 1/4，1975 年继续降至 1/5。与此相反，美国对发达资本主义国家的直接投资累计额所占比重节节攀升，即从 1955 年的 55.1% 上升至 1965 年的 65.3%，1975 年的 73.1%，1985 年的 74.3% 和 1990 年的 74.1%（见表 4-5）。

表4-5　　　　　　　　战后美国对外直接投资的地区分布

年份	总额	发达国家	发展中国家	国际机构
1950	100.0	48.4	48.7	2.9
1955	100.0	55.1	41.4	3.5
1960	100.0	60.6	34.9	4.5
1965	100.0	65.3	30.7	4.0
1970	100.0	68.7	25.4	5.9
1975	100.0	73.1	21.2	5.7
1980	100.0	73.1	24.7	1.6
1985	100.0	74.3	23.4	2.3
1990	100.0	74.1	25.1	0.8
1995	100.0	80.2	19.3	0.5
2000	100.0	82.5	16.7	0.8
2005	100.0	84.4	15.1	0.5
2010	100.0	86.2	13.1	0.7

资料来源：美国商务部：《现代商业概览》；UNCTAD：《世界投资报告》有关各期。

其三，战后美国对外直接投资的产业分布日益高级化。随着战后美国对外直接投资的迅速发展，直接投资的部门结构发生显著变化，由以农矿业初级产品为主转向以制造业和服务业为主。

由表4-6可见，战后美国对外直接投资部门结构发生了很大变化，制造业在直接投资中的比重稳定上升，1950年约占1/3，到1970年则上升至2/5，以后一直保持着这一比重。同期，美国对国外制造业直接投资的累计余额由38.31亿美元增至1557.04亿美元，增长了39.6倍。与此同时，尽管美国不断增加对国外石油和采矿业的直接投资额，但其增长速度大大慢于对制造业和服务业的直接投资，因而它在美国对外直接投资中的比重自1970年以来不断下降。1950年美国在国外矿业和石油业的直接投资累计余额占整个美国对外直接投资的38.3%，但到2000年这一比重急剧降至8.5%。美国对国外服务业的直接投资增长速度最快，所占比重变化也最大，1950年服务业在美国对外直接投资中只占到18.6%，到2000年则剧增至56.4%。由于在石油行业和制造业中的服务没有分离出来，保守估计，其中至少有1/2属服务业，因而实际上，服务业所占比重比表中所列数字要高。1950—2000年，美国对外服务业直接投资累计额由 22 亿美元剧增至 7024 亿美元，增长了 319 倍。服务业对外直接投资的迅速发展，反映了 20 世纪 80 年代以来美国对外直接投资行业分布变化的新趋势。

表 4 - 6 美国对外直接投资的行业分布

单位：%

年份	总额	矿业石油业	制造业	服务业	其他
1914	100.0	40.0	18.2	6.5	28.3
1929	100.0	30.6	24.1	4.9	40.4
1940	100.0	29.4	27.5	7.5	35.6
1950	100.0	38.3	32.5	18.6	10.6
1960	100.0	43.3	34.7	14.3	7.7
1970	100.0	35.7	41.3	12.0	11.0
1980	100.0	25.0	41.7	28.2	5.1
1985	100.0	25.1	41.1	28.3	5.5
1990	100.0	14.2	39.9	40.9	5.0
1995	100.0	9.8	36.2	48.0	6.0
2000	100.0	8.5	27.6	56.4	7.5
2005	100.0	7.0	21.1	33.1	38.8
2010	100.0	6.2	20.4	51.6	22.8

资料来源：美国商务部：《现代商业概览》；UNCTAD：《世界投资报告》有关各期。

其四，战后美国对外直接投资的资金来源结构发生重大变化，资金来源由汇款投资为主转向以子公司的利润再投资为主。美国对外直接投资的资金来源，按照美国商务部的统计，主要由三部分组成，即母公司的股权投资、跨国公司体系内部资金流动净额、国外子公司的利润再投资。这三者之和再加上价值调整即为投资增加额，通常前两者称为汇款投资。

长期以来，美国对外直接投资的资金来源一直以汇款投资为主，子公司利润再投资处于次要地位。但自 20 世纪 70 年代以来，汇款投资的数额增长缓慢，在资金来源中的比重大为下降，与之相反的是，海外子公司的利润再投资所占比重逐步上升，并成为美国对外直接投资的主要资金来源。

据统计，1982—1989 年美国海外子公司的利润在投资额高达 1392.43 亿美元，占同期美国对外直接投资增加额（1621.2 亿美元）的 85.9%。

进入 90 年代后，在直接投资增加额中所占比重仍然很高，2000 年其金额为 865 亿美元，占总额的 76%。这表明，美国跨国公司海外子公司的利润再投资已成为美国海外直接投资的主体。

美国对外直接投资以海外子公司利润再投资为主，反映了美国作为一个老牌成熟的对外直接投资大国的典型特征。长期以来，美国在对外直接投资中获取了丰厚的利润，仅 2000 年，美国在对外直接投资中获得的利润就高达 1492.4 亿美元，长期的利润积累为美国跨国公司提供了巨额资本，也为海外子公司的利润再投资奠定了坚实的基础。

表 4 – 7　　20 世纪 80 年代以来美国对外直接投资的资金来源构成

单位：亿美元

年份	投资增加额	股权投资	跨国公司内部资金流动净额	利润再投资	价值调整
1980	267.1	26.1	– 10.2	169.9	81.6
1982	– 68.4	41.9	– 153.2	63.8	– 20.8
1985	195.7	– 22.8	3.7	206.6	9.22
1987	492.3	24.7	63.2	356.7	47.8
1988	189.2	– 54.7	78.3	151.7	13.9
1989	399.4	– 48.6	141.7	224.5	85.3
1990	514.0	61.8	50.1	222.5	179.7
1995	905.8	363.0	47.0	524.0	– 28.0
1996	789.0	216.0	83.0	556.0	– 66.0
1998	1150.0	594.0	147.0	475.0	– 66.0
1999	1301.0	588.0	233.0	605.0	– 125.0
2000	1139.0	499.0	28.0	865.0	– 254.0

资料来源：美国商务部：《现代商业概览》；UNCTAD：《世界投资报告》有关各期。

其五，战后以来美国始终保持着世界上第一对外直接投资大国的地位，但自 20 世纪 60 年代以来，在国际直接投资中所占比重已大大下降。据英国国际投资理论专家邓宁估计，第一次世界大战前夕美国对外直接投资约占世界投资总额的 60%，两次世界大战之间，美国对外直接投资在国际直接投资总额中的比重维持在 50%—55%，但战后以来，特别是 60 年代以来，美国在世界直接投资中所占比重不断下降。

表4-8　　　主要资本主义国家在世界直接投资累计额中所占比重

单位:%

年份	美国	英国	日本	德国	荷兰	加拿大	法国	意大利
1960	47.1	18.3	0.7	1.2	10.3	3.7	6.1	1.6
1975	44.0	13.1	5.7	6.5	7.1	3.7	3.8	1.2
1980	40.0	14.8	6.6	7.8	7.6	3.9	3.8	1.3
1985	35.1	14.7	11.7	8.4	6.1	5.1	3.0	1.7
1990	25.8	13.7	12.2	9.0	6.5	4.7	6.5	3.3
1995	25.8	11.7	11.2	8.6	5.8	4.0	7.4	3.2
2000	21.4	14.6	4.5	8.8	5.0	3.9	7.2	2.9
2001	21.8	14.3	4.7	8.7	5.2	3.9	7.7	2.9
2002	25.5	12.8	4.2	8.6	4.8	3.8	8.1	2.7
2003	25.2	13.8	4.1	7.6	4.7	3.8	7.8	2.9
2004	20.7	14.2	3.8	8.6	5.6	3.8	7.9	2.9
2005	22.3	15.6	3.6	8.5	4.9	4.3	4.7	2.3
2006	21.8	14.7	3.5	7.9	3.2	3.6	4.9	3.1
2007	17.3	14.1	3.2	7.1	2.6	2.6	7.2	4.1
2008	17.1	8.3	6.6	6.9	1.0	4.1	8.3	2.3
2009	22.5	1.6	7.0	5.6	1.6	3.5	13.3	4.0
2010	18.9	5.3	7.2	6.1	1.3	4.2	11.4	4.2

说明：本表中1990年以前的德国指联邦德国，从1990年起指统一后的德国；表中比重之和因四舍五入，不等于100%。

资料来源：UNCTAD：《世界投资报告》有关各期。

　　由表4-8可知，1960—2004年，美国对外直接投资占国际直接投资总额的比重由47.1%急降至20.7%，在45年间降幅高达26.4个百分点，而同期日本、德国等国所占比重上升显著。这表明美国在国际直接投资领域的地位正逐步下降。

　　导致此现象出现的原因是多方面的，一方面是美国在国际投资领域的相对优势已削弱，战后初期，由于其他主要资本主义国家国内遭到剧烈破坏，经济严重削弱，美国确立了在世界经济中的霸主地位，拥有绝对的经济技术优势，而西欧、日本等国战后经济重建又急需大量外来资金弥补国内资金的短缺，从而为美国的资本输出大开绿灯，因此美国获得了广阔的国际投资场所。但战后以来，特别是 20 世纪 60 年代以来，日本、德国等国经济发展速度大大快于美国，它们的对外直接投资增长速度也不断加快，所占比重节节攀升。到 1990 年日本和德国对外直接投资累计额已分别达到 2046.5 亿美元和 1515.8 亿美元，所占比重分别为 12.2% 和 9.0%，成为世界第三、第四大对外直接投资国，并且与美国的差距逐步缩小。另一方面，由于 60 年代以来，生产国际化迅猛发展，国际分工和专业化生产日益加强，使得参与国际直接投资的主体也日益多元化，许多次发达国家和发展中国家也加入到国际直接投资的队伍中来，并且增长迅速，这在一定程度上也降低了美国在世界国际直接投资总额中的比重。

二　美国对外直接投资对其经济的影响

美国卡特总统任内财政部部长助理弗雷德·伯格斯坦曾在总结国际企业界的观点之后指出："对外投资促进了美国利益。通过对外投资可以提高世界生产率，增加美国出口额，改善就业质量，增加就业机会，而美国也将有更多的机会以合理的价格购买原材料，美国的政策应该不仅支持现有的对外投资，而且应促进未来的对外投资。"[①] 从整体和长期角度看，美国对外直接投资的迅速发展对美国经济产生了重大影响。例如通过对外直接投资带动了相关商品出口，夺得了广阔的国外市场，为美国带来了巨额利润收入，确保了国内原料和能源的进口。另外，对外直接投资对美国产业结构、技术进步、国内就业以及国际收支平衡也产生了深刻的影响，这种影响在 20 世纪 90 年代，随着美国对外直接投资规模的进一步扩大而不断增强。

（一）对外直接投资与美国产业结构

战后以来，在科技革命强有力的推动下，美国的社会生产力获得高度发展，人均国民收入有了较大提高，居民消费结构出现显著变化，这导致了美国产业结构也逐步发生了变化。在这种产业结构调整中，美国的对外直接投资起了重要的促进作用，同时美国产业结构的变化也深深地影响着

---

① ［美］弗雷德·伯格斯坦、托马斯·霍斯特和西奥多·莫兰：《美国跨国公司和美国利益》，华盛顿，布鲁金斯学院，1978 年。

对外直接投资的行业变化。

1. 对外投资的产业结构变化以国内产业结构变化为转移

美国的产业结构最初以第一产业为主，随着工业化的发展，第一产业在国民经济中的比重不断下降，第二产业经过一段时期的上升后也逐渐下降，第三产业内部虽存在部门发展的不平衡性，但总的情况是迅速上升，并超过第二产业，居国民经济的主导地位。

美国对外投资的产业构成，最初也是以农矿业为主，第二次世界大战以来农矿业的比重不断下降，而制造业和服务业的比重不断上升。矿业和石油业在 1914 年时占对外直接投资的比重曾达 40%，其后有所反复。60年代达到顶峰，自此以后，呈直线下降，1989 年跌至 15.5%。制造业在美国对外直接投资中的比重，一直稳步上升。70 年代达到顶峰，以后一直稳定在高水平上。在制造业内部，与高新技术相关度较大的产业部门，如化学工业和机械工业等上升较快，在 1978 年美国对外直接投资中化学工业为 65.56 亿美元，机械工业为 64.11 亿美元。1977 年，前者对外投资额增加到 133.74 亿美元，增长 104%，后者增加到 183.79 亿美元，增长 187%。服务业的直接投资增长速度最快，基本上保持较快的增长势头，所占比重从 1950 年的 18.6% 上升到 2000 年的 56.4%。

2. 对外直接投资的结构变化在时间上落后国内产业的变化

如上所述，美国国内产业结构变化中，第二产业下降和第三产业的稳定上升是发生在 50 年代末，对外直接投资结构中，第三产业稳步上升和第二产业停滞不前发生在 70 年代，落后国内产业结构变化 20 年。但第三产业对外直接投资经过 80 年代以来的迅速发展，所占比重已有大幅上升，到目前为止已基本取代第二产业的地位，与国内产业结构趋于一致。

3. 对外直接投资对国内产业结构的升级和调整的反作用

战后，经济的发展，劳动工资的不断上升，使美国传统工业不断受到挑战。迎接挑战和提高竞争力的重大战略措施就是对产业结构进行大幅调整，实行产业结构升级，也就是将国民经济的中心由传统工业向高新技术产业转移，由物质生产部门向第三产业部门转移。在这种产业结构调整中，美国的对外直接投资起了重要的作用。国际竞争对美国工业挑战首先是从传统工业开始的，然后沿技术阶梯逐渐上升。为了在竞争中生存，充分利用各国的比较优势，一般将劳动密集型的低技术、低附加值的产品转移到国外，而将高技术、高附加值产品留在本土，使得美国的产业结构不断高级化，从而不断增强竞争力，这从表4-9中美国进出口商品货物的种类就可以发现这种变化。

表4-9 美国进出口商品的构成

单位:%

项目	1980 年		1990 年		1995 年		1996 年		1997 年		1998 年	
	进口	出口	进口	出口	进口	出口	进口	出口	进口	出口	进口	出口
总计	100	100	100	100	100	100	100	100	100	100	100	100
农产品	5.1	2.5	4.4	1.9	3.9	2.1	3.1	2.0	2.7	1.9	2.0	2.0
食品	18.2	8.2	11.2	5.8	10.6	4.8	10.8	4.9	9.1	5.0	2.0	5.0
燃料	3.7	32.8	3.2	13.3	1.9	8.2	2.0	9.4	1.9	9.2	8.0	7.0
矿产品	5.1	4.7	3.1	2.8	2.7	2.6	2.2	2.3	2.1	2.3	2.0	2.0
制成品	65.5	50.0	74.1	73.1	77.3	79.2	78.0	78.0	80.8	78.2	82.0	81.0

说明：表中为美国的主要进出口商品。

资料来源：《世界经济年鉴》，中国统计出版社2000年版。

（二）相关的实证分析

1. 产业结构升级的测度指标设计[①]

由于产业结构高度化的特征使第三产业的地位越来越突出，第一产业所占比重越来越小，所以指标设计中，给第三产业赋值最大，第一产业赋值最小，具体指标为 $Y = y_1 \times 1 + y_2 \times 2 + y_3 \times 3$（$1 \leqslant Y \leqslant 3$）。其中，$y_i$ 为第 i 产业的收入比重，为 yi/y。Y 为测定产业结构升级的程度，其系数值上下限为1—3。如果 $R = 1$ 或越接近1，产业结构层次就越低；如果 $R = 3$ 或接近于3，则产业结构层次就越高，表4-10计算出1985—2010年的 Y 值。

表4-10 1985—2010年美国国内生产总值构成

年份	国内生产总值	第一产业（y_1）	第二产业（y_2）	第三产业（y_3）	Y
1985	1	0.024	0.307	0.669	2.645
1986	1	0.022	0.295	0.683	2.661
1987	1	0.024	0.292	0.684	2.66
1988	1	0.02	0.294	0.686	2.666
1989	1	0.021	0.287	0.692	2.671
1990	1	0.021	0.281	0.698	2.677

---

① 参考徐德云（2008）在《产业结构升级形态决定、测度的一个理论解释及实证》一文中对产业结构升级的一个测度指标设计。

续表

年份	国内生产总值	第一产业（y_1）	第二产业（y_2）	第三产业（y_3）	Y
1991	1	0.019	0.268	0.713	2.694
1992	1	0.02	0.261	0.719	2.699
1993	1	0.019	0.26	0.721	2.702
1994	1	0.019	0.264	0.717	2.698
1995	1	0.016	0.264	0.72	2.704
1996	1	0.018	0.259	0.723	2.705
1997	1	0.017	0.255	0.728	2.711
1998	1	0.013	0.241	0.746	2.733
1999	1	0.012	0.241	0.747	2.735
2000	1	0.012	0.234	0.754	2.742
2001	1	0.012	0.223	0.765	2.753
2002	1	0.01	0.218	0.772	2.762
2003	1	0.012	0.216	0.772	2.76
2004	1	0.013	0.22	0.766	2.751
2005	1	0.012	0.221	0.766	2.752
2006	1	0.01	0.222	0.767	2.755
2007	1	0.011	0.219	0.77	2.759
2008	1	0.012	0.213	0.775	2.763
2009	1	0.01	0.2	0.79	2.78
2010	1	0.01	0.192	0.798	2.788

说明：本表按当年价格计算，国内生产总值换算为1。

资料来源：国经网。

2. 模型构建

模型以对外直接投资为解释变量，产业结构升级程度指标为被解释变量。防止各变量数据产生较大波动性，对变量取对数构建模型：$\ln\beta_1 = \beta_1 \ln y_i + \beta_2 \ln x_i + u_i$，式中，$y_i$ 为反映产业结构升级程度的指标，x_i 为对外直接投资额，u_i 为随机误差项。

3. 平稳性及协整检验

因为时间序列数据涉及伪回归问题，因此在对变量间关系进行分析

前，必须对数据进行平稳性检验。本书运用加上常数项和趋势项的 ADF
单位根检验方法对各变量的原始序列及其差分序列进行检验，结果如下，
各变量水平序列都是非平稳的，它们的一阶差分却都是平稳的，即都是 1
阶单整序列。因此，可以通过协整分析，来检验各经济变量之间的长期
关系。

变量	ADF 统计量	临界值（5%）	结论
lnX	−3.0135	−3.6032	不平稳
lnY	−2.2978	−3.6121	不平稳
DlnX	−5.7438	−3.6121	平稳
DlnY	−4.4333	−3.6122	平稳

协整分析采用 Engle 和 Granger 提出的基于协整回归残差的 ADF 检验
的两步法。首先对模型进行回归分析得到估计残差序列，对此序列进行
ADF 检验，结果如下：

			t − Statistic	Prob.
Augmented Dickey − Fuller test statistic			−4.221524	0.0164
Test critical values：	1% level		−4.467895	
	5% level		−3.644963	
	10% level		−3.261452	

由于检验统计量为 −4.2215，小于显著性水平 0.05 的临界值 −
3.645，可认为估计残差序列为平稳序列，进而可知 OFDI 与产业结构升
级指数具有协整关系，可以如下进行回归分析。

	Coefficient	Std. Error	t − Statistic	Prob.
C(1)	0.817288	0.012059	67.77416	0.0000
C(2)	0.018848	0.001236	15.24709	0.0000

$R^2 = 0.906423$　$F = 232.4737$，从回归估计的结果看，模型拟合得很好。从截距项与斜率项的 t 检验值看，均大于 1% 显著性水平。回归结果表明，对外直接投资对美国产业结构升级有显著性影响，OFDI 每增加 1%，产业结构系数增加 0.0189%。

另外，对美国的对外直接投资与国内产业"空心化"问题值得关注。产业"空心化"，是指随着对外直接投资的发展，生产基地向国外转移，国内制造业不断萎缩、弱化的经济现象。一些美国学者断言，美国从事制造业的跨国公司的对外直接投资导致了美国国内产业的"空心化"，并得到了越来越多经济学家和企业家的关注。1986 年 3 月美国《商业周刊》专门出版了论述产业"空心化"的特刊，其副标题即为"制造业的衰落威胁着美国经济"。

一些西方学者认为，对外直接投资导致的产业"空心化"给投资母国宏观经济和对外投资者带来一系列负面影响，主要表现在以下几个方面：（1）导致国际贸易收支逆差。一些西方学者认为，对外直接投资的结果是将生产基地转移到国外，对投资国的国际贸易收支产生双重不利影响，一方面产生出口替代效应，即由于生产基地转移到国外而使国内出口额减少；另一方面产生逆进口效应，即本国海外企业生产的制成品向国内的逆进口增加。两方面影响的组合，导致投资国的国际贸易收支逆差。一些西方学者将巨额贸易逆差视为美国国内产业"空心化"的主要标志。（2）降低了对外直接投资者的国际竞争能力。对外直接投资是"一揽子"生产要素的转移，即资金、技术、管理经验和劳动力由投资母国转移到东道国。一些学者认为，随着对外直接投资的发展，生产技术也将会流向国外，等于扶持了竞争对手，东道国当地企业一旦掌握了这种技术，就会与外国投资者相抗衡，削弱对外投资者的国际竞争能力。（3）减少国内就业机会。一些西方经济学家认为，随着生产基地由国内转移到国外，国内的制造业会不断萎缩，减少了就业机会。

关于美国、日本等西方发达国家对外直接投资的发展而导致国内产业"空心化"的观点，仔细分析，其实是难以成立的。

首先，第一、第二产业比重下降，第三产业比重上升是一国产业结构演进的一般性规律。按照经济发展的客观规律，随着科学技术的进步、社会生产力的发展和人均 GDP 水平的提高，需求结构朝多样化方向发展，第一、第二产业比重下降，第三产业比重上升是一国产业结构演进的一般性规律。诚然，美国对外直接投资的存量与增量是巨大的，亦即在国外建立了庞大的生产基地，但与国内更为庞大的生产基地相比，还是十分有限的，谈不上对本国经济发展（特别是制造业的发展）构成威胁。还应当看到，美国是当代世界上最大的投资母国，也是世界上最大的东道国，除个别年份外，主要表现为净国际直接投资流出国。1996 年美国对外直接投资存量占 GDP 的比重为 10.4%，引进外国直接投资存量占 GDP 的比重为 8.3%，净对外直接投资存量仅为 GDP 的 2.1%[1]。美国对外直接投资始于 19 世纪末，经过 100 多年的发展，到 1996 年净对外直接投资存量才占 GDP 的 2.1%，平均每年对外直接投资净流入量与当年 GDP 之比将是一个微不足道的量，难以对美国产业结构的演进产生较大的不利影响。

其次，一国的对外直接投资规模与贸易逆差并无直接联系。

从表 4-11 有关指标可以看出，美国的净国际直接投资存量占 GDP 的比重总体呈下降态势，但贸易逆差却不断增加，1980 年为 322.91 亿美元，到 2000 年高达 3582.9 亿美元。

还应当看到，西方学者在分析美国贸易逆差时，一般仅包括商品贸易，而未包括服务贸易，有夸大贸易逆差之嫌。长期以来，美国的商品贸易表现为逆差，而服务贸易则表现为顺差，二者相抵之后的贸易差额并不大。如 1996 年美国商品贸易逆差为 1876 亿美元，而服务贸易顺差却高达 734 亿美元，二者相抵之后，贸易差额仅为 -1142 亿美元，仅占当年 GDP 的 1.50%[2]，不会对宏观经济产生较大的负面影响。

表 4-11　美国对外直接投资存量占 GDP 的比重和贸易差额比较

	1980 年	1985 年	1990 年	1995 年	2000 年	2005 年	2010 年
贸易差额（亿美元）	-322.91	-1485.0	-1223.95	-1861.09	-3582.9	-5532.5	-7552.9
净国际直接投资存量占 GDP 的比重（%）	5.0	1.6	0.9	1.99	0.07	2.11	1.71

说明：净国际直接投资存量＝国际直接投资流出存量－国际直接投资流入存量。

资料来源：引自美国商务部《当代商务概览》有关各期。

---

[1]　UNCTAD, *World Investment Report* 1998：*Trend and Determinants*, New York and Geneva, 1999, p. 399.

[2]　谢康：《国际贸易服务》，中山大学出版社 1998 年版。

（三）对外直接投资与美国的国内就业

从理论上讲，一国的对外直接投资对母国的就业机会产生三种效应，即生产替代效应、出口刺激效应和投资母国总部和辅助企业就业效应。长期以来，人们关于对外直接投资对投资母国就业的影响并没有太多关注，对这一问题的讨论可能始于美国"劳联"、"产联"的一项声明。美国"劳联"、"产联"在一项声明中指出，美国在 1966—1969 年间损失了 50万个就业机会，其中很大一部分要归咎于"外逃企业"，即美国在国外劳动密集型产业投资的企业。该结论失之偏颇，因为它只考虑了生产替代效应的影响，而未考虑出口刺激效应、投资国总部和辅助企业就业效应的影响。而大部分学者的研究表明，同期美国对外直接投资因出口刺激效应、投资国总部和辅助企业就业效应而创造的就业机会更大。总的说来，美国跨国经营对其国内就业有重要的正效应，其中，斯托鲍夫等人的研究为美国增加了 60 万个就业机会，美国关税委员会的研究为美国增加了 48.8 万个就业机会，具体见表 4－12。

表 4－12　　　　美国企业对外直接投资对美国国内就业的影响

相关研究	资料来源	没有对外投资的美国企业估计会保持市场的%	就业影响（职位%）			
			美国生产替代效应	出口刺激效应	总部和辅助企业效应	净就业效应
鲁腾博格，劳联产联研究(1971 年)	官方综合数据	推断是高了	−500000 (1)	—	—	−500000 中的重要部分
斯托鲍夫等人(1971 年)	9 个案例研究和综合数据	长期来看低的或者相当于零	− (2)	+250000	+350000	+600000
美国贸易紧急委员会(1972 年)	74 家公司案例调查	推断是低的	—	+3000000	+250000	有重大正效应
美国商会(1972 年)	158 家公司案例调查	推断是低的或者相当于零	—	+311345 (3)	—	有正效应

续表

相关研究	资料来源	没有对外投资的美国企业估计会保持市场的%	就业影响（职位%）			
			美国生产替代效应	出口刺激效应	总部和辅助企业效应	净就业效应
R.G.霍金斯（4）（1972年）	案例调查综合数据	假设1：美国子公司的5%生产保留在美国；	－190000	＋263000	＋209000	＋279000
		假设2：美国子公司的10%生产保留在美国；	－381000			＋89000
		假设3：美国子公司的25%生产保留在美国	－791000			－322000
美国关税委员会（1973年）	未公布的有关国外经营活动的美国企业统计数据	假设：1960—1961年间美国出口占国外生产实际平均份额	－603100	＋286000	＋321000	＋488000（5）

说明：（1）1966—1969年期间的就业受逆向贸易流动影响，其中跨国公司起重要作用。

（2）数字很小。

（3）根据净贸易额。

（4）除了有关美国生产替代假设外，霍金斯还指出了其他假设：①在没有子公司情况下，有47%的向子公司出口不会发生；②在美国出口中，每100万制造业产值需63.7个工人。

（5）其中包括外国拥有的跨国公司在美国创造的629000个就业机会，实际上这一数字是否应包括在内值得怀疑。

资料来源：［英］尼尔·胡德、斯蒂芬·杨：《跨国企业经济学》，经济科学出版社1992年版。

　　客观地说，对外直接投资对投资母国的就业机会影响甚微，主要有以下两方面原因：（1）不同类型的对外直接投资对投资国就业机会的影响是不同的，有的生产替代效应强一些，而有的出口刺激效应、投资国总部和辅助企业就业效应强一些，三者相抵后，既可能是正效应（增加就业机会），也可能是负效应（减少就业机会），但幅度均会很小。（2）外国直接投资提高了东道国的经济发展水平，其进口必然增加，当然也包括从投资国的进口，为投资母国创造了一定的就业机会。

1990—1998 年，美国对其跨国公司海外子公司的出口及从其跨国公司海外子公司进口的综合情况看，对外直接投资对美国就业的影响是"刺激效应"明显大于"替代效应"。第一，从美国与其跨国公司海外子公司之间贸易的增长情况看，1990 年，美国对其跨国公司海外子公司的出口和从其跨国公司海外子公司的进口分别达 1064.3 亿美元和 1021.5 亿美元，到 1998 年分别增至 2171.5 亿美元和 1876.1 亿美元，分别增长 1.04 倍和 83.7%，可见美国对其跨国公司海外子公司出口的增长明显快于从其海外子公司进口的增长。第二，从美国与其跨国公司海外子公司之间贸易的差额情况看，1990 年贸易差额为顺差 42.8 亿美元，到 1998 年，顺差额增至 295.4 亿美元，增长了近 5 倍。1990—1998 年的 9 年间，美国与其跨国公司海外子公司之间贸易的顺差总额高达 2000.7 亿美元，由此可见，90 年代美国跨国公司的对外直接投资不仅没有替代美国对其投资东道国的出口，相反，其对外直接投资大大促进美国对东道国的出口，因此，90 年代美国对外直接投资的迅速膨胀大大促进了美国就业机会的增加。另外，从 90 年代美国跨国公司母公司在国内的雇佣情况看，1990年，美国跨国公司母公司在国内的雇员总数为 1843 万人，到 1998 年增至 2006.8 万人，年均增长约 8.9%，这也从一个侧面说明 90 年代美国对外直接投资促进了美国国内就业机会的增加。

与就业数量的不确定性相比，对外直接投资对美国国内就业质量的影响则相对明确得多。有研究揭示，对外直接投资导致美国国内熟练程度高的工人的就业机会增长数要多于损失数[1]。也就是说，由于对外直接投资引发了美国机器设备、技能等出口的扩大，促进了美国产业结构的调整和升级，推动了美国科研工作的展开。这就使得美国对熟练工人、技术人员和管理人员以及非生产性就业人员，尤其是高级服务业就业人员的需求有所增加。因此，美国对外直接投资对美国就业的影响总的来说主要表现在就业结构的改变上，而不是表现在就业人数的增减上。因此，虽然生产性就业人员可能会减少，而且技术水平低的失业人员并不能被安置到技术水平高的职位上，由此便产生了人们通常看到的失业问题。但这种情况可能

---

① ［美］德拉托尔·R. B. 斯托博、P. 特列休：《美国跨国企业和美国就业技能构成的变化》第 7 章，载 D. 库亚瓦编《美国劳工和跨国公司》，纽约，普雷格出版公司 1973 年版。

表4-13　　　　　　美国海外分支机构与国内就业（1977—1997）

单位：千人

就业 年份	母公司和所有分支公司	母公司和主要控股公司	母公司	所有分支公司	控股分支公司	美国国内就业
1982	25345	23727	18705	6640	5022	97763
1983	24783	23253	18400	6383	4854	98529
1984	24548	22973	18131	6418	4842	103123
1985	24532	22923	18113	6419	4810	105804
1986	24082	22543	17832	6250	4711	107737
1987	24255	22650	17986	6270	4664	110751
1988	24141	22498	17738	6404	4761	113906
1989	25388	23879	18765	6622	5114	116642
1990	25264	23786	18430	6834	5356	117557
1991	24837	23345	17959	6878	5387	116630
1992	24190	22812	17530	6660	5282	117116
1993	24222	22760	17537	6685	5223	118772
1994	25670	24273	18565	7105	5707	121695
1995	25921	24500	18576	7345	5924	124576
1996	26334	24867	18790	7544	6077	127015
1997	27885	26392	19867	8018	6525	129980

资料来源：Robert E. Lipsey（1999）Foreign Production by U. S. Firms and Parent Firm Employment, NBER Working Paper, No. 7357, p. 30。

鼓励在职的同等熟练和专业水平的雇员向跨国企业需要的新职位流动，也迫使低技术水平的工人通过培训等方式提高自身技能。美国有研究人员曾经用对外直接投资创造的就业机会和损失的就业机会之和来推测对外直接投资所造成的就业结构调整，认为总调整数可能会达到150万个就业机会。这还仅仅是最低数，实际流动数可能远比这高得多，因为在不同的就业构成中，其就业得失相差甚远，技能水平高的就业机会的增长数大于损失数。

外向 OFDI 对美国就业影响的实证分析：（1）模型介绍，通过以上分析，外向 OFDI 对就业的影响在数量上具有不确定性，而对国内就业质量的影响则相对明确。因此，这里将采用两个模型，对 1985—2010 年美国就业和对外直接投资额的样本数据进行观测和处理。模型 1 为 OFDI 对就业总量的影响，由于就业还受到收入水平影响，这里构建多元回归模型：$\ln(L) = a + b\ln(OFDI) + c\ln(GDP)$，其中 L 为总就业量。模型 2 为 OFDI 对就业质量的影响，由于就业质量反映为就业结构的改变，因此这里借鉴对产业结构影响的分析，设计就业结构升级指标：$Y = y_1 \times 1 + y_2 \times 2 + y_3 \times 3$（$1 \leqslant Y \leqslant 3$）。其中，$y_i$ 为第 i 产业的就业比重，为 y_i / y。构建回归模型：$\log Y_i = \beta_1 + \beta_2 \log X_i + u_i$ 式中，Y_i 为反映就业结构升级程度的指标，X_i 为对外直接投资额，u_i 为随机误差项。

表 4 - 14　　　　　　　美国 1985—2010 年就业结构和 OFDI 值

年份	就业结构	OFDI 值	年份	就业结构	OFDI 值
1985	2.655	3863.52	1998	2.71	22796.01
1986	2.659	5300.74	1999	2.718	28396.39
1987	2.664	5902.46	2000	2.719	26940.14
1988	2.67	6924.61	2001	2.726	23149.34
1989	2.673	8324.6	2002	2.729	20225.88
1990	2.678	7317.62	2003	2.76	27291.26
1991	2.687	8275.37	2004	2.76	33627.96
1992	2.693	7986.3	2005	2.762	36379.96
1993	2.7	10612.99	2006	2.762	44703.43
1994	2.696	11145.82	2007	2.766	52749.91
1995	2.702	13637.92	2008	2.771	31024.18
1996	2.703	16083.4	2009	2.784	42872.03
1997	2.705	18792.85	2010	2.786	47667.3

（2）因为时间序列数据涉及伪回归问题，因此首先对数据进行平稳性检验。本书运用加上常数项和趋势项的 ADF 单位根检验方法对各变量的原始序列及其差分序列进行检验。结果如下，各变量水平序列都是非平稳的，它们的一阶差分却都是平稳的，即都是一阶单整序列。因此，可以通过回归分析，来检验各经济变量之间的长期关系。

变量	ADF 统计量	临界值（5%）	结论
lnOFDI	− 3.0135	− 3.6032	不平稳
lnL	− 2.9541	− 3.6329	不平稳
lnY	− 2.5409	− 3.6032	不平稳
DlnOFDI	− 5.7438	− 3.6122	平稳
DlnL	− 1.8582	− 1.9572	平稳（10%）
DlnY	− 3.5846	− 1.9557	平稳

模型 1：$R^2 = 0.9871$　$F = 802.0739$，从回归估计的结果看，模型拟合度很好。从截距项与斜率项的 t 检验值看，均大于 5% 显著性水平。回归结果表明，美国 OFDI 每增加一个百分点就业总量增加 0.0417%，说明绝对量并不多，与理论分析相符。

	Coefficient	Std. Error	t − Statistic	Prob.
C(1)	2.596337	0.186500	13.92139	0.0000
C(2)	0.159463	0.028036	5.687708	0.0000
C(3)	0.047145	0.014032	3.359903	0.0030

模型 2：$R^2 = 0.8959$　$F = 206.5026$，从回归估计的结果看，模型拟合度很好。从截距项与斜率项的 t 检验值看，均大于 1% 显著性水平。回归结果表明，美国 OFDI 每增加 1%，就业结构有显著升级，大约为 0.01838%。

	Coefficient	Std. Error	t − Statistic	Prob.
C(1)	0.820563	0.012480	65.75207	0.0000
C(2)	0.018383	0.001279	14.37020	0.0000

上述资料表明，美国的海外分公司的就业与母国甚至整个美国国内的就业呈正相关关系，即国外分支公司，尤其是美国主要控股的国外分公司的就业与国内母公司和整个国内总就业都呈显著上升的趋势，这直接否定了对外直接投资会减少国内就业的观点，而其中的原因，Lipsey 等人（2000）的解释是：对外直接投资增加了国内母公司对加强海外分公司管

理与监督所需的管理人员，以致增加的比重超过了因对外直接投资而损失的国内就业。更重要的是，增加和减少的就业使得国内就业结构发生显著调整，进而促进母国就业结构向高度化方向演进。

（四）对外直接投资与美国出口贸易

对外直接投资既有贸易的替代效应，又有贸易创造和扩大效应，因此美国对外直接投资对其出口贸易的影响比较复杂，须仔细分析各种效应的相对重要性。本节将从定性和定量两方面来对其进行分析。

1. 对外直接投资对美国出口影响的定性分析

其一，对外直接投资促进了美国服务的出口。美国跨国公司的对外直接投资造成了美国母公司和国外分支机构之间人员的频繁往来，也促进了美国母公司研发等各种服务的出口。近年来，美国的服务贸易一直处于顺差状态，服务的出口发展十分迅速，美国对外直接投资对服务出口的推动作用是其中的一个重要原因。

其二，20 世纪 90 年代以前，由于各主权国家的关税与非关税壁垒比较高，生产的国际化程度也不是很高，因此美国跨国公司的对外直接投资主要以水平直接投资为主，即主要是市场寻求型的。这种投资对美国制成品出口的替代效应比较大。90 年代以后，美国的对外直接投资越来越具有垂直型的特征，因此对外贸易的替代效应有所减弱，而贸易创造效应有所提高。

其三，从事经销批发的国外分支机构极大地促进了美国的出口。1998年，美国跨国公司从事批发的国外分支机构的生产增加值只占所有生产增加值的 11.6%，而它们的销售额却占所有分支机构总销售额的 20.7%。实际上，它们并不从事生产活动，所谓的生产增加值只不过是它们进行的促销活动或者提供售后服务所创造的增加值。对美国跨国公司来说，他们总的销售增加值和生产增加值之间有一个比较大的差额，这个差额实际上就是这些分支机构为美国出口作出的贡献。

其四，外包活动极大促进了美国中间产品的出口。外包活动主要与制造业部门联系在一起。由于制造业部门在美国对外投资中占有重要地位，因此外包对美国中间产品出口的拉动作用就十分显著。早在 1994 年，美国国外分支机构中间产品出口额占总销售额的比例就达到 12%，随着美国对外直接投资不断向垂直型方向发展，这个比例也不断上升，2000 年这个比例为 20%。

2. 对外直接投资对美国出口影响的定量分析

在对美国对外直接投资对其出口贸易的影响作了定性分析后，有必要对这种影响作进一步的定量分析。定量分析选取的是 1970—2010 年的相关数据作为样本，应用 Reviews 软件包进行计算。选取 OFDI 与 EX 建立取自然对数的一元回归方程。由于涉及时间序列数据，首先进行平稳性检验结果如下表：各变量水平序列都是非平稳的，它们的一阶差分却都是平稳的，即都是一阶单整序列。因此，可以通过回归分析，来检验各经济变量之间的长期关系。

变量	ADF 统计量	临界值（5%）	结论
lnOFDI	－3.0135	－3.6032	不平稳
lnEX	－1.6789	－3.6032	不平稳
DlnOFDI	－5.7438	－3.6121	平稳
DlnEX	－5.1347	－3.6121	平稳

	Coefficient	Std. Error	t－Statistic	Prob.
C（1）	3.143539	0.250260	12.56109	0.0000
C（2）	0.572190	0.026437	21.64327	0.0000

上述方程式中，其拟合优度大于 0.94，其 F 检验值都很大，说明这个方程的总体线性关系在 99% 的水平上是显著成立的。其中自变的 t 检验值很大，大大超过临界值，说明变量 FDI 作为出口贸易的解释变量是显著的。由此可知，随着美国对外投资累计额的增长，其出口额也随之增长，且对外直接投资每增长 1%，其出口总额就增长 0.5722%。由此可见，总的来看美国的对外直接投资极大地促进了美国的出口，这说明美国对外直接投资所导致贸易的创造和扩大效应大于贸易的替代效应。

（五）对外直接投资与美国国际收支平衡

对外直接投资涉及一国资金的收支问题，资金支出反映在国际收支平衡表上的借方账户，而资金收入则反映在贷方账户。对外直接投资涉及的资金支出主要是资本的输出和海外子公司的进口，资金收入则包括投资利润的汇回、许可证使用费、对海外子公司的出口以及向子公司派出人员的工资。因此，对外直接投资对一国国际收支的影响是有利还是不利，是大还是小就取决于由对外直接投资引起的资金收支之间的差额及其大小。

长期以来，美国国际收支处于逆差状态，主要是由于商品贸易差额为逆差造成的，但投资输入差额在大部分年份为顺差，尤其是在 20 世纪 80 年代以前，投资收支差额表现为很大的顺差（见表 4 - 15），在一定程度上缓解了商品贸易巨大的逆差对美国国际收支产生的不良影响。

表 4 - 15　　　　　　　美国国际收支（1977—2002）

单位：亿美元

年　份	1977	1978	1979	1980	1981	1982	1983	1988	1989	1990	1991
国际收支	-145	-154	-10	4	46	-112	-408	-1272	-1016	-919	-83
其中:商品贸易差额	-311	-340	-276	-255	-281	-364	-611	-1270	-1152	-1090	-738
投资收支差额	180	206	312	296	335	273	236	126	148	203	130
年　份	1992	1993	1994	1995	1996	1997	1998	1999	2000	2001	2002
国际收支	-564	-908	-1335	-1291	-1482	-1664	-2175	-3244	-4115	-3937	-4809
其中:商品贸易差额	-961	-1326	-1662	-1736	-1912	-1989	-1668	-2618	-3754	-3578	-4180
投资收支差额	180	197	97	68	28	-143	-62	-136	196	107	-40

资料来源：根据《世界经济统计年鉴》有关各期整理而得。

进入 20 世纪 90 年代以来，美国对外投资的顺差虽然在减少，但在大部分年份仍表现为顺差。其中，1990 年美国对外直接投资总额与美国从其跨国公司海外子公司的进口额分别为 309.82 亿美元和 1021.5 亿美元，两项之和为 331.32 亿美元，而海外子公司汇回利润、许可证费、对海外子公司的出口以及向海外子公司外派人员的工资收入四项之和为 1905.41 亿美元[1]，由此造成的投资收支差额为顺差 203 亿美元。在 1990—2002 年这 13 年中，由于在大部分年份对外直接投资是顺差，由此引起的美国国际收支顺差不断扩大，顺差累计高达 825 亿美元。由此可见，美国对外直接投资对其国际收支产生了巨大的积极影响。

---

[1]　[美] Survey of Current Business, 1992, 2, 第 84 页。

第三节 日本对外直接投资与其国家经济利益

日本的对外直接投资最早发展于第一次世界大战，但是直到第二次世界大战以后才开始大规模扩张，使日本成为对外直接投资大国中的后起之秀。20世纪80年代末90年代初，日本曾跃居世界第一投资大国地位。

一 日本对外直接投资的发展历程

第二次世界大战后，日本企业对外直接投资规模数量逐渐增加，规模越来越大。纵观日本对外直接投资的发展历程，大致可将其分为三阶段：20世纪50年代初至70年代初的恢复和发展阶段；70年代初至80年代末的迅速扩张阶段；90年代初至今的调整阶段（见图4-2）。

(亿美元)

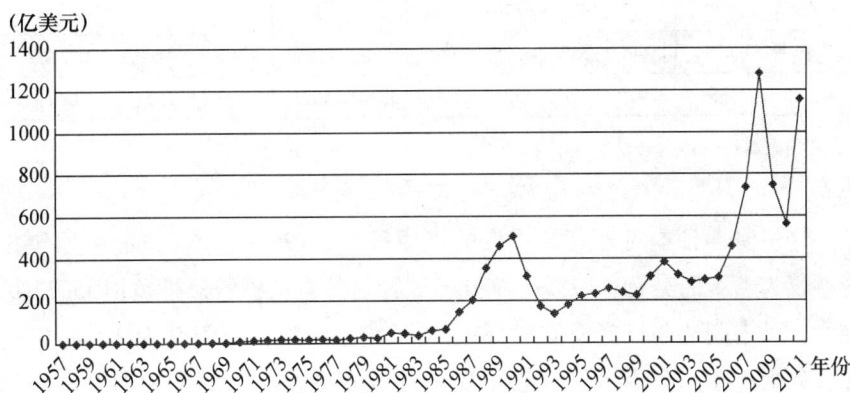

图4-2 日本对外直接投资流量

（一）恢复和发展阶段（20世纪50年代初至70年代初）

第二次世界大战使日本几乎失去了全部的对外投资。战后初期，日本面临着全面重建经济的艰巨任务，国内资本严重短缺，国际收支不断恶化，日本对外直接投资的发展是完全停滞的。进入20世纪50年代以后，日本经济迅速回升，然而本国资源的匮乏、市场狭小等问题与发展经济之间的矛盾日益突出。从1951年起，日本重新开始了对外直接投资，其国内持续高涨的投资需求与旺盛的生产增长势头，造成了普遍的资本供给不足，从而导致这一时期日本对外直接投资难以有大的增长，有限的投资则主要用于资源开发和市场开发。

表4–16　　日本对外直接投资的地区分布（1951—1990）

单位：百万美元

地区 ＼ 年度	1951—1970	1971—1980	1981—1990	1985	1986	1987	1988	1989	1990	合计（1951—1990）
北美	912	8886	126207	5495	10441	15357	22238	33902	27192	136005
美国				5395	10165	14704	21701	32540	26128	
加拿大				100		653	626	1362	1064	
中南美	567	5602	32315	2616	4737	4816	6428	5238	3628	38484
亚洲	751	9081	37687	1435	2327	4868	5569	8238	7054	47519
欧洲	639	3831	57795	1930	3469	6579	9116	14808	14294	62265
非洲	93	1352	4382	172	309	272	653	671	551	5827
大洋洲	281	2246	15572	525	992	1413	2669	4618	4166	18099
合计	3577	32920	274311	12217	22315	33367	46932	67541	56912	310808

资料来源：［日］《经济统计年鉴》（1988，1992，1993，1995）。

这一时期日本对外直接投资的规模很小，1951—1969 年的平均年投资额仅为 1.4 亿美元。1951—1970 年累计对外直接投资额外负担 35.77 亿美元，其中制造业投资额为 9.28 亿美元，非制造业投资额为 22.49 亿美元，分别占 25.9% 和 62.9%。在制造业投资中，这一时期主要是木材加工工业投资和纺织工业投资，投资额各为 2.12 亿美元和 1.89 亿美元，分别占制造业投资总额的 22.8% 和 20.4%；在对外非制造业直接投资中，主要是矿产投资、商业和金融业投资，投资额各为 8.04 亿美元、3.81 亿美元和 3.18 亿美元，分别占非制造业投资总额的 35.7%、16.9% 和 14.1%。[①] 从对外直接投资的地区分布来看，1951—1970 年，对北美（美国和加拿大）、欧洲（主要是西欧）和大洋洲（澳大利亚、新西兰）的投资各为 9.12 亿美元、6.39 亿美元、2.81 亿美元（见表 4 – 16），合计 18.32 美元，占投资总额的 51.2%；对亚洲、中南美、中近东、非洲的投

---

① 刘昌黎：《战后日本对外直接投资的历史回顾与展望》，《日本学刊》1997 年第 2 期。

资各为 7.51 亿美元、5.67 亿美元、3.34 亿美元、0.93 亿美元，合计 17.45 亿美元，占投资总额的 48.8%。总的来看，这一时期日本对外直接投资规模不大，增长也不够快，资源导向和市场导向型所占比重较大，制造业投资所占比重不大，且主要是投向周边国家并集中在少数传统产业或为开发资源服务。

（二）大发展阶段（20 世纪 70 年代初至 90 年代初）

20 世纪 70 年代以来，日本对外直接投资的发展突飞猛进，先后出现了三次高峰年，即 1973 年、1981 年和 1985 年（见图 4 - 2）。整个过程表现为一个从渐进到飞跃、从局部到全面飞跃的发展演进过程。

20 世纪 70 年代初，经济的高速增长使日本成为世界第二经济大国，同时，日本政府为促进对外直接投资的发展，采取了一系列的政策措施，基本扫清了企业跨国经营的政策障碍和限制，日本对外直接投资出现了第一次迅速发展的高潮。[①] 1972 年度，投资额一举达到 23.38 亿美元，1973 年度增至 34.94 亿美元，分别相当于以往 20 年投资额的 1.3 倍。80 年代初，日本对外直接投资出现了第二次迅速发展的高潮。1981 年度，投资额跃增到 89.32 亿美元，比 1980 年度增加了 90.3%。1985 年下半年，由于日元迅速地、大幅度地升值，日本对外直接投资又出现了第三次迅速发展的高潮，当年日本对外直接投资额达到 122.7 亿美元。这次投资高潮不仅持续的时间最长，共历时 5 年之久，而且投资额也达到了空前的规模。自 1986 年度投资额突破 200 亿美元大关，达到 223.20 亿美元，其后每年度的投资额都净增 100 亿美元以上，到 1989 年度已达到创纪录的 675.40 亿美元。随着日本对外直接投资规模的空前扩大，其在世界直接投资中的地位也迅速提高。从 80 年代中期起，日本开始进入世界对外直接投资的大国行列。

1971—1980 年间，日本制造业投资增长的速度虽明显超过非制造业投资，其投资额为 116.45 亿美元，占投资总额的比重也上升到 35.4%，但仍明显低于非制造业投资的 197.71 亿美元和 60.1%。而在 1981—1989 年间，日本对外直接投资以非制造业为中心的趋势更为明显，其投资额为 1604.97 亿美元，占投资总额的比重上升为 73.8%，大大高于制造业投资

---

① 具体的政策措施包括两方面：其一是不断放宽对外直接投资的限制，推进对外直接投资的自由化；其二是为对外直接投资创造更有利的条件。

的 531.95 亿美元和 24.5%。1971—1980 年间，在制造业投资中，化学工业和钢铁有色金属工业投资成为其主要的组成部分，投资额各为 25.76 亿美元和 24.81 亿美元，分别占制造业投资总额 22.1% 和 21.3%；非制造业投资中矿业、商业和金融保险业投资额分别为 62.67 亿美元、50.28 亿美元、21.08 亿美元，分别占非制造业投资总额的 31.7%、25.4% 和 10.7%。1981—1989 年间，制造业投资中，电气机械工业和运输机械工业投资又取代钢铁有色金属工业投资、化学工业投资成为其主要的组成部分，前两者投资额各为 130.97 亿美元和 80.31 亿美元，分别占制造业投资总额的 24.6% 和 15.1%；后两者投资额各为 66.43 亿美元和 60.23 亿美元，分别占制造业投资总额的 12.5% 和 11.3%；非制造业投资中，金融保险业、不动产业的服务业投资成为最主要的组成部分，投资额各为 548.46 亿美元、347.43 亿美元和 219.81 亿美元，分别占非制造业投资额的 34.2%、213.6% 和 13.7%。同一时期，商业投资额虽增至 197.49 亿美元，但在非制造业中所占的比重却下降到 12.3%，至于矿业投资，则只增加到 81.32 亿美元，列运输业投资 131.12 亿美元之后，只占非制造业的 5.1%。[①]

从投资的地区分布看，20 世纪 70 年代，日本对发展中国家的投资增加很快，超过对发达国家的投资。1971—1980 年，对亚洲、中南美、中近东、非洲的投资各为 90.81 亿美元、56.02 亿美元、19.25 亿美元、13.52 亿美元，合计 179.60 亿美元，占投资总额的 54.6%。而 80 年代，日本对外直接投资却出现了向发达国家高度集中的趋势。1981—1990 年度，对北美、欧洲、大洋洲的投资额各为 1262.5 亿美元、577.95 亿美元、155.72 亿美元，合计 1995.74 亿美元，占投资总额的 72.5%；对亚洲、中南美、中近东、非洲的投资额分别为 376.87 亿美元、323.15 亿美元、11.72 亿美元、43.82 亿美元，合计 755.56 亿美元，占同期日本对外直接投资总额的 27.5%。

随着对外直接投资的剧增，投资方式也趋于多样化。除了独资以外债资源共享、合作、并购等多种投资形式广泛发展起来，其中最为普遍的是并购方式，这种方式在日本对发达国家的直接投资中最引人注目，而且其规模也日趋扩大。从 1985 年到 1990 年上半年，日本企业跨国并购外国公

---

① 刘昌黎：《战后日本对外直接投资的历史回顾与展望》，《日本学刊》1997 年第 2 期。

司共 1479 家，其中一半以上是美国公司。1985 年，日本企业跨国并购外国公司共 100 家，比上年增长 125%，共投资 27 亿美元。据统计，1988年和 1989 年日本用于并购美国企业的投资分别为 127 亿美元和 137 亿美元，占这两年日本对美国直接投资总额的比重分别为 58.5% 和 42.1%。①1989 年日本索尼公司购买了美国哥伦比亚制片公司，三菱不动产公司买下洛克菲勒中心，都是曾经轰动一时的日本收购外国企业的重大事件。1990 年 12 月，日本松下电器公司以 61.3 亿美元的巨额资本，买下美国音乐公司，创下了有史以来日本企业兼并外国企业的最高纪录。

表 4 - 17   日本对外直接投资的地区分布（1991—1999 年）

单位：百万美元

年份 地区	1991	1992	1993	1994	1995	1996	1997	1998	1999	合计 （1991—1999）
北美	18620	14955	15979	16618	23898	23856	21709	10701	24330	170666
美国				16161	23312	22803	21079	10086	21898	
加拿大				457	586	1052	629	613	2430	
中南美	3286	2779	3533	4933	3992	4607	6431	6319	7304	43184
亚洲	5859	6555	6969	9046	12722	12035	12363	6382	7034	78965
欧洲	9274	6233	8360	5853	8837	7640	11372	13699	25345	96613
非洲				328	392	446	337	435	505	2443
大洋洲	3235	2459	2066	1352	2898	930	2088	2164	878	18070
合计	40274	32981	36907	38130	52739	49514	54300	39700	65396	409941

资料来源：［日］《1998 年经济统计年鉴》；［日］大藏省《财政金融统计月报》，2000 年 1 月（网上资料）。

注：原数据计算有误，已作修改。

（三）调整阶段（20 世纪 90 年代初至今）

20 世纪 90 年代初，随着泡沫经济崩溃，日本经济陷入空前严重的长期萧条之中。长期萧条不仅使日本经济运行与发展的各主要层面暴露出许多严重问题，而且还使其对外直接投资的发展受到严重影响，出现了大幅度下降、回升乏力局面（见图 4 - 2）。1990—1992 年，日本对外直接投资额连续三年大幅度下降，1992 年下降到谷底的投资额仅为 349.30 亿美

① 李文光、张岩贵：《日本的跨国企业》，中国经济出版社 1993 年版。

元，只相当于 1989 年的 51.7%。1993 年后，日本对外直接投资转为回升，但回升的幅度远远低于 90 年代初期下降的幅度。由于回升乏力，1997 年的投资额为 547.78 亿美元，虽比 1992 年增加了 56.8%，却仍只相当于 1989 年的 81.1%。1998 年日本对外直接投资额又继续下降，当年对外直接投资额为 398.43 亿美元，比 1997 年减少了 149.35 亿美元，相当于 1989 年的 59.0%。而 1999 年日本对外直接投资又止跌回升，达到 1991 年以来的最高水平 655.07 亿美元，尽管如此，仍没有超过 1989 年的投资额，相当于 1989 年的 97.0%。进入 2000 年以后，日本对外直接投资年均在 300 亿美元左右波动，其中 2001 年达到 388.33 亿美元，但 2003 年又跌至 288 亿美元，2004 年有所回升，达到 309.51 亿美元（见图 4 - 2）。

20 世纪 80 年代，日本对外直接投资曾出现向发达国家集中的趋势（前面已经提到）。进入 90 年代，却出现了对发达国家投资下降的幅度大、回升的幅度小的状况（见表 4 - 17）。1992 年，对发达国家的投资额共为 246.47 亿美元，比 1989 年下降了 53.8%，下降幅度远远超过了发展中国家。1997 年，对发达国家投资回升到 351.69 美元，只相当于 1989 年的 65.9%；对发展中国家回升到 196.09 亿美元，比 1989 年的 142.13 亿美元增加了 38.0%。结果，在 1997 年的对外直接投资中，对发达国家投资的比重下降到 64.2%，对发展中国家投资比重上升到 35.8%。1998 年日本对发达国家的直接投资的比重有所回升，占当年对外直接投资总额的 66.7%，而发展中国家占 33.3%，但绝对值却有所下降。1999 年日本对发达国家的直接投资有所回升，达到 505.53 亿美元，占当年对外直接投资总额的 77.2%，而对发展中国家的投资却下降到 22.8%，仅为 149.55 亿美元。

从投资内容看，非制造业投资所占的比重有所下降，制造业的比重有所回升。1993 年，非制造业投资额下降至 258.41 亿美元，制造业投资额下降至 115.96 亿美元；与 1989 年相比，前者下降了 48.8%，后者下降了 28.8%。1994 年度，非制造业投资额继续下降到 250.97 亿美元，1995 年虽转为回升，但 1996 年又转为下降，1997 年虽又回升到 345.67 亿美元，却只相当于 1989 年的 68.4%，1999 年又降为 237.48 亿美元，仅相当于 1989 年的 47.0%，占当年对外直接投资总额的比重也下降到了 36.3%。相比之下，制造业投资额在 1995 年度回升到 194.61 亿美元，超过了 1989 年的水平，1996 年又增加到 209.93 亿美元，比 1989 年增加了 28.9%，

1999 年上升到 415.57 亿美元，比 1989 年增加了 155.2%，与此同时，其占当年投资总额的比重也提高到了 63.4%。非制造业中的金融保险业、服务业和不动产业投资下降的幅度较大，分别从 1989 年的 153.95 亿美元、106.16 亿美元和 141.43 亿美元，下降到 1999 年的 97.09 亿美元、42.37 亿美元和 20.76 亿美元，分别比 1989 年下降了 36.9%、60.1% 和 85.3%；商业的投资也有不同程度的下降，比 1989 年下降了 26.0%。制造业中，电气机械工业投资和运输机械工业投资的增长却极为迅速，1999 年的投资额比 1989 年分别增长了 258.5% 和 128.7%。而钢铁、有色金属工业投资和一般机械工业投资下降的幅度较大，1999 年的投资额分别比 1989 年下降了 10.0% 和 44.6%。

近年来，跨国并购逐渐成为对外直接投资的主体，日本企业也不例外，其中，1987—2004 年间，日本企业跨国并购起起落落，1988 年在 1987 年的基础上增长 328%，达到 135.14 亿美元，1990 年更是高达 140.48 亿美元，其后有所回落，1999 年再次达到 105.17 亿美元，2000 年更是达到创纪录的 208.58 亿美元。

表 4 - 18　　　　　　　　　日本企业跨国并购（1987—2001）

单位：百万美元

年份	1987	1988	1989	1990	1991	1992	1993	1994	1995
金额	3156	13514	7525	14048	11877	4392	1106	1058	3943
年份	1996	1997	1998	1999	2000	2001	2002	2003	2004
金额	5660	2747	1284	10517	20858	16131	8661	8442	3787

资料来源：UNCTAD：《世界投资报告》有关各期。

20 世纪 90 年代中期，日本企业对国外企业并购，主要集中在发达国家，1990 年，在 463 件并购中，对北美和西欧各国企业的并购为 241 件和 130 件，分别占 52.1% 和 28.1%。1996 年日本企业对国外企业并购虽仍集中于发达国家，但对发展中国家企业的并购却明显增加了，其中，对发展中国家企业承包并购达 83 件，占 32.3%[①]。

20 世纪 90 年代初以来，日本对外直接投资大幅度下降、回升乏力，

---

①　刘昌黎：《日本对华直接投资研究》，东北财经大学出版社 1999 年版，第 41 页。

至今尚未恢复到80年代末期的水平，但这并不意味着日本对外直接投资进入了衰退的阶段，而是其发展过程中的一段较为长期的调整。虽然这一调整可能会持续一段时期，但是我们应该看到日本在技术革新方面仍居世界领先地位，制造业特别是汽车工业、电气机械工业都在不断进行技术开发，继续保持着世界最先进的制造业技术水平。尽管泡沫经济崩溃和经济萧条使日本对外直接投资的能力受到了严重的削弱，但日本并未丧失对外直接投资大国的地位。进入21世纪，日本对外直接投资必将在现有的基础上进一步发展，这是毋庸置疑的。

二　对外直接投资对日本经济的影响

纵观战后日本对外直接投资，虽然起步晚，但它所获得的经济利益是主要的。从整体来看，日本对外直接投资的迅速发展对日本经济产生了重大影响，主要表现在以下几个方面：

（一）对外直接投资与日本产业结构

对外直接投资对日本产业调整的影响包括两个方面，一方面，对外直接投资促进了日本产业结构的调整；另一方面，对外直接投资也造成了日本产业的"空心化"。

从20世纪50年代初，日本遵循产业演进的一般规律，不断以高附加值的产业取代低附加值的产业，并通过产业的国际化，成功利用对外直接投资实现了工业化，有力促进了日本国内产业结构的转型和升级，以奇迹般的速度成为世界第二大投资国，并有利地促进了东道国尤其是亚洲"四小龙"的产业结构的调整。进入90年代以后，一方面"泡沫经济"的破灭给日本带来了严重的经济衰退，日本对外直接投资总体规模明显下降；另一方面，日本以信息技术为核心的新一轮的产业发展落后于美国。这两方面原因阻碍了日本国内产业结构的升级，经济增长乏力，从而加剧了日本产业"空心化"的问题。

就对外直接投资对日本产业结构调整的贡献而言，在日本的产业结构调整中，对外直接投资引起了积极的推动作用，使日本的产业结构不断地趋向合理化，这一点无论是从理论上还是在实践中都可以得到充分的证明。

前面提到的小岛清的边际产业扩张论，是在实证分析日本对外直接投资实践的基础上提出的。小岛清认为，发达国家的对外直接投资应从已经或正在处于边际的产业（即失去竞争优势的产业）依次进行，而将优势产业保留在国内。在这一过程中，产业结构逐渐地得到了调整。事实上，对投资母国来说，对外直接投资由于是产业的部分转移，必然带动投资母国国内产业的发展与升级。劳动密集型产业转移后，国内技术密集型产业的地位上升，厚、重、粗、大的产业结构转移后，必然向轻、薄、短、小的产品方向蜕变，这正是对外直接投资带动产业升级自然发展的方向。

第二次世界大战后日本对外直接投资发展较快，而其国内产业升级的过程更为明显。日本的工业经历了三次升级过程，至今仍处于升级的第四个阶段，每一次的产业结构蜕变都伴随着阶段性的产业外移，这种转移是通过同一企业内"缩小衰退部门，同时扩大有前途的部门"的所谓多元化的过程，进行产业调整；同一企业内部，"把不适合于国内生产的产品、部件向海外转移，通过对外直接投资进行企业内的国际产业调整"。①由此，对外直接投资作为一种载体，被认为是日本工业升级的催化剂。

在海外直接投资的初级阶段，日本进行了劳动密集型产业的转移。日本虽然较早进行产业革命，但由于对外发动侵略战争，工业能力受到巨大的破坏，第二次世界大战后，日本人均国民生产总值不过 80 亿美元，而当时美国是 2119 亿美元，由于工资水平低，战后初期，日本发展过去密集型的产业条件较好。因而，具有一定竞争力的纺织、家电等轻化产品成为日本主要出口商品，是赚取恢复经济急需外汇的主要来源。到 20 世纪 60 年代中期，日本经济在较快恢复到战前水平的基础上持续迅速发展，国内工资水平大幅上升，已不再具备廉价劳动力的优势，把产业转移到国外便是唯一出路。在这种形势下，韩国、新加坡和中国台湾等亚洲国家和地区就成为日本对外直接投资转移产业的重要基地。这种寻找低廉产业的对外直接投资，可视为初级阶段，这种转移的过程持续了较长的时间。一直到 20 世纪 70 年代初，随着日元的第二次升值和石油危机爆发，日本国内的劳动密集型出口产业完全进入了穷途末路。

在直接投资的发展阶段，日本进行了重化工业转移。20 世纪 60 年代中期，日本制成品的出口是进口的 3 倍。60 年代初期发展起来的重化工业已取代轻化工业的主导地位，成为主要出口商品。重化工业是高投入、高消耗的产业，而日本是资源小国，要维持世界重化工业的主要生产国和出口国地位，实际上不可能长久。只是这一时期，日本的对外直接投资处于较快发展时期。通过投资开发资源可以取得长期稳定的资源供给，确保

_____

① ［日］原正行：《海外直接投资论》，暨南大学出版社 1995 年版。

产业发展的需要。1968 年，日本工业产值超过德国，成为西方世界中仅次于美国的第二大工业强国，重化工业已发展到顶点。生活水平的上升，导致环保意识在加强，在受到 80 年代初的石油危机的巨大冲击之后，资源密集型的产业在日本已无发展前途，无污染、技术型的产业是经济发展的客观要求。由此，重化工业不得不另寻发展之路。以对外直接投资为载体，从 60 年代末开始日本的对外直接规模不断扩大，为大型重化工业加快移向国外创造了条件。

在对外直接投资的急剧扩张阶段，日本进行了组装产业的外移。重化工业转移之后的日本，适应环境标准及经济发展的要求，资源消耗少、污染程度低的装配产业（如汽车和电子），成为日本出口的重点。日本的工业构架是以少数大型财团企业为中心的，周边形成的中小型企业规模不同，层次分明、技术水平存在差别。这一大体系下的生产结构，形成了日本较为发达的工业群。既有规模经营优势，又有研究开发方面的优势。使挤入这一体系的企业实力不断成长，日渐增强，对外形成了强大的竞争力，贸易顺差不断扩大，由此引起的贸易摩擦不断增多，为此，从 20 世纪 70 年代起，日本的彩色电视机和微波炉就转移到西方国家当地生产，从而顺利取代了出口，汽车装配、复印机等生产在 80 年代也开始转移到海外。

在对外直接投资的成熟阶段，日本进行了产业转移后的全球弹性制造与策略考虑。就长期来看，产业转移是永远可以持续的过程。但就某一阶段而言，却不可能是经常性的行为，它必然受到经济发展和产业更新周期的制约。欧美如此，日本也同样，当新的产业尚未确定，产业转移的步伐相对过去可能趋缓。但当相对较新的产业部分或全部转移后，对外直接投资推动产业升级的作用不会停止，只是其形式会发生新的变化。20 世纪 90 年代以来，不只是日本，其他投资国家的对外直接投资也都是具有这样的特点。它通过策略性并购、经营阵地的转移、协调区域总部的运营、返销等方式从全球生产与服务的角度来推动产业的发展，从而直接辐射到国内产业领域，以此进一步提高产业水平。

日本以对外直接投资为依托实现国内产业转移，克服了自身的不足，保证了日本产品在全世界的竞争力，同时推动了经济结构不断调整并趋于高级化、合理化。从更大的意义上说，它是日本经济能够较长时期增长并迅速崛起的重要原因之一。通过发展对外直接投资，日本经济已经告别了以制造业经济形态为主的时期，进入以服务经济形态为主的后工业经济时代。正如《东洋经济》周刊所说的那样，日本经济将是一种"由研究开发型工业和新型信息文化产业所共同支撑的经济"。

（二）相关的实证分析

1. 产业结构升级的测度指标设计

由于产业结构高度化的特征是第三产业的地位越来越突出，第一产业所占比重越来越小，所以指标设计中，给第三产业赋值最大，第一产业赋值最小，具体指标为 $Y = y_1 \times 1 + y_2 \times 2 + y_3 \times 3$（$1 \leqslant Y \leqslant 3$）。其中，$y_i$ 为第 i 产业的收入比重，为 y_i/y。Y 为测定产业结构升级的程度，其系数值上下限为 $1-3$。如果 $R = 1$ 或越接近 1，产业结构层次就越低；如果 $R = 3$ 或接近于 3，则产业结构层次就越高。表 $4-19$ 计算出 1985—2010 年的 Y 值。

表 4-19　　　　　　　1985—2010 年日本国内生产总值构成

年份	国内生产总值	第一产业 y_1（%）	第二产业 y_2（%）	第三产业 y_3（%）	Y
1985	1	3.15	39.37	57.48	2.543
1986	1	2.96	38.8	58.25	2.553
1987	1	2.81	38.76	58.43	2.556
1988	1	2.63	38.96	58.42	2.558
1989	1	2.54	38.91	58.54	2.56
1990	1	2.47	39.14	58.39	2.559
1991	1	2.31	38.93	58.76	2.565
1992	1	2.21	37.84	59.94	2.577
1993	1	2.02	36.43	61.55	2.595
1994	1	2.1	35.04	62.86	2.608
1995	1	1.89	34.34	63.77	2.619
1996	1	1.92	34.27	63.81	2.619
1997	1	1.78	34.04	64.18	2.624
1998	1	1.89	33.3	64.82	2.63
1999	1	1.87	32.8	65.34	2.635
2000	1	1.77	32.4	65.82	2.64
2001	1	1.7	31.01	67.28	2.656
2002	1	1.72	30.42	67.86	2.661
2003	1	1.69	30.36	67.95	2.663
2004	1	1.62	30.48	67.9	2.663

年份	国内生产总值	第一产业 y_1 （%）	第二产业 y_2 （%）	第三产业 y_3 （%）	Y
2005	1	1.53	30.45	68.02	2.665
2006	1	1.47	30.01	68.52	2.671
2007	1	1.43	29.44	69.14	2.677
2008	1	1.43	28.34	70.22	2.688
2009	1	1.42	26.68	71.91	2.705
2010	1	1.41	24.35	74.24	2.728

说明：本表按当年价格计算，国内生产总值换算为1。

资料来源：国经网。

2. 模型构建

模型以对外直接投资为解释变量，产业结构升级程度指标为被解释变量。为防止各变量数据产生较大波动，对变量取对数构建模型：

$$\log Y_i = \beta_1 + \beta_2 \log X_i + u_i$$

式中，Y_i 为反映产业结构升级程度的指标，X_i 为对外直接投资额，u_i 为随机误差项。

3. 平稳性及协整检验

由于时间序列数据的伪回归问题，因此首先对数据进行平稳性检验。本书运用加上常数项和趋势项的 ADF 单位根检验方法对各变量的原始序列及其差分序列进行检验。结果如下，各变量水平序列都是非平稳的，它们的二阶差分却都是平稳的，即都是二阶单整序列。因此，可以通过协整分析，检验各经济变量之间的长期关系。

变量	ADF 统计量	临界值（5%）	结论
lnX	−3.1942	−3.6449	不平稳
lnY	−3.2958	−3.6122	不平稳
DDlnX	−6.3438	−1.9564	平稳
DDlnY	−4.7519	−1.6085	平稳

协整分析采用 Engle 和 Granger 提出的基于协整回归残差的 ADF 检验的两步法。首先对模型进行回归分析得到估计残差序列，对此序列进行 ADF 检验，结果如下：

			t – Statistic	Prob.
Augmented Dickey – Fuller test statistic			– 2. 359181	0. 0206
Test critical values:	1% level		– 2. 664853	
	5% level		– 1. 955681	
	10% level		– 1. 608793	

由于检验统计量为 – 2.3592，小于显著性水平 0.05 的临界值 – 1.9557，可认为估计残差序列为平稳序列，进而可知 OFDI 与产业结构升级指数具有协整关系，可以如下进行回归分析。

	Coefficient	Std. Error	t – Statistic	Prob.
C(1)	0. 766809	0. 021009	36. 49840	0. 0000
C(2)	0. 025186	0. 002667	9. 442594	0. 0000

$R^2 = 0.7879$ F = 89.1626，从回归估计的结果看，模型拟合的比较好。从截距项与斜率项的 t 检验值看，均大于 1% 显著性水平。回归结果表明，对外直接投资对日本产业结构升级有显著性影响，OFDI 每增加 1%，产业结构系数增加 0.0252%。

就对外直接投资与日本的产业"空心化"影响而言，首先需要对产业"空心化"作出界定。所谓产业空心化，从广义上讲，是指随着经济发展阶段的不断提高，第一、第二产业的比重下降，而第三产业的比重上升的非工业化，也可以说，是服务产业经济化。从狭义上讲，产业空心化意味着随着对外直接投资的发展，生产部门向海外转移，国内制造业不断萎缩。[1] 我们这里所要讨论的是指后者，即对外直接投资引起的制造业比重下降现象。

进入 20 世纪 80 年代之后，日本对外直接投资得到了极大的发展。伴随着对外直接投资的发展，产业不断向国外转移，使日本国内产业发展出现了这样一些现象：产业向国外的不断转移，部分或全部地取代了出口，特别是为满足东道国的国产化比例要求时，装配线上的上游零件组装工厂也需要不断外移，为了使产品更符合当地品位，产品设计方面工作也需要

---

[1] ［日］原正行：《海外直接投资论》，暨南大学出版社 1995 年版。

外移，更重要的是企业的研究开发部门也在向东道国外外移。于是，一些日本学者认为，日本出现了国内产业"空心化"问题。日本经济团体联合会会长丰田章一郎于 1994 年在东京举行的一次国际恳谈会上发表演讲时，也对日本大规模对外直接投资规模而导致的产业"空心化"表示忧虑。

从理论上分析，在对外直接投资和引进外国直接投资方面，日本是投资大国，但却是引资小国。由于国内产业得不到外资大规模进入而得以发展强化，即在国内实现产业结构高级化的调整和制造业向海外转移后，作为日本经济基础的制造业必然会"挖空"。因此，日本国内的产业"空心化"现象显然是存在的。但这只是从理论分析中得到的结论，现实却并非如此。由表 4-20 可以清楚地看到日本对外直接投资在各个产业以及产业内部的分布状况。1999 年，日本对外直接投资的累计总额为 9008.42 亿美元，其中制造业占 32.2%，非制造业及不动产、支店共占 67.8%。非制造业中矿业占 5.0%，商业、金融保险、不动产及运输业各占 10.4%、19.0%、12.2% 和 5.3%。矿业为资源开发型的直接投资，是为确保资源的稳定、廉价供给而产生的，与产业"空心化"问题无关；商业、金融保险、不动产和运输业等，也可以说与产业"空心化"问题的关系不大，即商业投资是以开拓当地销售市场为主要目的的；另外，支店的设立与不动产业的投资也均与产业"空心化"问题没有多大关系。同产业"空心化"问题联系最密切的就是制造业的对外直接投资了。表 4-20 显示了制造业内部的投资构成，很明显，即使在制造业中，也有一部分同产业"空心化"问题是无关的。比如说钢铁、有色金属、化学的一部分（石油化工等）以及食品、木材、造纸部分，它们是属于在当地原料加工型的对外直接投资，与非制造业中资源开发型的矿业部门的直接投资的性质相近。而真正与产业"空心化"问题关系有联系的是一般机械、电气机械和运输机械，它们的总和占制造业的 48.3%，仅占对外直接投资总额的 15.5%，比重是相当小的，我们由此可以推断，对外直接投资对制造业的影响并不大，即使产业"空心化"现象确实存在，其程度也很微弱，并没有对日本经济造成严重影响。另外，随着收入水平的提高，需求结构的多样化，与此相对应第三产业不断壮大，这是经济发展的一般性规律。因此不能仅仅从对外直接投资的增大与第三产业比重的提高（制造业比重下降）这一事实，就推论出对外直接投资是造成制造业比重下降的主要原因。

表 4 – 20　　　　　　　　　日本对外直接投资的产业比重

产业	1951—1999 年合计（百万美元）	占总额的比重（%）
制造业	289618	32.1
食品	27761	3.1
纤维	13062	1.4
木材制造	8608	1.0
化学	37568	4.2
钢铁、有色金属	29423	3.3
一般机械	23792	2.6
电气机械	77393	8.6
运输机械	38786	4.3
其他	33336	3.7
非制造业	595406	66.1
农、林业	3707	0.4
渔、水产业	2136	0.2
矿业	45102	5.0
建筑业	7142	0.8
商业	93743	10.4
金融、保险业	170996	19.0
服务业	98658	11.0
运输业	47936	5.3
不动产业	109926	12.2
其他	16057	1.8
支店	14341	1.6
不动产	1412	0.2
合计	900842	100.0

说明：因四舍五入，各分项单项百分比之和不等于分项之和。

资料来源：［日］《经济统计年鉴》（1998）；［日］大藏省《财政金融统计月报》，2000 年 1 月（网上资料）。

应该看到，对外直接投资引起产业外移后，企业可集中精力进一步开发具有市场潜力的高新技术产品，从而填补因向海外转移而造成的"空心"；随着日本引进外国直接投资规模的不断增长，更多外资进入日本，对于制造业的"填充"作用也越来越明显，据此可以认为日本学者的担忧是多余的。

（三）对外直接投资与日本出口贸易

1. 对外直接投资对日本出口贸易的定量分析

日本学者小岛清认为，如果国际直接投资是按照比较优势的方向进行的，国际直接投资就不仅仅是对国际贸易的替代，而是为国际贸易的深层次发展提供了更为广阔的空间。小岛清所论述的日本式对外直接投资就属于这种类型的投资。

对外直接投资对贸易的影响是多方面的，从理论上讲，主要有四点：

（1）出口引致效应。对外直接投资将导致制成品、零部件、原材料及资本成套设备等额外出口和销售，从而增加贸易盈余。这些额外出口和销售部分来自母公司对子公司的出口和销售；还有一部分不属于母国独立的供应商对子公司的额外出口。

（2）进口转移效应。它是指原本由母国生产的产品，由于对外直接投资转移到子公司生产，使母国生产减少，从而使母国对原材料和中间产品的需求减少，这些新的进口需求转移到东道国生产。

（3）出口替代效应。它是指由于生产转移，使母国出口减少。主要是因为技术的扩散和模仿，海外子公司开始独立地生产，达到一定规模以后，逐渐出口原本需进口的产品，构成对母公司产品市场的竞争，海外子公司的生产和销售的扩大，有可能替代母公司产品市场的竞争，海外子公司的生产和销售的扩大，有可能替代公司的出口，从而取代母公司的地位而占领出口市场。

（4）进口返回效应。母国一些制造业部门全部或部分转移到海外子公司，但母国内对产品的需求仍然存在，从而进口其海外子公司所生产的产品。这一点类似于维农提出的产品生命周期理论，经过一定的周期性运动，成熟的、规范化的产品会逐步返销给产品的初始出口国。因此，对外直接投资对对外贸易的影响最终是由四种效应相互作用来决定的。

具体而言，日本企业对外直接投资部分替代日本国内产品的出口，但长远来看提高了日本的出口竞争力。据统计，在日资海外生产企业中，产品销往第三国的企业占 21%，就地销售的占 64%，返销日本的仅占

15%，即日本通过对外直接投资，以国际生产代替了出口，发挥了85%的贸易效应。但是应该看到，日本海外生产企业替代的是日本失去比较优势产业的生产及其出口，这一替代效应使得母公司将更多的资源用于具有比较优势产业和新兴产业的发展，有助于日本出口竞争力的长远提高。

与出口替代效应比较而言，日本企业对外直接投资的出口创造效应和确保出口市场份额方面的效应更有价值。就出口创造效应而言，日本企业海外生产的扩大带动了母国原材料及零部件的出口。海外生产所用的多数零部件都从日本进口，1995年，在日本出口增长的36亿美元中，有31亿美元来于此；在国外市场销售增加的148亿美元中，日本本国的出口仅为36亿美元，其余部分都来自于从日本进口零部件的海外子公司的销售网络。从日本海外生产企业原材料来源地看，从日本采购的企业占44%，从第三国采购的企业占13%，从当地采购的企业占43%，由此可见，日本的海外生产企业发挥了44%的出口促进作用。另外，对外直接投资还有助于确保出口市场份额。日本的对外直接投资遵循小岛清所提出的"边际产业扩张论"，即对外直接投资先从本国处于或者即将处于比较劣势的产业开始。这些比较劣势产业在海外的生产对于维持日本原有的海外市场份额具有重要意义。在日本的一些传统行业中，如食品、纺织和高档服装等行业，海外子公司是日本这些行业海外市场份额的主要来源。日本纺织和高档服装的出口在1970年占世界同类产品出口的12%，有很强的比较优势，但到1977年，这一份额下降到7.5%，1986年，跌到2%，日本完全失去了在这一行业中的比较优势，进而日本的海外子公司接管了日本的部分海外市场份额。1977年海外子公司供应的海外市场超过了母公司，到1986年，海外子公司供应的市场是母公司的两倍。因此，日本的对外直接投资帮助维持了日本一些失去比较优势行业的海外市场份额，如果日本仅依赖母国公司出口则它们就失去了这些份额①。

以上分析表明，在总体上，出口引致效应和出口替代效应之和略低于反方向的进口效应，对贸易收支产生了少量的负面影响。1991—1995年间，由对外直接投资引致的进口增加了，而由对外直接投资引起的出口则出现了相对的停滞，如在1995年中，对外直接投资对商品贸易收支的总体影响

①《经济导刊》2005年11月4日。

为 3 亿美元，在 1991 年度却为 50 亿美元。① 而对外直接投资对出口结构的影响则极为明显，即促进了资本货物的出口，减少了消费产品的出口。随着日本对外直接投资的发展，日本对外贸易的数量和结构发生了变化，这表明日本正在通过对外直接投资利用国际分工所带来的更多的机会。

2. 对外直接投资对日本出口影响的定量分析

在对日本对外直接投资对其出口贸易的影响作了定性分析后，有必要对这种影响作进一步的定量分析。定量分析选取 1970—2010 年的相关数据作为样本②，应用 Reviews 软件包进行计算。选取 OFDI 与 EX 建立一元回归方程，由于涉及时间序列数据，首先进行平稳性检验，各变量水平序列都是非平稳的，它们的一阶差分却都是平稳的，即都是 1 阶单整序列。因此，可通过回归分析，来检验各经济变量之间的长期关系。

$$FDI = -8.12 + 0.12EX$$

$$(-0.28)\ \ (7.35)$$

$$R = 0.62\quad D - W = 0.44\quad F = 49.22$$

$$EX = 1137.24 + 8.44FDI$$

$$(3.49)\ \ (7.35)$$

$$R = 0.62\quad D - W = 0.36\quad\quad F = 49.22$$

上述两个方程式中，其拟合度都大于 0.62，其 F 检验值也不是很大，说明这二个方程的总体线性关系成立并不十分显著。但两个方程中的自变 t 的检验值很大，同为 7.35，大大超过了临界值，说明变量 EX 作为对外直接投资的解释变量是显著的，同时变量 $OFDI$ 作为出口贸易的解释变量是显著的。由此可知，随着日本出口贸易额的增长，其对外直接投资随之增长，且出口每增加 1 亿美元，导致对外直接投资增加 0.12 亿美元；同时，随着美国对外投资累计额的增长，其出口额也随之增长，且对外直接投资每增长 1 亿美元，其出口总额就增长 8.44 亿美元。由此可见，总的看来，日本的对外直接投资极大地促进了日本的出口，这说明日本对外直接投资所导致贸易的创造和扩大效应大于贸易的替代效应。

（四）对外直接投资与日本技术进步

按照英国学者 Cantwell（1991）的观点：发展中国家企业技术能力的

---

① 联合国跨国公司与投资司：《1999 年世界投资报告》，对外经济贸易大学出版社 2000 年版。

② UNCTAD，*WIR* 有关各期。

提高是与他们对外直接投资的增长密切相关的。马亚明、张岩贵（2003）将技术优势与对外直接投资一般化，构建一个双向技术扩散模型，认为技术扩散的存在使得通过对外直接投资来寻求技术成为可能，一些技术落后的国家以合资的形式到技术先进的国家进行直接投资，其主要目的之一就是最大化跨国公司之间的技术扩散，以最大限度地寻求和利用发达国家企业的先进技术。大量的跨国公司涌向一些发达国家的科技园区，其目的就是为了从知识的外溢中获益。

　　Branstetter（2001）的实证研究表明，许多日本跨国企业投资美国时，将对外直接投资作为获取知识溢出的渠道，他发现了对外直接投资同时增加了日本投资企业知识外溢的流入与流出。例如，日本索尼公司在亚洲发展中国家和地区设定了9个R&D单位，其中在新加坡有3个单位，从事有关光电子数字存储器、音频产品和CD-ROM驱动器的集成芯片设计以及多媒体和微芯片软件等核心零部件的R&D。有4个单位在马来西亚、韩国、中国台湾分别有一个单位，都承担不同的R&D任务。这类创新型R&D单位通常与东道国的科技研发机构保持密切的工作上的合作，并存在着知识与技术的双向扩散。进入20世纪80年代以来，美国逐渐成为全球研发中心，美国硅谷也成为研发发源地，大量外国跨国公司涌入美国硅谷等地，其主要目的便是"为了获取美国的经营技术和管理经验，同时也是为了在美国建立市场和劳务网络"[①]，日本企业更是如此。从日本跨国公司在美国研究与开发性投资的部门发布来看，日本跨国公司的投资主要集中在计算机及其软件、汽车、半导体、生物技术、电信、化学品等领域[②]，如日本为了跟踪与寻觅最新电子工业技术，就在美国的电子技术发源地"硅谷"附近投入大量资本，建立自己的高技术公司或收购当地的高技术公司。Head、Rises和Swenson（1999）通过对日本制造业在美国投资的分布状况进行相关分析与回归计算表明了，日本投资选址模式中起主要作用的是产业的集聚效应，即为了接近技术发源地。而研究的结果也表明，日本对外直接投资对日本国内的技术进步产生了良好的影响。

---

　　① ［美］阿诺德·撒梅茨：《外国跨国公司在美国》，载裴利斯·贝克曼、俄尼斯特·布劳克《跨国公司，70年代贸易和美元》，纽约大学出版社1974年版；阿诺德·撒梅茨：《外国跨国公司为何在美投资》，载《挑战》杂志1974年。转引自陈继勇等《国际直接投资的新发展与外商对化直接投资研究》，人民出版社2004年版。

　　② 李优树：《对外直接投资与技术创新》，《科学管理研究》2003年第5期。

（五）对外直接投资与日本国内就业

理论研究表明，对外直接投资可能造成投资国就业机会的丧失，它可以直观地表现为贸易影响和资本影响两个方面：一是对外投资可能替代一部分原来的对外贸易，从而导致就业岗位的转移，即由投资国向东道国的就业转移；二是由于资本流出，使本可以投资国内带动就业的机会输出国外，由此导致两国间的"就业替代"，导致投资国就业机会的减少。纵观日本对外直接投资与其国内就业之间的关系，20世纪80年代以来，日本制造业对外直接投资的迅猛增加，也带来了因日本国内生产和雇用的相应减少所造成的"空心化"现象。以最引人注目的汽车工业的生产为例，1993年，日本汽车生产已超过300万辆，其中仅在北美的生产就达277万辆。海外生产扩大的结果，造成日本汽车出口量的连年下降，到1995年已下降到41919万辆，比1985年最高的71919万辆正好少了。结果，在国内需求也因市场饱和和长期性萧条而增加缓慢的情况下，丰田、日产等主要汽车厂商就不得不采取关闭部分工厂、大批解雇职工的措施。这种情况在电气机械工业等对外直接投资发展很快的部门也很普遍。根据日本机械工业振兴协会1993年的调查，系列承包企业的73%都因总公司海外生产的扩大而出现了"空心化"，系列企业的生产量也随之减少了27%。由此，以汽车、电器机械为首的制造业部门不可避免地面临着生产和就业调整问题。为了缓和生产和就业调整压力，一些企业不得不放慢向海外转移生产的步伐①。

外向对外直接投资对日本就业影响的实证分析：

1. 模型介绍，通过以上分析，外向FDI对就业的影响在数量上具有不确定性，而对国内就业质量的影响则相对明确。因此，这里将采用两个模型，对1985—2010年日本就业和对外直接投资额的样本数据进行观测和处理。模型1为OFDI对就业总量的影响，这里构建一元回归模型：

$$\ln L = a + b \ln OFDI$$

其中，L为总就业量。模型2为OFDI对就业质量的影响，由于就业质量反映为就业结构的改变，因此这里借鉴对产业结构影响的分析，设计就业结构升级指标：

$$Y = y_1 \times 1 + y_2 \times 2 + y_3 \times 3 \quad (1 \leqslant Y \leqslant 3)$$

---

① 金仁淑：《战后日本对外直接投资扩张的促动因素及效应分析》，《日本学刊》2001年第4期。

其中，y_i 为第 i 产业的就业比重，为 y_i/y。构建回归模型：$\log Y_i = \beta_1 + \beta_2 \log X_i + u_i$ 式中，Y_i 为反映就业结构升级程度的指标，X_i 为对外直接投资额，u_i 为随机误差项。

表 4 - 21　　　　　　日本 1985—2010 年就业结构与 OFDI 数据

年份	就业结构	OFDI 值	年份	就业结构	OFDI 值
1985	2. 466	439. 74	1998	2. 556	2700. 35
1986	2. 476	580. 71	1999	2. 561	2487. 77
1987	2. 484	770. 22	2000	2. 568	2784. 42
1988	2. 486	1107. 8	2001	2. 576	3001. 14
1989	2. 494	1543. 67	2002	2. 585	3042. 37
1990	2. 5	2014. 41	2003	2. 585	3355
1991	2. 507	2317. 91	2004	2. 593	3705. 44
1992	2. 511	2480. 58	2005	2. 594	3865. 81
1993	2. 524	2597. 95	2006	2. 601	4495. 67
1994	2. 529	2755. 74	2007	2. 603	5426. 14
1995	2. 541	2384. 52	2008	2. 61	6803. 31
1996	2. 545	2586. 12	2009	2. 627	7409. 27
1997	2. 548	2719. 05	2010	2. 634	8310. 76

2. 因为时间序列数据涉及伪回归问题，因此首先对数据进行平稳性检验。本书运用加上常数项和趋势项的 ADF 单位根检验方法对各变量的原始序列及其差分序列进行检验。结果如下，各变量水平序列都是非平稳的，它们的一阶差分却都是平稳的，即都是 1 阶单整序列。因此，可以通过回归分析，来检验各经济变量之间的长期关系。

变量	ADF 统计量	临界值（5%）	结论
lnOFDI	- 3. 1942	- 3. 6449	不平稳
lnL	- 2. 6698	- 3. 6329	不平稳
lnY	- 2. 7113	- 3. 6032	不平稳
DlnOFDI	- 6. 3438	- 1. 9564	平稳
DlnL	- 1. 8582	- 1. 9572	平稳（10%）
DlnY	- 1. 6215	- 1. 9557	平稳（10%）

模型 1：$R^2 = 0.707581$　F = 53.2345，从回归估计的结果看，模型拟合度较好。从截距项与斜率项的 t 检验值看，均大于 1% 显著性水平。回归结果表明，日本 OFDI 每增加 1 百分点就业总量增加 0.04424%，说明绝对量并不多，与理论分析相符。

Variable	Coefficient	Std. Error	t – Statistic	Prob.
C	3.801705	0.047165	80.60376	0.0000
log（X2）	0.044239	0.006063	7.296200	0.0000

模型 2：$R^2 = 0.8372$　F = 123.418，从回归估计的结果看，模型拟合度很好。从截距项与斜率项的 t 检验值看，均大于 1% 显著性水平。回归结果表明，日本 OFDI 每增加 1%，就业结构有显著升级，大约为 0.02492%。

Variable	Coefficient	Std. Error	t – Statistic	Prob.
C	0.740434	0.017670	41.90237	0.0000
log（X）	0.024922	0.002243	11.10935	0.0000

（六）对外直接投资与日本国际收支平衡

对外直接投资与国际收支之间是长期性的关系。也就是说，因为对外直接投资产生的效果并不能马上反映出来，所以其对国际收支的影响也并不是立即就能显现出来，而是随着其自身的发展，逐渐显现出来的。

日本对外直接投资对其国际收支的影响主要体现在国际收支表（新表）中的三个项目：一是经常收支中的贸易收支；二是经常收支中的收支（主要是投资收益）；三是资本收支中的投资收支（主要是直接投资）。日本通过对外直接投资在海外建立的企业经历了从无到有、从小到大的发展过程。由于要正确阐述对外直接投资与国际收支之间的关系是很困难的，因此我们抽象地假定海外企业的一般发展过程（见表4-22），在此基础上分析两者的关系。

表4-22给出了日本对外直接投资对其国际收支长期影响的抽象分析，从中可知：在对外直接投资活动开始之初，虽然短期内有货币资本从日本国内流出，这对日本的国际收支是不利的，但是我们对国际收支的分

析是以仅在日本国内融资为假设的，而实际各国对外直接投资的经验表明，对外直接投资所需的货币资本主要来源于东道国当地的金融市场或国际金融市场，只有少量来自国内，日本也不例外。而且从长期来看，当海外企业的生产稳定以后，就很少再需要日本国内的资本流出了。同时，对外直接投资活动进一步带动了机器设备（实物资本）、原材料、零部件等出口，经常收支中的贸易盈余大幅度增加，在第二阶段生产上升时期（见表4－22），贸易收支盈余超过投资收支的（直接投资）赤字，这使得对外直接投资对国际收支产生的影响是有利的。更重要的是，随着海外企业生产趋于稳定，尽管日本的贸易收支会出现一些赤字，但是将有大量投资收益不断汇回国内，它在弥补了贸易收支赤字的同时，成为经常收支盈余的主要来源。因此，从总体上讲，对外直接投资对日本国际收支产生了有利影响，改善了日本的国际收支状况。

表4－22　　　　　　　　　　日本 FDI 发展与其国际收支的关系

受影响的国际收支各方面＼海外企业的发展阶段	第一阶段：从投资到开始生产	第二阶段：生产上升	第三阶段：生产扩张	第四阶段：生产基本稳定
贸易收支	盈余大幅度上升	进一步扩大盈余	盈余到达顶峰，开始逐步减少	盈余减少，出现赤字
所得收支（投资收益）	无某些情况为负	无某些情况为负	逐步出现收益	收益逐步扩大
投资收支（直接投资）	赤字大幅度上升	赤字仍处于高水平，但开始下降	下降幅度进一步扩大，赤字减少	无
国际收支	贸易收支盈余处于高水平，投资收支（直接投资）出现大幅赤字	贸易收支盈余超过投资收支（直接投资）赤字	贸易收支盈余减少，投资收支（直接投资）赤字减少，投资收益成为经常收支的主要来源	贸易收支盈余减少出现赤字，而投资收益的增加，成为经常收支盈余的主要原因

资料来源：［日］原正行：《海外直接投资论》，暨南大学出版社1995年版。

第四节　对外直接投资与母国
经济：美日比较

　　本章旨在分析对外直接投资对投资先行母国美国和日本经济的影响。根据第三章的传导机制框架，对外直接投资对母国的经济影响是两方面的，既有积极的影响，也有消极的影响。原则上，只要将积极的影响减去消极的影响，两者的差就是对外直接投资的净经济影响。事实上，上述影响的估计不仅取决于有关的假定，更取决于对有关指标的量化。但是，在实证研究或经验检验中，存在很多难以量化的因素，加之数据收集的困难，即使可以量化的因素也因数据的不完善而难以得出符合实际情况的结论。

　　基于以上因素，本章沿用第三章的分析框架，就美日对外直接投资对本国经济的带动作用进行了经验检验，这些检验主要从对外直接投资对美日出口贸易、产业结构、技术进步、就业及国际收支平衡等几方面的影响进行。总的说来，对外直接投资有利于这些国家的出口贸易增加、产业结构升级、技术进步、就业增加及国际收支改善。对美国而言，早期的对外直接投资确实带动了美国出口贸易的增加，但不具有技术进步的特点；20世纪60年代以来的对外直接投资，在一定程度上使得美国国内出现了"空心化"的担忧，美国的就业也因此受到影响。但进入90年代以来，随着美国经济的进一步发展，对外直接投资亦对美国经济产生了巨大的推动作用。对日本而言，第二次世界大战后经济的复苏与快速发展时期，对外直接投资对日本经济产生的作用还不大，但进入20世纪80年代以来，随着日本经济的高速增长，对外直接投资对日本经济的促进作用日益明显，虽进入90年代以来这种作用有所下降，但对外直接投资对日本产业结构、技术进步、对外贸易、就业以及国际收支平衡的影响仍是不容置疑的。

　　通过对先行的对外直接投资大国美国和日本的检验分析，得出的主要结论是：无论美国还是日本，其对外直接投资都对本国经济产生了重要影响。不同的是，美国的对外直接投资促进了本国产业结构的顺利升级，而日本却在对外直接投资过程中有陷入"空心化"的趋势；美国和日本都注意在对外直接投资中吸取他国先进技术，而日本通过对美国、西欧等技术先进国的大力投资，在这方面做得更加成功；美国和日本的对外直接投资都在一定程度上促进了本国出口贸易的发展，从计量结果来看，美国的对外直接投资与其出口贸易之间的线性关系更加明显，但日本的对外直接投资在更大程度上促进了其出口贸易的增长；在对外直接投资与母国的国内就业关系上，检验分析表明，美国与日本的对外直接投资都在一定程度上促进了本国就业的增长，而美国在就业质量提高上比日本更加成功；美国和日本的对外直接投资都对本国的国际收支产生积极的影响，改善了彼此的经常账户和资本账户，从而促进了本国国际收支的平稳发展。

第五节　本章小结

美国是当今世界最大的对外直接投资母国，其对外直接投资历史长、规模大，对美国国内经济产生了深刻影响。从美国对外直接投资的经验看，通过输出传统与"夕阳"产业，对外直接投资促进了美国产业结构的不断调整与升级。美国是世界上研发最密集的地区，因而美国通过对外直接投资获取技术的可能性不是很大，但美国公司也在欧洲、日本甚至印度设立研发机构，目的是利用当地廉价的技术人员进行研发。美国庞大的对外直接投资规模一度引起国内的恐慌，认为输出了就业，但事实证明并非如此，对外直接投资在更大层面上改善了美国国内就业状况，提高了国内就业质量。美国的对外直接投资虽然产生了国外的竞争者，但它在更大程度上带动了美国国内的出口，增加了美国的贸易额。美国的对外直接投资，尤其是投资利润的汇回，改善了美国国际收支状况。

与美国相比，日本对外直接投资的历史不是很长，但发展速度很快，一度成为世界上最大的对外直接投资母国，因而，对外直接投资对日本国内经济的影响也是深刻的。通过将传统与"夕阳"产业输出国外，日本逐步实现了国内产业的升级与换代，但同时，因研发的不足与新兴产业成长的速度较慢等因素，日本对外直接投资也是其国内产业"空心化"的部分原因。日本企业通过在欧美尤其是美国的投资，加大了对美国高科技产业的渗透，成为逆向获取技术的典范。通过对外直接投资，日本加大了对投资地区的贸易输出，尤其是中间产品的输出，从而扩大了出口。对外直接投资也使得日本国内的就业增加，质量改善，因而是有利于国内就业的。因出口贸易的增加和投资利润的汇回，对外直接投资改善了日本的国际收支状况。

美日两国的对外直接投资都对本国经济产生了深刻的影响。在产业结构升级、技术进步、就业增加尤其是就业质量改善、出口贸易增加以及国际收支改善等方面具有很多相似之处，其对外直接投资的经验值得借鉴。

第五章

对外直接投资与中国
经济：初步分析

　　本章就中国对外直接投资的实践及对外直接投资与母国经济利益进行实证研究。改革开放以来，特别是中央最高决策层提出实施"走出去"战略以来，中国企业界掀起了一轮对外直接投资的高潮。截至 2011 年年底，中国企业进行投资的地区和国家已经达到 178 个，年度投资规模已经达到 688 亿美元。中国的一些知名企业在国家政策的外在推动和企业扩张发展的内在驱动共同作用下，纷纷走出国门，发展海外业务，极大地推动了中国对外直接投资的发展。同时，中国企业对外直接投资的蓬勃发展对中国国内经济产生了深刻影响，这些影响集中体现在对外直接投资促进了中国产业结构升级，带动了中国的技术进步与出口贸易增加，促进了国内就业的增长和质量的改善，构建了中国更为安全的国际收支平衡体系。就实证检验而言，由于中国企业对外直接投资的时间较短，数量较小，实证检验可获取的数据有限。就数据的可获得性而言，可以进行实证检验的有对外直接投资与中国出口贸易以及对外直接投资与中国技术进步。因而，针对中国的实证检验仅能从这两方面展开。本章在一定程度上是对第三章传导机制框架进行的实证检验，实证检验的结论进一步证实了对外直接投资对中国出口贸易与技术进步产生了重大影响，该结论也可以作为相关决策层制定政策的出发点。

第一节　中国企业对外直接投资：现状与态势

　　改革开放，特别是实施"走出去"战略以来，中国企业界掀起了一轮对外直接投资的高潮。据商务部统计，2011 年，经商务部核准和备案设立的境外中资企业共计 1.6 万家，非金融类对外直接投资 601.8 亿美元，对外直接投资累计净额 3172.1 亿美元；其中：股本投资 597.3 亿美元，占 18.8%；利润再投资 1207.5 亿美元，占 43.1%，与上年持平①。中国的一些知名企业在国家政策推动和企业扩张发展驱动的共同作用下，纷纷走出国门，发展海外业务，极大地推动了中国对外直接投资的发展。

一　中国企业对外直接投资的发展阶段

中国的对外直接投资自新中国成立初期就已起步，但那时的对外直接投资更多的是带有援助性质的经济交流。真正意义上的中国企业对外直接投资是从改革开放以后逐步发展起来的，自 1979 年起，先后经历以下四个发展阶段。

（一）对外直接投资自发探索阶段（1979—1985 年）

大多数研究者认为，中国企业对外直接投资始于 1979 年，以北京友谊商业服务公司同日本东京丸一商事株式会社在东京开办的"京和股份有限公司"为标志。1979—1985 年，是中国企业跨国直接投资的起步阶段，7 年间累计兴办非贸易海外子公司 185 家，总投资额近 3 亿美元，其中中方投资额为 1.97 亿美元（见表 5－1）。

表 5－1　　　　　中国非贸易性对外直接投资（1979—1985）

年份	批准企业数（家）	投资总额（万美元）	中方投资额（万美元）	中方投资比例（%）
1979—1983	66	10000	6000	60.0
1984	47	11000	9000	81.8
1985	76	8800	4700	53.4
累计	185	29800	19700	66.1

资料来源：《中国对外经济贸易年鉴》，中国对外贸易出版社 1994 年版。

客观地来说，改革开放初期，企业对外开放发展的重点是扩大出口和利用外资，企业的对外直接投资和跨国经营，无论是政府还是企业以及理

---

① 《2011 年度中国对外直接投资统计公报》，商务部网站（http：//hzs. mofcom. gov. cn/date/date. html）。

论界都未引起广泛注意。因而，改革开放初期的企业对外直接投资处于自发探索阶段。此阶段参与对外直接投资活动的企业为数不多，对外直接投资兴办的企业平均规模小，平均每家企业中方投资额仅106万美元。投资领域主要集中于餐饮、国际承包工程、咨询服务、资讯和其他服务等行业，机械加工制造业较少。从投资主体来看，虽然是以企业为操作主体，但政府参与程度较大。参与主体是在对外经济和对外贸易领域有经验的专业外贸总公司以及部分省、市的国际技术合作公司、专业外贸公司。从地区分布情况来看，主要分布在发展中国家和港澳地区。

（二）对外直接投资起步阶段（1986—1990年）

1985年，原国家外经贸部颁布了《关于在国外开设非贸易性合资经营企业的审批程序和管理办法》，审批权限部分下放至省、市一级，规定"只要是经济实体，有资金来源，具有一定的技术水平和业务专长，有合作对象，均可申请到国外开设合资经营企业"，并且"100万美元以下的一般性投资项目由省、市、自治区人民政府和国务院各部委直接审批"，这些规定的出台，使得中国企业对外直接投资活动有章可循。1987年年底，国务院正式批准中国化工进出口总公司作为跨国经营试点企业，此举标志着中国企业对外直接投资由自发转向自觉阶段。在此阶段，理论界关于对外直接投资的讨论重点由以往该不该发展对外直接投资的争论转向如何高效开展对外直接投资，纷纷介绍国外企业对外直接投资的成功经验，介绍典型国家的法律法规和财税政策，探索中国企业对外直接投资的领域、方式，从而有效地促进了中国对外直接投资的发展。

在此背景下，1986—1990年，中国企业对外直接投资掀起了一个小高潮。其中，1986年批准兴办非贸易性海外企业92家，1987年增长为124家，1988年为169家，1989年为119家，1990年为157家，这期间兴办的海外企业共661家，是前一阶段的3.6倍。到1990年，中国非贸易性海外直接投资企业数超过800家，投资总额达到20.6亿美元，其中，中方投资8.83亿美元，分别是前一阶段的6.9倍和4.48倍。而就投资规模来看，平均每家企业的中方投资额达到311万美元，是前一阶段的2.93倍（见表5-2）。

从此阶段的投资主体来看，对外投资的参与主体向多元化发展，由外贸、外经企业发展到大中型工业企业和综合金融公司，贸易性企业、大中型工业企业、以金融实力为基础的投资公司纷纷参与跨国经营活动，如首都钢铁公司、中国国际信托投资公司、深圳赛格集团等。从投资的地区分

表 5 - 2　　　　　　　　中国非贸易性 FDI （1986—1990）

年份	批准企业数（家）	投资总额（万美元）	中方投资额（万美元）	中方投资比例（%）
1986	92	15800	7551	47.8
1987	124	130000	35000	26.9
1988	169	11800	15300	—
1989	119	32000	23000	72.0
1990	157	16400	7470	45.6
累计	661	206000	88321	42.9

资料来源：《中国对外经济贸易年鉴》，中国对外贸易出版社 1994 年版。

布来看，海外企业分布在 90 多个国家和地区，其中，以亚洲各国和地区居多，并开始进入发达国家和地区，使中国对外直接投资首次突破以往格局，投资地域趋向合理。投资领域也进一步拓展，开始向资源开发、制造加工、交通运输等 20 多个行业延伸。

（三）对外直接投资迅速发展阶段（1991—1996 年）

这一阶段是中国对外直接投资迅速发展的时期。1991 年，中国在海外兴办非贸易性企业 207 家，对外直接投资额达 3.65 亿美元。1992 年年初，邓小平南方谈话带动了中国对外直接投资新一轮的发展。据统计，1992—1996 年，中国兴办的境外非贸易企业共计 944 家，累计投资总额为 45.2 亿美元，其中中方累计投资额为 21.5 亿美元。在此阶段，中国企业对外直接投资的范围和区域都有进一步扩展，从海外投资企业的分布上看，投资遍布 139 个国家和地区，投资额主要集中在澳大利亚、加拿大、美国、中国香港、泰国、俄罗斯、秘鲁、新西兰、南非、中国澳门，中国大陆在这 10 个国家和地区的投资额占对外直接投资总额的 78.7%，涉及投资领域包括资源开发、加工装配、交通运输、工程承包、旅游餐饮等行业（见表 5 - 3）。

（四）对外直接投资由迅速发展转向持续发展阶段（1997 年至今）

由于受 1997 年亚洲金融危机的影响，中国对外直接投资增长放缓，对外直接投资额从 1997 年的 25.62 亿美元增至 1998 年的 26.34 亿美元，仅增长 2.8%。1999 年 4 月，国家经贸委、外经贸部、财政部联合发布《关于鼓励企业开展境外来料加工装配业务意见的通知》，规范了我国的

表 5 - 3　　　　1996 年以前中国海外投资额列前 10 位的国家和地区

投资 国家和地区	企业数 （家）	协议投资额 （万美元）	平均规模 （万美元）
澳大利亚	91	123340. 4	1356
加拿大	77	69993. 3	909
美国	238	47440. 4	199
中国香港	158	34933. 1	221
泰国	134	20434. 1	152
俄罗斯	227	19255. 4	84. 8
秘鲁	7	12507. 5	1786. 8
新西兰	12	9321. 0	776. 7
南非	28	92659	330. 9
中国澳门	33	9053. 9	274. 4

资料来源：《中国对外经济贸易年鉴》，中国对外贸易出版社 1997—1998 年版。

境外加工贸易的发展；世纪之初，中央最高决策层出台的"走出去"战略，推动了我国企业对外直接投资的持续发展，一批率先"走出去"的企业逐渐显露出跨国公司的雏形。2003 年以来，我国对外投资进入快速发展阶段，对外直接投资总量不断增加，增长率也保持较高水平。2011年，中国对外直接投资净额（流量）为 688. 1 亿美元，同比增长 21. 7%，连续九年保持增长势头，年均增速为 49. 9%。其中，非金融类 601. 8 亿美元，同比增长 25. 9%；金融类 86. 3 亿美元。根据联合国贸发会议《2011 年世界投资报告》，2010 年，中国对外直接投资占全球当年流量的 5. 2%，位居全球第五，首次超过日本（562. 6 亿美元）、英国（110. 2 亿美元）等传统对外投资大国。

二　中国企业对外直接投资的现状

就中国企业对外直接投资的现状而言，有许多值得关注的地方，以下几点尤其值得注意：

第一，中国对外直接投资总体规模较小。从对外直接投资规模的发展来看，我国对外直接投资起步比较晚，且由于为发展国内建设而把重点放在引进外资上，使得我国的对外直接投资不仅滞后于发达国家，而且滞后于很多发展中国家和地区。1990 年，我国对外直接投资额占 GDP 的比重为 1.3%，低于世界平均 8.7% 的水平，仅相对于美国的 17%、英国的 5.6%、法国的 14%、德国的 14%、日本的 19%、加拿大的 8.8%、新加坡的 6.1%，显得偏低。随着近些年来的发展，我国对外直接投资有了较快的发展，到 2010 年，中国对外直接投资流出累计占 GDP 的比重增长到 2.8%，而此时世界的平均水平是 24.0%，不仅与发达国家的差距在不断拉大，且与新兴经济体国家的差距也在拉大（见表 5-4）。

表 5-4　　　　　　　　FDI 流出额累计占 GDP 比重的国际比较

年份	总计	中国	美国	英国	法国	德国	日本	加拿大	新加坡	韩国	中国香港
1990	0.087	0.013	0.075	0.232	0.091	0.090	0.066	0.147	0.213	0.009	0.159
1995	0.102	0.023	0.099	0.275	0.120	0.111	0.046	0.206	0.412	0.021	0.627
2000	0.197	0.026	0.135	0.624	0.340	0.290	0.058	0.333	0.621	0.058	2.349
2010	0.240	0.028	0.172	0.648	0.381	0.308	0.079	0.371	0.945	0.058	2.465

资料来源：联合国《世界投资报告》（1996，2001，2011）。

从对外直接投资的流量看，大三角国家（欧盟、美国和日本）继续在全球对外直接投资中占据统治地位，其对外直接投资流出量为 82%。欧洲依然是世界上最主要的对外直接投资来源地，老牌资本主义国家英国再次位居榜首，2000 年对外直接投资 2498 亿美元，比上年增长了 12%；法国位居第二，2000 年对外直接投资流出为 1725 亿美元，比上一年增长了 43%；美国、比利时和卢森堡以及德国在 2000 年的对外直接投资则有所下降，分别为 1393 亿美元、830 亿美元和 486 亿美元。相比之下，我国在世界对外投资的比例不足 1%。据联合国贸发会议（UNCTAD）发布的 2011 年世界投资报告显示，2010 年，全球外国直接投资（流出）流量为 6122 亿美元，存量为 81969 亿美元。以此为基期进行测算，2010 年，中国对外直接投资分别相当于全球对外直接投资（流出）流量、存量的 0.9% 和 0.55%①。

第二，从中国对外直接投资的主体来看，投资经营主体结构复杂。一

---

① 《2011 年度中国对外直接投资统计公报》，商务部网站（http://hzs. mofcom. gov. cn/date/date. html）。

般而言，中国从事对外直接投资的企业主要包括以下四类①：

（1）外贸公司。包括原中国对外经济贸易部下辖的中央外贸专业总公司和各省市自治区对外经济贸易（厅）局所属的地方外贸公司。例如，中国化工进出口总公司、中国对外贸易运输总公司、中国五金矿产品进出口总公司、中国粮油进出口总公司、中国电子进出口总公司、中国成套设备进出口总公司等。这些外贸公司在20世纪80年代中期以前垄断了中国的对外贸易，凭借其长期的海外客户联系和销售渠道，在1984年以前，就率先以建立商务代表处的方式进行对外直接投资。1984年开始的外贸体制改革，打破了它们的垄断地位，迫使外贸公司在分散化和全球化的经营策略下，从过去单纯的从事对外贸易转为向国内外制造业和其他服务业进行投资，从而进入了外贸公司对外直接投资的第二阶段。

（2）大型工业公司。伴随中国国有企业制度的改革，企业自主权的扩大，一批大型工业公司开始对外直接投资。例如，首都钢铁公司、东风汽车集团、上海自行车集团、上海广点股份公司等。这些公司凭借自身的生产能力和技术优势，通过对外直接投资建立和完善国外的原材料供应渠道，扩大了产品的出口能力。

（3）大型银行和其他服务业企业。除了中国银行、中国建筑工程总公司、中国冶金建设总公司以外，主要包括：中国国际信托投资公司以及各省市自治区的国际经济技术合作公司，如广东省的粤秀集团等。上述公司是20世纪80年代早期由中央政府和地方政府为了拓展对外经贸活动建立的。因而，它们通常比其他国有企业拥有较大的经营自主权，可以在海外设立分支机构。

（4）中小企业和民营企业。除了上述大型企业之外，一些地方，尤其是广东省和浙江省的中小企业和民营企业也开始向周边国家开始小规模的投资。近年来，在中国对外直接投资的境内主体特点上发生了变化，其中投资主体多元化，国有企业所占比重下降是最明显的变化之一。2011年，国有企业占整个境内投资主体的比重由上年的43%降至35%，而有限责任公司及私营企业对外投资比重分别上升了8%和2%②。

第三，从中国企业对外直接投资的区域分布来看，投资地区相对集

---

① 刘红忠：《中国对外直接投资的实证研究及国际比较》，复旦大学出版社2001年版。
② 《2011年度中国对外直接投资统计公报》，中华人民共和国商务部网站（http：//hzs. mofcom. gov. cn/date/date. html），2012年9月9日。

中。在中国对外直接投资发展的初期阶段，海外投资企业分布在以发展中国家和港澳地区为主的45个国家和地区，这主要是由于中国海外直接投资刚起步，跨国经营和管理的经验不足，对发达国家投资风险较大。另外，国内同发达国家的经济环境相差悬殊，对该区域投资也有一个适应过程。到中国发展对外投资的第二阶段，海外企业分布扩展到90多个国家和地区，虽然以亚洲各发展中国家和港澳地区居多，同时开始向发达国家延伸，从而使中国对外直接投资突破以往只在发展中国家和地区投资的格局，投资地域趋向合理化。随着中国对外投资的进一步发展，中国企业跨国投资的范围和区域不断扩大，投资遍布139个国家和地区，投资从发展中国家（地区）开始向发达国家（地区）转移，主要集中在澳大利亚、加拿大、美国、中国香港、泰国、俄罗斯、秘鲁、新西兰、南非、中国澳门。目前，中国的对外直接投资企业（以下简称境外企业）共分布在全球149个国家和地区，占全球国家（地区）的71%，其中亚洲、欧洲地区投资覆盖率分别达到91%和80%。从境外企业的国别（地区）分布来看，中国香港、美国、俄罗斯、日本、德国、澳大利亚的聚集程度最高，集中了境外企业的43%；其中，中国香港为17%。批准在境外设立的贸易企业分布尤其集中，3000多家贸易企业中，在港澳地区设立的公司有

表5－5　　　　　　　　　　中国对外直接投资的地区分布

排名	1992年	1993年	1996年	2000年	2009年	2010年
1	加拿大	澳大利亚	澳大利亚	美国	中国香港	中国香港
2	澳大利亚	加拿大	加拿大	加拿大	加拿大	英属维尔津群岛
3	美国	美国	美国	澳大利亚	澳大利亚	开曼群岛
4	中国香港	中国香港	中国香港	中国香港	美国	卢森堡
5	俄罗斯	俄罗斯	泰国	秘鲁	墨西哥	澳大利亚
6	泰国	泰国	俄罗斯	俄罗斯	俄罗斯	瑞典
7	新加坡	新西兰	秘鲁	泰国	泰国	美国
8	中国澳门	新加坡	新西兰	中国澳门	南非	加拿大
9	马来西亚	马来西亚	南非	南非	中国澳门	新加坡
10	日本	日本	中国澳门	新西兰	印度尼西亚	缅甸

资料来源：2000年之前的数据来自《中国对外贸易经济年鉴》；2009年、2010年的数据来自商务部网站（http://www.mofcom.gov.cn）。

2000 多家，约占总企业数的 70%；而非贸易性企业的分布则相对分散，从全球来看，主要分布在美国、俄罗斯、泰国、澳大利亚、日本、加拿大、南非和马来西亚等国（见表 5-5）。

综上所述，我们可以看到，中国对外直接投资地域分布从 20 世纪 90 年代以来集中且稳定，基本没有大的变化。

第四，从中国对外直接投资的产业分布看，投资行业多样化，但以资源开发和制造业为主。在对外直接投资初期，投资主要集中在贸易、餐馆、工程承包、咨询服务等与贸易相关的服务业，1979—1986 年兴办的 272 家非贸易性海外企业中，工农生产项目 89 个，占 32.7%，其余依次为技工贸结合 36 家，餐馆旅游 33 家，承包工程 28 家，咨询服务 30 家，资源开发 15 家，交通运输 21 家，金融保险 9 家，其他 11 家。随着中国对外直接投资的不断发展，投资的行业和领域也不断拓展。从 20 世纪 80 年代后期开始，工农生产项目的份额逐渐上升，在工业内部，对外直接投资主要集中在纺织、机械、化工等行业。最新的统计资料显示，从境内投资主体的行业分布看，制造业、批发零售业比例最大，2011 年这两个行业对外直接投资的比重占当年全部对外直接投资的比重分别为 59% 和 11%。

综合起来看，中国对外直接投资行业选择仍旧带有强烈的资源指向性。中国自然资源种类相对齐全，数量大；但人均量少，开发成本高，有些资源短缺。因此，中国企业非贸易对外直接投资的资源导向性明显。1988 年，中国 17 家最大的跨国经营企业中，有 10 家属资源开发型。1985 年以来，中国一些企业在摩洛哥、尼日利亚、美国、印度尼西亚、阿根廷、加蓬等 20 多个海洋资源丰富的国家投资渔业开发，已经运回数十万吨渔货；中信等公司在北美、南美、非洲、南太平洋地区开发林业取得了很大成效，运回了大量的木材；上海轮胎橡胶集团在泰国南部的合艾橡胶园附近开办合作公司，累计已向母公司运回 1 万多吨天然橡胶，满足了母公司的需要；中国冶金进出口公司在澳大利亚总投资 2.8 亿澳元开发铁矿，在今后 30 年内将运回 2 亿吨高质量的矿砂。近年来，随着能源危机的逐步升级，中国三大石油公司在海外掀起了一股并购高潮，显示出中国企业强劲的对外直接投资力量。

第五，从中国对外直接投资的进入方式看，逐步经历由新建企业为主转向新建企业与跨国并购相结合的进入。过去很长一段时间内，中国对外直接投资企业主要采用的是新建海外企业的方式，而且大都为现汇投入。相对于发达国家新建、股权投资、非股权投资等多样化的投资方式来说，中国的对外直接投资进入方式比较单一和落后。但近年来，中国的企业开始采用跨国并购的方式进入国际市场，且取得了不错的成绩，如中国三大石油公司、海尔、万向、华立等企业集团，以跨国并购形式取得了国外的资源、市场与技术，这一趋向还在延续，并有望成为中国企业进入国际市场的主要方式。另外，利润再投资近年来在中国对外直接投资中比重逐渐上升，2011 年的当期利润再投资已占投资流量的一半。从 2011 年对外直接投资额的构成情况看，其中股本投资 217 亿美元，占 31%；当期利润再投资 328.5 亿美元，占 52%；其他投资 11.5 亿美元，占 17%[①]。

　　第六，对外直接投资的主体是沿海地区省市的企业。在商务部批准或备案的境外投资企业中，绝大多数是沿海地区省市的企业。2011 年，地方省份的非金融类对外投资净额 177.5 亿美元，同比增长 84.8%，占 29.5%。其中，浙江省在对外直接投资流量中位居榜首；以下依次为辽宁、山东、广东、上海、江苏等沿海省市。从存量规模上看，截至 2011 年，地方省市区的投资存量为 465 亿美元，较上年增加 28 亿美元；广东省雄居榜首，以后依次为上海市、浙江省、山东省、北京市、江苏省、辽宁省、湖南省、福建省、云南省。从所占比重看，2011 年，地方省市区存量占 14.5%，较上年提高 3 个百分点[②]。

第二节　对外直接投资与中国经济：效应分析

　　前已述及，企业对外直接投资对母国的经济影响是两方面的，既有积极的效应，也有消极的效应。积极效应包括对外直接投资的直接经济收益（如利润汇回）、间接经济收益（如增加母国就业）以及其他非经济收益（如增强母国国际地位）。消极效应包括海外投资的机会成本、母国经济结构的调整成本和其他的非经济成本，如资本外逃等。事实上，在

---

① 《2011 年度中国对外直接投资统计公报》，中国商务部网（http：//hzs. mofcom. gov. cn/date/date. html）。

② 同上。

衡量对外直接投资对母国经济的影响时，存在很多难以量化的指标，尤其是对消极效应的考察更是如此。基于此，本书在考察对外直接投资对母国经济的影响时，重点放在对正效应的考察上，而这种影响又是通过一系列复杂的传导机制进行的。在第三章构建的传导机制基础上，本书将从产业结构、技术进步、对外贸易、就业以及国际收支平衡等方面，就对外直接投资对中国经济的影响进行相关分析。

一 对外直接投资与中国产业结构调整

一国的产业结构是不断变化的，在不同经济发展阶段，产业结构呈现出不同的特征；当产业结构与需求结构相适应时，就能促进经济增长；当产业结构与需求结构不相适应时，则将抑制经济发展。长期以来，盲目投资、重复建设、低水平重复趋同是我国经济建设中存在的一种顽症，从而造成部分行业发展过多，企业生产能力严重过剩。目前，产业结构问题已成为制约中国经济发展的一个重大障碍，调整产业结构、推动产业升级刻不容缓。而发展对外直接投资则将为中国利用国际先进技术、推进产业结构的调整和升级提供有力的契机。

中国东南沿海目前已逐步将劳动密集型产业向外转移，有目的、有重点地发展技术密集型和资金密集型产业，各地也对技术含量低的项目积极寻求对外投资的机会。例如轻纺行业、机电行业和家电行业是我国传统产业，长期以来的重复建设造成这些行业产能严重过剩，产品大量积压。面对这种状况，不少企业开始对外直接投资，开通国外生产市场，如在非洲、拉美等地合资建立纺织品生产企业，在非洲、东南亚合资生产家电等，消化和吸收了部分过剩生产能力和传统技术，从而有效地减少了资源浪费，促进了国内产业结构的调整，使技术和设备的输出成为转移国内过剩生产能力的有效途径。

随着对外直接投资的进一步发展，主动利用对外直接投资，提升产业结构将是我国经济发展必然经历的阶段。表5-6显示，1991年以来，我国出口商品的结构变化说明近年来我国的经济结构取得明显改善。

二 对外直接投资与中国技术进步

一般而言，吸引外商投资获得的通常是标准化的成熟技术，而不是最新技术，这是跨国技术转让政策决定的。如果通过对外直接投资，到发达国家合资办厂或跨国并购发达国家的企业，则有利于打破技术经济封锁，取得先进的技术。如首钢进行海外投资，用340万美元购买了美国麦斯塔

表 5 - 6 我国出口商品变动情况

单位：亿元

	1991 年	1995 年	1999 年	2004 年	2005 年	2006 年	2007 年	2008 年	2009 年	2010 年	2011 年
总额	718.4	849.4	917.4	1210.1	1487.8	1510.5	1827.9	1838.1	1949.3	2492.1	2661.5
初级产品出口额	161.4	170.0	166.6	197.1	214.8	219.3	239.5	205.9	199.4	254.6	263.5
工业产品出口额	557.0	679.4	750.8	1013.0	1273.0	1291.2	1588.4	1632.2	1749.9	2237.5	2398.0

资料来源：《中国统计年鉴》（2011）及 www.moftev.gov.cn。

工程设计公司 70% 的股份，取得了直接使用该公司 850 份图纸和缩微胶片、46 个软件包、41 项专利和两个注册商标的权利，并使之成为我国钢铁行业第一个获得先进的轧钢和连铸设计技术的企业。北京市国际信托投资公司在日本开办的某株式会社成立 10 多年来，已从日本引进了先进的设备、技术和散件，为国家节约了大量的外汇，为汽车工业的发展作出了贡献。而上海机床厂与美国合资的 Ecotech 机床销售公司，采用美国名牌元器件，既发挥了我国的技术优势，又充分利用了国外先进技术。①

向发达国家前瞻性高科技产业的学习型直接投资，尤其是通过跨国并购技术目标市场的企业，使企业能够直接学习外国的先进技术和管理经验，跟踪世界技术创新动态，向国内企业进行输送和扩散，充分发挥技术的"外溢效应"和"示范效应"，推动技术升级和产业升级。同时，可以绕过部分技术壁垒，获得发展所需的技术资源。中国企业通过在工业发达、技术先进的国家和地区收购企业或购买股份，直接经营或参与经营管理，从而吸收其中的先进技术，学习有效的管理经验和方法，有助于提高国家的整体技术水平，提高企业经营的效率。

中国企业通过对外直接投资，特别是通过外资合作→向外资学习→与外资竞争的技术学习路径，尤其是跨国并购跨国公司的研发部门，将使中国企业获取现代化所需的各种高新技术。如海尔、康佳、格兰仕等在欧美核心市场投资和建立企业研发中心，学习欧美先进技术，实现企业自身技术创新并使产品更接近消费者和占据市场领先地位。其中，海尔通过其在

---

① 孙建中：《资本国际化经营——中国对外直接投资发展研究》，经济科学出版社 2000 年版。

美国的产品研发，使其生产的电冰箱占美国市场的30%[①]。

三　对外直接投资与中国出口贸易

一般而言，对外直接投资与国际贸易的关系主要表现在两个方面：一方面，两者之间呈现出一种替代关系，即通过向外直接投资，在当地生产、销售，用投资替代贸易，这种状况目前在西方发达国家的大型跨国公司中表现得尤为突出。他们彼此间的对外直接投资，更多的是基于这种替代关系。另一方面，对外直接投资与对外贸易之间呈现出一种补充和相互促进的关系。这种情况表现最为突出的是发达国家的中小跨国公司对发展中国家的对外直接投资，即通过对外直接投资，使贸易与投资之间相互补充，相互促进。就中国而言，对外直接投资与对外贸易之间更多的是表现为一种相互促进的关系，对外直接投资对中国对外贸易发展的影响表现为正效应，具体体现在以下三个方面：

第一，对外直接投资推动了中国对外贸易的增加，尤其是出口贸易的增加，产生了出口引致效应。中国通过对外直接投资，使许多公司努力构建国外的市场销售网络，积极寻找客户，迅速提高企业在国际市场上的份额。如康佳集团在澳大利亚、美国和中国香港等地设立的分公司，1999年共为母公司分销彩电70多万台，中兴通讯分布在世界的十几个办事处每年为公司争取到3亿—5亿美元的海外订单。这种现象一改过去中国企业在国际市场上只有销售，没有市场，只能被动地等国外客户订单的状况。

第二，对外直接投资导致进口的减少，产生进口转移效应。由于将生产基地转移到国外，过去某些需要使用进口原材料的产品，此时不再需进口，这种现象必然会导致进口减少。例如，首钢等一些钢铁企业通过并购或新建的方式在国外建立分支机构，将生产基地转移到国外，减少了对铁矿石的进口。另外，对于某些资源开发型项目，对外直接投资有可能促进进口增加，产生反向进口效应。这类投资项目在中国的对外直接投资中占有较大的比重，投资的目的主要是获取国外自然资源，如中国的石油企业在国外的投资、勘探和开采，将增加对国内的石油供应，保障国家的石油战略安全。

第三，在目前国际贸易保护主义日益盛行的情况下，在海外投资办企业，可以有效抵制外国政府的贸易保护主义，带动中国商品进入国际市场，

---

① 徐波：《中国开展对西欧直接投资的动因分析》，《南开经济研究》2001年第3期。

并避开一些国家对中国产品所设置的配额、关税和非关税壁垒，或者利用所在国的出口配额，扩大中国的出口贸易，如中国纺织品出口市场扩大即是一例。美国与欧盟的纺织品出口配额占世界纺织品出口总额的2/3，但对中国实行配额制，使中国对上述两地区的出口额仅占全部出口额的1/5。为绕开这一配额限制，中国与非洲毛里求斯诸国合资开办纺织品生产企业，所生产产品再向欧盟出口。因为这些国家是"洛美协议"成员国，其产品在欧盟市场享有"免除关税、不受配额限制"等优惠政策。通过对外直接投资，我们利用了这一优势，成功扩大了向欧盟的纺织品出口。

四　对外直接投资与中国国内就业

在目前国内存在闲置资金以及过剩劳动力的情况下，国内存在大量的居民储蓄，由于一方面国内某些产业的投资收益率已经很低，另一方面国内的资本市场还很不发达，因此储蓄在国内转向投资存在一定的障碍。如果这些国内的储蓄能有效地转化为对外直接投资，寻求海外更高的投资收益率，那么发展对外直接投资就不存在挤占或替代国内投资和消费的问题。而且中国发展对外直接投资处于起步阶段，国际一体化程度不高，很多投资属于防御性投资，其短期的刺激效应明显大于替代效应。如中国在澳大利亚开铁矿是为了开发资源，在东南亚国家投资的一些劳动密集型产业是为了绕过关税壁垒，抢占市场份额等，这样一些投资往往能增加国外附属企业对国内资本设备、中间产品或辅助产品的需求，从而可以刺激国内的就业。而且这种国际生产转移活动所造成的劳动力成本的调整，有助于国内劳动力市场的均衡。对外投资的扩大将导致国内就业两方面的变化：一方面，那些可以对外直接投资的产业或部门的工资率有下降的趋势，这部分产业工人的流动可能会使国内原来那些因劳动力成本高昂而面临萎缩的行业因注入新的劳动力而大大降低劳动力成本，从而促进这些行业的发展；另一方面，对外直接投资的资本劳动替代弹性差异将对国内工资率的调整有影响。随着我国这些对外直接投资产业的资本劳动替代弹性加大，海外生产将采用资本密集型技术，而由这些替代或补充对外投资的国内投资就会使劳动替代资本的弹性加大，于是国内生产将采用劳动密集型技术，从而吸引和消化更多的剩余劳动力。这样对外直接投资在国内就业上的调整成本可以通过转移和新增一部分劳动力就业的方式得到弥补，使国内的劳动力市场在一个更高的水平上达到均衡，因此可以大体上判断中国的对外直接投资对中国就业是有正效应的。

事实上，沿海一部分与国际市场较接近的企业已率先"走出去"，其生产已遍布全球大部分区域。这些企业的管理职能都集中在中国总部，为国内创造了许多非生产性就业机会，如吸纳了大量高科技人才从事科研开发活动，聘用了大量熟悉国际贸易业务的市场策划和营销人员，大量具有国际管理水平的管理人员等。另一方面，这些企业在"走出去"的过程中，其子公司的国际经营业务会导致对中国法律、管理和工程咨询、国际金融等方面的需求，大大刺激了服务于这些领域的中介机构人员就业。沿海中介机构在近年来的兴旺发达与这些"走出去"企业的需求是密不可分的。因此，中国企业对外直接投资可以创造或维持一部分母国就业，提高国内就业人员的熟练程度和技能水平，从而有助于国内就业结构的优化。在就业区位上，中国就业人员在海外的配置存在一个不均衡状况，也就是说国内生产就业人员供给过剩，国外就业人员的供给相对不足。这种就业区位上的差异最终可以通过对就业数量和质量的影响体现出来。例如适当地发展服务业以及部分具有比较优势的劳动密集型产业的对外直接投资，一方面新增国内部分产业人员的需求，另一方面通过调整就业结构而转移一部分产业人员的需求，从而有助于缓解部分劳动就业的不均衡现象，改善国内劳动力市场状况。

总之，根据目前中国发展对外投资的特点和国内宏观经济现状，中国发展对外直接投资对我国的就业利大于弊。

五　对外直接投资与中国国际收支平衡

扩大对外直接投资是平衡国际收支的一个重要途径。对外直接投资作为资本输出会减少国内资本的存量，然而，这仅是短期内影响。随着投资利润的取得和陆续汇入国内，将对国际收支产生有利影响。实际上，对外直接投资还可能没有实际资本的流出。以国内设备、零部件、技术、商标、品牌等作为投资内容，既带动了出口，又解决了资金的来源。另外，跨国公司在东道国或国际资本市场自行融资，也无须国内资本的实际输出。一旦跨国公司获得盈利，或者将其进行海外再投资，或者汇回国内，都会有利于国际收支平衡状况的改善。就最近两年中国对外直接投资的情况来看，投资方式越来越多样化，其中，2010年中国企业对外直接投资中，以收购方式实现的对外直接投资占18%，股本投资14%，利润再投资35%，其他投资33%；而从2010年对外直接投资额的构成情况看，股本投资177亿美元，占31%，当期利润再投资288.5亿美元，占52%，其他投资 19.5 亿美元，占 17%[①]。可见，中国海外企业的利润再投资呈上升趋势，这也从另一个侧面反映了中国企业对外直接投资已初见成效。

以对外直接投资方式输出资本以达到平衡国际收支的目的，对于目前的中国特别重要。近年来，随着中国吸引外资的持续增加和出口贸易的持续、高速增长，中国国际收支经常项目和资本项目出现"双顺差"，直接导致中国的外汇储备逐年增大。大量的外汇储备虽然保证了中国的汇率稳定，但过度的外汇储备也造成了诸多负面影响，如大量外汇储备会积累通货膨胀和导致本币升值，降低中央银行实施货币政策的独立性；外汇储备过多也会使我国失去 IMF 的优惠贷款；从盈利角度，大量外汇储备意味着本国货币的闲置，这是极不合算的。因此，鉴于我国目前外汇储备较充裕的状况，进一步鼓励支持国内企业"走出去"，大力开展对外直接投资，不仅可以扩大海外销售市场，获取国内稀缺的资源和先进技术，而且可以有效促进我国国际收支的动态平衡，不失为用好外汇的一个良策[②]。

第三节　实证检验：对外直接投资与中国出口贸易

对外直接投资必将对母国国内经济产生多重影响，这些影响既有有利的方面，也有不利的方面，并且这些影响时常交织在一起。实证研究中，经济学者一般从贸易、就业、投资、国民收入、经济增长等方面检验对外直接投资的经济效应。由于中国对外直接投资统计制度的局限，无法得到公司层面的数据，因此，无法对中国对外直接投资的其他经济效应如国内就业、投资、国民收入等进行计量研究。就目前可以收集到的数据而言，可以进行实证检验的主要是对外直接投资的出口贸易效应以及技术进步效应。本章主要是就对外直接投资与中国出口贸易进行实证检验，实证检验采用计量经济学方法。

---

① 《2010 年度中国对外直接投资统计公报》和《2011 年度中国对外直接投资统计公报》，中华人民共和国商务部网站（http://hzs.mofcom.gov.cn/date/date.html）。
② 赵伟、古广东：《对外直接投资、外汇储备与母国国际收支平衡》，《投资研究》2005 年第 8 期。

一　代表性计量模型

20 世纪七八十年代以来，计量经济学方法论的一大突破是关于时间序列变量之间协整关系的研究。这一方法构成了本书辨别对外直接投资和出口贸易之间是否存在长期稳定关系的理论基础。

Granger 和 Newbold 通过多次模拟分析，发现非平衡的时间序列变量会造成"伪回归"现象，即使变量间互不相关，回归仍能产生很好的统计结果（如较高的 t 统计量和决定系数）。因此对非平衡时间序列不能直接进行传统的最小二乘回归。Engle 和 Granger 提出了非平衡时间序列变量之间的协整关系研究方法。这一方法的基础思想是：如果两个（或两个以上）变量（例如本书中的对外直接投资与出口贸易）的值呈现非平稳性，但它们的某种线形组合却呈现平衡性，表明变量之间存在某种长期稳定关系，即协整关系。在任何经济学意义上，这种协整关系的存在表明可以通过一个变量值的变化影响另一个变量的变化。本书利用协整分析来考虑对外直接投资和出口贸易之间是否存在长期稳定关系。当然在此之前，还需要检验每个变量的平稳性。最常见的非平衡时间过程就是单位根过程，因此，对对外直接投资和出口贸易之间的长期稳定关系的考察包括单位根检验和协整检验。

实证分析分三个步骤完成：

第一步是检验不同时间序列的平稳性。一般认为，进行格兰杰因果分析的首要条件是判断所研究的时间序列的平稳性。判断时间序列是否平稳即分析它们的随机特征（期望值和方差）。当时间序列不表现出趋势或季节性，即没有因素随时间而演化时，它即是平稳的。

研究者采用扩展的 ADF 单位根检验，以判断时间序列的平稳性。ADF 检验包括一个回归方程，左边为序列的一阶差分，右边则为序列的一阶滞后项、滞后差分项，有时还有截距项和时间趋势项。带有截距项和时间趋势项的回归为：

$$\Delta y_t = C + T_t + \gamma y_{t-1} + \sum_{i=1}^{P} \xi_i \Delta y_{t-I} + \mu_{t1} \tag{5.1}$$

在每种情况下，单位根检验都是对回归式中 y_{t-1} 的系数 γ 进行检验。ADF 检验的输出结果包括检验滞后变量系数的 ADF 统计量和检验所需的临界值。如果系数显著地不为零，那么 y_t 包含单位根的假设将被拒绝，从而接受备选假设 y_t 平稳。

对以上变量，VAR 模型的估计从 0—3 阶滞后展开。AIC 和 SC 标准用于判断最优滞后阶数。

第二步，进行格兰杰因果分析。为了说明对外直接投资与出口贸易这两个经济变量之间的关系，常常采用格兰杰因果关系检验方法。格兰杰因果性概念可表述为：如果变量 X 是变量 Y 的格兰杰因，那么 X 的变化必先于 Y 的变化，即若用 Y 的滞后值去预测 Y，再加上 X 的滞后值，有助于改善 Y 的预测精度。具体检验步骤有三：

步骤一：检验"FDI 不是引起 EX 变化的原因"的零假设，回归模型如下：

$$EX_i = \sum_{i=1}^{n} \alpha_i FDI_{t-1} + \sum_{j=1}^{m} \beta_i EX_{t-j} + \mu_i \tag{5.2}$$

（5.2）式中，μ_i 为白噪声序列，满足零均值和零方差且自相关假设。

步骤二：用回归的残差平方和计算 F 统计量。

步骤三：检验零假设：H_0：$=0$（$I=1, 2, \cdots, n$），如果其中至少有一个显著地不为零，则拒绝"对外直接投资不是引起 EX 变化的原因"的零假设，接受对外直接投资是引起 EX 变化的原因；同样，为了检验"EX 不是引起对外直接投资变化的原因"，只需将上述回归模型中的变量 EX 和对外直接投资相交换，作同样的回归检验和统计检验就可获得。因此，两个经济变量之间要么不存在因果关系，要么存在因果关系。在具有因果关系的情况下，两者之间可能是单向因果关系，也可能是相互影响。因果关系模型中的滞后期数分别取 1—3 期。

二 协整检验

协整的概念首先由格兰杰提出，并经格兰杰和恩格尔发展。他们将 VAR、ECM 和单位根与协整理论整合，提出了具有里程碑意义的协整表述定理，即如果一组非平稳的时间序列存在一个平稳的线性组合，那么这组序列就是协整的，表示一种长期的均衡关系。所以，对外直接投资与贸易之间因果关系分析的第三步是检测变量之间的长期关系，即这些变量是否协整的。所使用是 Johansen 检验，它能判定协整方程的个数。

如果所有变量都是同阶单整的，且这些变量的某些线性组合是平稳的，则称这些变量之间存在协整关系。Stock 证明，对存在协整关系的时间序列，最小二乘回归（OLS）的估计量不仅是一致的，而且快于平稳时间序列 OLS 估计量的收敛速度，因此可以直接使用传统的 OLS 方法。对协整模型的 OLS 估计量也称为超一致估计。

对各国对外直接投资和出口贸易进行 OLS 回归，模型如下：

$$\ln EX_t = C + \alpha_t \ln FDI_t + \mu_t \tag{5.3}$$

其中，$\ln FDI_t$ 是 t 期实际对外直接投资的自然对数，$\ln EX_t$ 是 t 期出口贸易额的自然对数，C 为常数项。引入对数是为了研究方便，取对数后将更容易得到平稳数据且不会改变时间序列的性质和相互关系。

考察上述方程的回归残差 μ 是否平稳，如果回归残差平稳，则说明存在协整过程，该方程描述了变量之间的长期稳定关系。

同样用 ADF 法检验回归残差的平稳性，即做如下回归：

$$\Delta \mu_t = C + T + \gamma \mu_{t-1+} \sum_{i=1}^{p} \xi_i \Delta \mu_{t-I} + \nu_t \tag{5.4}$$

H_0：$\gamma = 0$；H_1：$\gamma < 0$。

其中，ν_t 是误差修正项，p 是使残差项为白噪音的最优滞后阶数。

三　计量检验结果

首先是数据与变量选取。本书主要在宏观水平上实证分析对外直接投资与出口贸易的关系，选取样本为美国、日本、德国、英国、法国以及中国 1979—2010 年的对外直接投资与出口贸易的年度数据。其中，各国出口贸易额数据均来自《世界经济年鉴》有关各期；对外直接投资数据除美国的来自《现代商业概览》各期，中国的数据来自《对外经济贸易年鉴》有关各期外，其余各国数据来自 UNCTAD《世界投资报告》相关各期。

在变量选取上，用 FDI_t 表示历年对外直接投资流出额。由于引入对数后将更容易得到平稳数据且不会改变时间序列的性质和相互关系，所以，为了研究方便，对以上时间序列分别取自然对数，其中，$\ln FDI_t$ 是 t 期实际对外直接投资流出额的自然对数，$\ln EX_t$ 是 t 期出口贸易额的自然对数，C 为常数项。

就 ADF 单位根检验来看，其结果参见附表 1，除英国的 lnfdi 的原值在 5% 的水平上显著外，各国 lnfdi 的原值均不显著，但各国 lnfdi 的一阶差分均在 5% 的水平上显著，表明一阶差分都是平稳的时间序列，即各国对外直接投资的自然对数序列是同阶单整的，记为 I(1)。另外，除中国的 lnex 之原值在 1% 水平上显著外，各国 lnex 的原值均不显著，但进行一阶差分处理后，各国 lnex 均在 5% 的水平上显著，这表明各国出口贸易的自然对数系列是平稳的，符合一阶单整的要求，记为 I(1)。根据协整理论，不同的时间序列同阶单整是它们之间存在协整关系的前提，由于各国 lnfdi 与 lnex 均同阶单整，即都为 I(1)，所以各国的对外直接投资与它们各自的出口贸易存在协整关系，即存在长期的稳定关系。

就格兰杰因果关系检验结果来看，在本书分析中，格兰杰因果关系检测使用的是各变量自然对数的一阶差分，因为它们是平稳的。所考虑的变量是对外直接投资流量与出口贸易，结果显示在附表2。计量结果表明（见附表2），对美国而言，在滞后1—3阶的情况下，其"对外直接投资不是引起出口贸易变化的原因"的零假设均被拒绝，这说明美国的对外直接投资是促进美国出口贸易增长的原因，但其"出口贸易不是引起对外直接投资变化的原因"的零假设仅在滞后1阶的情况下被拒绝，滞后2、3阶时均不能被拒绝，说明美国的出口贸易对其对外直接投资的作用并不明显，但据此可以认为，在滞后1阶的情况下，美国的对外直接投资与其出口贸易之间存在双向的因果关系。对日本而言，无论"对外直接投资不是引起出口贸易变化的原因"，还是"出口贸易不是引起对外直接投资的变化的原因"的零假设，在滞后1—3阶的情况下均不能被拒绝，说明日本的对外直接投资与出口贸易之间不存在因果关系。对英国而言，只有在滞后2、3阶的情况下，"出口贸易不是引起对外直接投资变化的原因"的零假设才不能被拒绝，说明此时日本的出口贸易对其对外直接投资有促进作用，但在其余情况下，零假设均不能被拒绝，尤其是"对外直接投资不是引起出口贸易变化的原因"的零假设在滞后1—3阶的情况下均不能被拒绝，说明日本的对外直接投资对其出口贸易的影响并不显著，对外直接投资与其出口贸易之间并不存在双向因果关系。对德国而言，仅在滞后1阶的情况下，"出口贸易不是引起对外直接投资变化的原因"的零假设才不能被拒绝，但在其余情况下，零假设均不能被拒绝，说明德国的对外直接投资与出口贸易之间的因果关系并不明显。对法国而言，在滞后1—3阶情况下，"对外直接投资不是引起出口贸易变化的原因"的零假设均不能被拒绝，但"出口贸易不是引起对外直接投资变化的原因"的零假设均被拒绝，这说明法国的对外直接投资不是其出口贸易增长的原因，出口贸易却是对外直接投资变动的原因，即其对外直接投资与出口贸易之间存在单向的因果关系。对中国而言，情况与德国相似，仅在滞后1阶的情况下，"出口贸易不是引起对外直接投资变化的原因"

的零假设才被拒绝，即在滞后 1 阶的情况下，中国的出口贸易引起了对外直接投资的变动，出口贸易是对外直接变化的原因，但在其余情况下，零假设均不能被拒绝，尤其是"对外直接投资变动不是引起出口贸易变化的原因"的零假设，在滞后 1—3 阶的情况下均不能被拒绝，说明中国的对外直接投资对其出口贸易的影响不显著，二者之间并不存在显著的因果关系。

就协整检验结果来看，从附表 1 可知，变量 $\ln FDI$ 和 $\ln EX$ 在 5% 的显著性水平上均不能拒绝存在单位根的假设，这表明它们的水平序列是非平稳的。而一阶差分后各变量在 5% 的显著性水平上都拒绝了存在单位根的假设，这表明它们是 1 阶差分平稳的，即 1 阶单整，记为 $I(1)$。于是，可以进一步检验它们之间的协整关系。

协整关系检验前，先对方程（5.3）进行 OLS 回归，研究结果表明（参见附表 3），各国的 DW 值均较低，表明残差可能存在较大的自相关，需进行自相关校正，附表（3）的右边给出了校正后的回归结果。校正后各国的 DW 值均明显上升，维持在 2 左右，从统计上消除了残差自相关。但各国的回归结果不一，除美国、法国的结果显著外，其余各国的回归结果均不显著。

对方程（5.4）的回归残差 μ_t 的 ADF 检验结果（参见附表 4）表明，美国、英国和法国的回归残差 μ_t 在 1% 的显著性水平上拒绝了存在单位根的假设，日本、德国的回归残差 μ_t 也在 10% 的显著水平上拒绝了存在单位根的假设，表明西方发达国家的对外直接投资与出口贸易之间存在长期稳定关系，即协整关系，方程（4）便是西方国家这种长期关系的定量表示。而对中国的研究却不能拒绝存在单位根的假设，表明中国的对外直接投资与出口贸易之间不存在长期稳定关系，即无协整关系。

四　结论与不足之处

从实证比较研究的结果看，至少可以得出以下几点结论：

其一，在对外直接投资与出口贸易关系上，中国与西方发达国家之间存在显著的差异。在出口贸易上，中国已是大国，但在对外直接投资方面，中国却远远落后于西方国家。西方各国在对外直接投资上都有较长的历史，有的甚至超过 100 年，而中国仅有 20 多年的历史，时间短、规模小，对外直接投资对出口贸易的影响尚不显著，中国的对外直接投资无论个案还是总规模都很小，与年出口贸易已高达 5933 亿美元的数字相比，仅为 20 亿美元的年对外直接投资显得微不足道。

其二，作为发展中的转型经济体，中国的对外直接投资已显示出了强劲的扩张势头。按照邓宁的"对外直接投资发展阶段论"，作为人均 GDP 已超过 5000 美元的经济体，中国已处于吸引直接投资蓬勃发展，而对外直接投资亦起步的阶段，随着人均 GDP 的进一步增加，对外直接投资必然更加强劲，其对我国出口贸易的影响会进一步凸显，对外直接投资与出口贸易之间的协整关系也会更加明朗。

其三，在制度层面上，各级政府应以更加务实的精神鼓励企业对外直接投资，"以贸易促进投资，以投资带动贸易"，进而促进本地经济的发展；对相关企业而言，应大力响应党中央"走出去"的号召，积极开展对外直接投资，以此带动自身出口贸易的持续稳定增长，进一步拓展中国企业的国际生存空间，进而增强我国企业的国际竞争力。

本实证研究也存在一定的不足，主要表现在以下几点：一是数据来源不一，造成了统计上的一定误差；二是对比研究的仅为西方发达国家，缺少与转型发展经济体的对比；三是协整模型构建上缺少误差修正模型的支撑。这些都有待进一步研究。

第四节　实证检验：对外直接投资与中国技术进步

中国政府推出"走出去"战略，鼓励"有条件的企业率先'走出去'"，进行跨国投资与经营的重要预期目标之一，就在于提升我国产业的技术水平。这也包含获得逆向技术转移或溢出效应预期。这一目标究竟能否如期实现，在多大程度上实现？要回答此类问题，必须借助实证研究。一般来说，此类实证框架大致应包括以下几方面工作：首先是对关键模型的选取及其扩展；其次是相关变量的界定及其测算；最后是计量与测算。

一　关键模型的选取及其扩展

值得注意的是，几乎所有关于经济开放—技术外溢效应的模型，都将 TFP（全要素生产率）作为测度这种外溢效应的一个重要坐标。原因在于，任何技术进步，最终须借助要素生产率的变化才能体现出来。本书的研究显然也不能例外。关于外向对外直接投资与母国技术的模型，可以借用的"原始"模型有 Coe 和 Helpman（1995，1997，简写 C—H 模型）、Lichtenberg 和 Potterie（1996，简写 L—P 模型）模型。C—H 模型原本出于贸易之 TFP 影响实证分析而建，这个模型基于 Grossman 和 Helpman 创新驱动型增长模型之上。Coe 和 Helpman（1995）使用进口份额作为权重来构造国外 R&D 存量，首次从实证角度考察了贸易伙伴的研发通过国际贸易传导机制抵达本国的机理。

出于考察外向对外直接投资之母国技术进步因而 TFP 贡献率的目的，对于 Lichtenberg 和 Potterie（1996）模型可作如下两种修正：

$$\ln TFP_t = \alpha_0 + \alpha_1(RD_t^d/GDP_t) + \alpha_2 \ln OFDI_t + \varepsilon_t \tag{5.5}$$

$$\ln TFP_t = \alpha_0 + \alpha_1(RD_t^d/GDP_t) + \alpha_2 \ln S_t^f + \varepsilon_t \tag{5.6}$$

其中，$t = 1985, \cdots, 2004$，$S_t^f = \sum_{j=1}^{n} \frac{OFDI_{jt}}{GDP_{jt}} S_{jt}^d$ 表示在 t 时期通过外向对外直接投资渠道溢出的国外 R&D 资本存量；n 为中国外向对外直接投资东道国数，$OFDI_{jt}$ 表示在 t 时期中国对 j 国直接投资的存量数据；GDP_{jt} 表示在 t 时期 j 国的 GDP，S_{jt}^d 表示在 t 时期 j 国国内 R&D 资本存量；S_{jt}^d/GDP_{jt} 则表示一国产出的 R&D 资本密集程度，也即产品所附含的知识密集程度；$OFDI_t$ 表示中国在 t 时期对外投资总额，RD_t^d 表示在 t 时期中国国内 R&D 支出。

二　相关变量的界定及其测算

测度 TFP 一般采用生产函数方法，尤其是随机前沿生产函数。

一般而言，两要素下的科布—道格拉斯生产函数形式为：$Y = AK^{\alpha}L^{\beta}$，系数 A 经常被等价定义为 TFP。对该式取对数，其结果为：

$$\ln TFP = \ln Y - \alpha \ln K - \beta \ln L$$

其中，Y 为产出，K 为资本存量，L 为劳动投入，α、β 分别为劳动和资本的产出弹性。为便于计算起见，可将中国劳动和资本的产出弹性均取值0.5。

测算 TFP 的关键参数有三个：第一个是国内资本存量（K）。估算物资资本存量的基本方法是"永续盘存法"（perpetual inventory approach），基本公式如下：

$$K_t = (1-\delta)K_{t-1} + I_t/P_t$$

其中，δ 为资本的折旧率，假定为 7%，P_t 为投资价格指数（1985 = 1），I_t 为每年的名义固定资产投资额。第二个是劳动投入量，可用全社会从业人员数表示。第三个是产出，可用 GDP 表示，并将当年价格的值折算为基年（1985 年）的不变价格。Y、K 与 L 的原始数据来源于中国各年度统计年鉴。

关于 R&D 资本存量，也可借用永续盘存法来计算：

$$S_t = (1 - \delta)S_{t-1} + R_t$$

其中，R_t 为不变价格的研发支出，折旧率 δ 取值为 5%。

关于外向对外直接投资存量，可从有关统计中获得。参照我国各年度的经济统计年鉴，我们得到 1985—2010 年中国十大对外直接投资国（地区）分别为[①]中国香港、美国、日本、德国、澳大利亚、新加坡、加拿大、法国、意大利以及英国。

三　计量与测算结果

根据上述方法对相关变量进行测算（具体测算结果见附表 10），并根据测算数据对模型（5.5）和模型（5.6）作简单的回归分析，其结果见表 5 - 7。

表 5 - 7　　　　　　模型（5.5）和模型（5.6）的回归分析结果

系数	α_0	α_1	α_2	F	R^2	Adj. R^2
模型 (5.5)	- 1.11 * (0.13)	16.52 (20.2)	0.087 ** (0.04)	13.6	0.62	0.57
模型 (5.6)	- 0.91 * (0.14)	8.8 (12.1)	0.14 * (0.04)	21.6	0.72	0.69

说明：括号内的数值为参数估计的标准误差，*、** 分别表示 1% 和 5% 的显著性水平。

不难看出，模型 5.5 中我国对外投资总额的估计系数为 0.087，数字虽然比较小，但是参数估计是显著的，表明我国对外直接投资名义增长 10%，则能促进全要素生产率增长 0.9%，我国的对外直接投资能够促进

---

① 商务部网站公布的 2010 年中国外向对外直接投资十大目的地国和地区为中国香港、开曼群岛、英属维尔津群岛、苏丹、澳大利亚、美国、俄罗斯、印尼、新加坡以及尼日利亚。但考虑数据的可获得性及研发实力的代表性，本书选择中国香港、美国、澳门、加拿大、韩国、澳大利亚、新加坡、日本、德国、英国这十个国家和地区作为代表，这十个国家和地区在 2010 年的对外直接投资存量达到 2339.32 亿美元，占当年中国外向对外直接投资存量的 75.7%，具有相当的说服力。

我国的生产率增长，尽管作用的强度较小，但是这种影响效果却是显著的。模型（5.6）中 S_i^f 的估计系数为 0.14，显著性水平在 1% 以上，说明我国的外向对外直接投资能够使东道国的 R&D 溢出到母国，通过我国外向对外直接投资渠道溢出的国外 R&D 资本存量每增长 10%，则能使我国的全要素生产率增长 1.4%，影响的强度比较大。综合模型（5.5）、模型（5.6）的经验分析结果可以认为，我国外向型对外直接投资对我国生产率增长的促进作用，主要是依托对外直接投资为载体，通过国外的研究与开发向我国产生溢出效应来完成的。

四　结论及进一步研究的提示

通过上述实证研究，可以得出以下结论：

其一，外向对外直接投资对投资我国具有技术逆向溢出效应，这一点已为国外大量实证研究所证明。迄今研究的倾向是，微观层面的实证研究找到了大量证据，表明企业对外直接投资对我国企业具有逆向技术溢出效应。但中观（产业）与宏观层面的研究相对欠缺。而中观与宏观层面的效应，恰恰是中国"走出去"国家战略在这方面预期的关键。

其二，在外向对外直接投资与我国技术进步之间存在某种传导系统，这个系统主要由四大机制构成，分别为研发费用分摊机制、研发成果反馈机制、逆向技术转移机制以及外围研发剥离机制。这些机制得到实证研究的支持。

其三，通过对 Lichtenberg 和 Potterie（1996）模型的修正，可以构建一个简单的实证研究框架，借以分析外向对外直接投资对中国技术进步的影响。

其四，经验性检验表明，目前中国企业的外向对外直接投资规模虽然比发达国家小，但其对中国技术进步要素生产率的影响还是可以发现的。研究表明，我国外向对外直接投资，尤其是对 R&D 丰裕国家对外直接投资，不仅能带来静态利益，而且具有明显的逆向技术溢出效应。

客观地说，由于中国企业的对外直接投资还处在起步与探索阶段，要准确评价其国内技术进步效应还不大可能，但作为经济学研究，有必要提出一个较为科学的框架，以便按照实际发展进程不断完善并借以进行跟踪检验。值得指出的是，由于统计数据的滞后，本书的研究尚属于一种探索，因此存在的缺陷是明显的：首先，针对外向对外直接投资促进我国技术进步的模型扩展不是太理想，有待进一步拓展与完善，以使理论研究与实践更加符合。其次，如能进一步细分中国外向对外直接投资的数据，特别是不同产业对外直接投资的数据，则本书的结论无疑会更有说服力。

第五节　本章小结

中国对外直接投资的历史不长，但发展较快，尤其是提出实施"走出去"战略以来，中国企业对外直接投资蓬勃发展，其对中国国内经济的效应值得预期。

与发达国家相似，对外直接投资也促进了中国国内的产业结构升级。一些企业到发达国家的投资，尤其是以跨国并购形式进行的投资，带有明显的技术获取型动机，这对中国的技术进步无疑具有重要意义。对外直接投资也带动了国内劳务的输出，增加了就业。对外直接投资必然会扩大出口贸易，尤其是对那些贸易壁垒较高国家（地区）的投资。由于对外直接投资促进出口贸易的增加，必然改善中国的国际实证状况。

本章的实证部分从中国对外直接投资对中国出口贸易的影响以及对中国技术进步的影响两个方面进行了实证研究，研究的结论与理论预期一致，即对外直接投资与中国的出口贸易是正相关关系，对外直接投资带动了中国出口贸易的增加。另外，对外直接投资，尤其是技术获取型对外直接投资通过对中国的逆向技术转移，增加了中国 R&D 资本存量，在一定程度上促进了中国的技术进步。

第六章

研究结论与政策建议

　　基于前几章的研究，本章首先就对外直接投资对母国经济利益的影响作出结论性评论，接着对本书研究得出的结论进行概述并给出相关的政策建议，最后就进一步研究的方向作出相关说明。

第一节　研究结论

　　本书将对外直接投资与母国经济利益作为考察的视角，从对外投资与母国利益的早期研究开始，就对外直接投资与母国经济利益的已有研究从动因论与效应论两个角度进行了系统梳理。接着，本书从对外直接投资影响母国经济利益的传导机制着手，构建了一个完整的对外直接投资影响母国经济利益的传导机制框架，从对外直接投资与母国产业结构、技术进步、出口贸易、就业以及国际收支平衡方面，将对外直接投资对母国经济利益的影响纳入一个完整的理论框架之中，进而理顺了对外直接投资与母国经济利益的关系，从理论的角度提升对外直接投资影响母国经济利益的研究进程。

　　在此基础上，本书从实证角度就对外直接投资影响母国经济利益的问题进行了相关研究，研究选取的是美国与日本两个国家，分别从这两个国家对外直接投资的发展历程与现状出发，分析这两个国家各自的对外直接投资对本国经济利益的影响，相关研究仍然沿用本书第三章的分析框架，就对外直接投资对母国产业结构、技术进步、出口贸易、就业以及国际收支平衡问题进行了探讨，得出的一般结论是对外直接投资对美国和日本的母国经济产生了重大的影响，这些影响既有正面的效应，也有负面的效应，但总的说来正面效应是主要的。无论是老牌的对外直接投资大国美国，还是第二次世界大战后崛起的新兴投资大国日本，其对外直接投资历程与各自的产业结构升级过程相吻合，并促进了各自国内产业结构的升级与换代。

研究结果也表明，虽然"空心化"问题也与对外直接投资相联系，但对外直接投资并不是引起母国产业结构"空心化"的主要原因。对外直接投资促进了美国和日本各自国内的技术进步，美国对欧洲的投资，日本对美国的投资都带有获取国外先进技术的动机，并进而通过技术的外溢与扩散，使得母国企业从中受益。对外直接投资虽有贸易替代的副作用，但美国与日本的实证研究支持对外直接投资的贸易促进作用，通过对外直接投资，美国和日本都进一步加大了出口贸易的力度，尤其是对贸易结构的影响更加明显。

长期以来，对外直接投资对母国国内就业的影响受到诸多争议，本书的实证研究表明，美国和日本的对外直接投资通过产业结构升级和出口贸易规模扩大等途径，在不同程度上增加了母国国内的就业。更重要的是，对外直接投资对母国国内的就业结构产生了重大影响，使得母国就业质量提高，就业结构改善。对外直接投资对美国和日本的国际收支平衡也产生了重大的影响，对外直接投资通过对母国经常项目和资本项目施加的影响而使得美国与日本的国际收支得到进一步改善。

本书在第五章就对外直接投资对中国经济的影响构建了一个初步分析框架。实证研究表明，作为后起的对外直接投资母国，中国的对外直接投资经历了简短而快速的发展，其对中国国内经济产生的影响也逐渐显现，这些影响也是多方面的。总的说来，仍可以沿用本书第三章的分析框架加以检验，出于数据的可获取性与检验的真实性，本书仅从对外直接投资影响中国出口贸易与技术进步两方面加以实证检验，实证检验的结论与理论分析一致，即对外直接投资增加了中国的出口贸易，并促进中国国内的技术进步。

第二节　政策建议

通过对第四章和第五章发达国家与中国对外直接投资对各自经济利益影响的研究，本书认为，对外直接投资对母国经济的影响有正负效应之分。由于研究角度的不同及数据收集的困难，本书主要从正效应角度研究对外直接投资对母国经济产生的积极效应。无论是作为发达国家的美国与日本，还是作为发展中国家的中国，其对外直接投资都对各自国内经济产生了一系列影响，这些影响集中体现在对外直接投资在不同程度上促进了母国产业结构升级、技术进步、出口贸易增加、国内就业改善和质量提高以及国际收支平衡。基于此，从理论层面而言，各国政府都应将对外直接投资对本国经济的正负影响纳入政策考虑的范围，制定适合本国经济发展的对外直接投资政策。

对外直接投资本身就是一个经济增长和发展的结果，一个国家具备什么样的经济实力，决定了这个国家对外直接投资的水平。从这个意义上说，对外直接投资本身就是母国经济发展的一部分。对外直接投资对于母国经济的影响，一般要在该国经济开放到一定程度，对外直接投资形成了一定规模的情况下才能显现出来。在一个国家基本上还是内向型经济，对外直接投资在经济成分中的比重微乎其微时，不可能对母国经济产生很大影响。中国目前就处于这种阶段。而当一个国家的经济利益对国际经济社会已经有了相当高的依赖程度，对外直接投资的规模在该国的经济构成中已经占有举足轻重的地位时，对外直接投资甚至能对该国的国民经济产生生死攸关的影响。日本的状况可以支持这一结论。还有一种情况，像美国，它的国家经济利益已经呈现出全球性特征，从一般意义上去评述对外直接投资对该国国内经济的影响已显不足，因为国际经济成为该国经济密不可分的有机构成，在某种程度上说，国家的经济利益已经全球化了。对于它们来说，已经没有必要去严格区分对内投资还是对外投资的界限，在它们的视野里经济国界是模糊的，它们注重和追求的是在全球实现自己的利益。因此，经济发展阶段的不同决定了对外直接投资目的与规模的不同，进而对外直接投资对母国经济利益影响的不同。本书的实证研究也表明，美国的对外直接投资对其国内经济的影响是全方位的，日本的对外直接投资对其国内经济影响也较大，而中国的对外直接投资尚处于起步阶段，其对中国国内经济的影响较小。但近年来，中国企业对外直接投资发展迅速，初步分析结果也表明对外直接投资对中国的出口贸易及技术进步产生了一定影响，且这种积极的影响势必随着中国国家"走出去"战略的推进而进一步加强。

另外，对外直接投资对母国经济的影响还取决于母国的经济结构、经济发展水平等因素。由于这些因素都在经济发展中变化，因此，不同经济发展阶段，对外直接投资对母国经济的影响也必然不同。而且母国的经济制度对国际直接投资有着相当重要的作用力，对外直接投资在一种经济制度下产生的正效应，在另一种经济制度下也许会变为负效应。

无论是理论分析还是实证研究都支持对外直接投资对母国经济利益产生重大影响的结论，尤其是从先行国家美国与日本的经验来看更是如此，中国的实证检验也与此结论吻合。因此，中国最高决策层在世纪末提出的"走出去"战略无疑具有重大的前瞻性，本书的研究结论也与此相一致，即各级政府部门应加大树立全球化的意识，从政策实处推动企业"走出去"，为企业"走出去"创造有利的政策环境，并规范、引导企业的对外直接投资与国际化经营行为，使得企业行为与国家战略一致，真正实现对外直接投资与母国经济利益的根本一致。

第三节　进一步研究的方向

本研究在理论上构建了一个系统的分析框架，在实证研究方面就中国对外直接与母国出口贸易及技术进步进行了计量检验，所得出的结论也有一定的说服力，总的来说，达到了研究的预期目标。但仔细分析，本书也有相当的不足。

首先，须进一步完善理论分析框架。本书只是在系统研究对外直接投资影响母国经济利益的传导机制基础上提出了一个初步的分析框架，但该框架仍不完善，尤其是缺乏成熟模型的支持。因而，能从数理经济学或计量经济学的角度构建一个更加系统的理论框架是本研究下一步努力的方向。

其次，对外直接投资对母国经济的影响是双向的，既有正效应，也有负效应，实证研究应从两方面展开。但受时间与数据收集的困难所限，本书主要是从正效应角度进行研究，因而，得出的结论难免存在缺陷。

最后，对中国的实证研究仅从对外直接投资与出口贸易及技术进步两方面进行，而对中国的产业结构、就业及国家收支平衡的实证研究因数据的缺失及时间所限而未有进展，成为相关研究需要进一步努力的方向。

附　　录

　　　　　　　　　　　　　　ADF 单位根检验结果

类型\国别	变量		检验模型类型					ADF 统计量	ADF 临界值		整合阶数
			C	T	P	AIC	SC		1%	5%	
美国	lnFDI	原值	C	—	3	0.3218	0.5705	-2.0765	-3.7856	-3.0114	I(1)
		一阶差分	C	C	2	0.3607	0.6094	-7.0366 ***	-4.4691	-3.6454	
	lnEX	原值	C	T	1	-2.3981	-2.2006	-2.4291	-4.4167	-3.6219	I(1)
		一阶差分	C	—	0	-2.3014	-2.2016	-3.5699 **	-3.7497	-2.9969	
日本	lnFDI	原值	C	—	1	0.6257	0.7737	-2.5139	-3.7497	-2.9969	I(1)
		一阶差分	—	—	1	0.6660	0.7652	-2.6257 **	-2.6756	-1.9574	
	lnEX	原值	C	—	0	-2.0657	-1.9675	-2.5872	-3.7343	-2.9907	I(1)
		一阶差分	C	—	0	-2.0476	-1.8492	-5.1418 ***	-4.4415	-3.6330	
美国	lnFDI	原值	C	T	2	0.8587	1.1067	-4.3032 **	-4.4415	-3.6330	I(1)
		一阶差分	C	T	2	1.2371	1.4858	-4.4958 ***	-4.4691	-3.6454	
	lnEX	原值	C	T	1	-1.9936	-1.7960	2.2077	-4.4415	-3.6330	I(1)
		一阶差分	C	—	0	-1.9130	-1.8142	-5.1947 ***	-3.7497	-2.9969	
德国	lnFDI	原值	C	—	1	1.4794	1.6276	-1.5423	-3.7497	-2.9969	I(1)
		一阶差分	—	—	0	1.4248	1.4742	-2.1596 **	-2.6700	-1.9566	
	lnEX	原值	C	T	2	-2.0420	-1.7940	-1.8571	-4.4415	-3.6330	I(1)
		一阶差分	C	—	0	-1.9455	-1.8468	-3.4427 **	-3.7497	-2.9969	
法国	lnFDI	原值	C	T	1	0.9904	1.1878	-3.0774	-4.4167	-3.6219	I(1)
		一阶差分	—	—	1	14.1004	14.1996	-4.8402 ***	-2.6756	-1.9574	
	lnEX	原值	C	T	1	12.9747	13.1722	-3.0837	-4.4167	-3.6219	I(1)
		一阶差分	C	—	0	1.2216	1.3203	-3.2865 **	-3.7497	-2.9969	
中国	lnFDI	原值	C	T	2	2.4221	2.6701	-1.9637	-4.4415	-3.6330	I(1)
		一阶差分	C	—	1	2.4491	2.5979	-5.3052 ***	-3.7667	-3.0038	
	lnEX	原值	C	T	3	-2.4555	-2.1571	-4.4797 ***	-4.4691	-3.6454	I(1)
		一阶差分	C	—	3	-2.1872	-1.9383	-3.0088 **	-3.8067	-2.6502	

说明：1. 检验模型类型是指方程（1）的具体形式，即是否包括常数项（C）和趋势项（t），以及最优滞后期（p），用 AIC 和 SC 准则来评价效果，选择 AIC 和 SC 最小的检验类型。

2. ***、**、* 分别表示在 1%、5%、10% 的水平上显著。

附表 2   对外直接投资与出口贸易之间的因果关系检验

检验值 / 国别	因果关系假定	滞后期数	F 值	P 值	决策	因果关系
美国	FDI≠ > EX EX≠ > FDI	1	17. 6199	0. 00041	拒绝	FDI = > EX
			6. 01049	0. 02306	拒绝	EX = > FDI
		2	6. 77551	0. 00640	拒绝	FDI = > EX
			4. 35612	0. 02865	接受	EX≠ > FDI
		3	3. 19625	0. 05397	拒绝	FDI = > EX
			2. 29446	0. 11950	接受	EX≠ > FDI
日本	FDI≠ > EX EX≠ > FDI	1	0. 04527	0. 83357	接受	FDI≠ > EX
			0. 43663	0. 51594	接受	EX≠ > FDI
		2	2. 40764	0. 11842	接受	FDI≠ > EX
			0. 62922	0. 54433	接受	EX≠ > FDI
		3	0. 86937	0. 47863	接受	FDI≠ > EX
			1. 09910	0. 38012	接受	EX≠ > FDI
英国	FDI≠ > EX EX≠ > FDI	1	1. 05739	0. 31551	接受	FDI≠ > EX
			2. 55518	0. 12487	接受	EX≠ > FDI
		2	0. 50726	0. 61050	接受	FDI≠ > EX
			5. 03001	0. 01839	拒绝	EX = > FDI
		3	0. 41444	0. 74511	接受	FDI≠ > EX
			2. 90595	0. 06918	拒绝	EX = > FDI
德国	FDI≠ > EX EX≠ > FDI	1	0. 10906	0. 74449	接受	FDI≠ > EX
			3. 33190	0. 08221	拒绝	EX = > FDI
		2	0. 07973	0. 92369	接受	FDI≠ > EX
			0. 00024	0. 99976	接受	EX≠ > FDI
		3	0. 06375	0. 97820	接受	FDI≠ > EX
			1041184	0. 27823	接受	EX≠ > FDI
法国	FDI≠ > EX EX≠ > FDI	1	0. 00269	0. 95912	接受	FDI≠ > EX
			3. 39013	0. 07976	拒绝	EX = > FDI
		2	0. 01077	0. 98930	接受	FDI≠ > EX
			3. 96340	0. 03747	拒绝	EX = > FDI
		3	0. 62405	0. 61041	接受	FDI≠ > EX
			3. 51944	0. 04128	拒绝	EX = > FDI

续表

检验值 国别	因果关系假定	滞后 期数	F 值	P 值	决策	因果关系
中国	FDI ≠ > EX EX ≠ > FDI	1	0.39430	0.53682	接受	FDI ≠ > EX
			8.61468	0.00791	拒绝	EX = > FDI
		2	2.45910	0.11372	接受	FDI ≠ > EX
			2.22081	0.13739	接受	EX ≠ > FDI
		3	1.78141	0.19384	接受	FDI ≠ > EX
			1.03994	0.40336	接受	EX ≠ > FDI

附表 3 方程（3）协整 OLS 回归结果

国别	被解释变量 lnEX	方程（3）		自相关矫正后的方程（3）	
		系数	t 统计值	系数	t 统计值
美国	常数项 C	5.4672 ***	21.9363	5.6632 ***	19.7999
	lnFDI	0.4573 ***	11.4249	0.4296 ***	9.5160
	AR（1）	—	—	0.4336 **	1.9471
	AR（2）	—	—	− 0.2583	− 1.3252
	R²	0.8501		0.9045	
	DW 值	1.1391		2.0582	
	F 值	130.5284		60.0301	
日本	常数项 C	5.7209 ***	19.5664	8.2491	14.6752
	lnFDI	0.4345 ***	7.6164	0.0742	1.3600
	AR（1）	—	—	0.8254 ***	3.7492
	AR（2）	—	—	0.1018	0.4974
	R²	0.7160		0.9650	
	DW 值	0.3590		2.1314	
	F 值	58.0100		174.8761	
英国	常数项 C	5.2937 ***	18.2167	9.7161 ***	7.0146
	lnFDI	0.3794 ***	7.4829	0.0287	0.7061
	AR（1）	—	—	0.9312 ***	4.4442
	AR（2）	—	—	0.0527	0.2555
	R²	0.7088		0.9509	
	DW 值	0.6836		1.8852	
	F 值	55.9942		203.5590	
德国	常数项 C	6.5700 ***	20.3838	− 149.7117	− 0.0048
	lnFDI	0.3164 ***	4.9871	0.0532	1.3405
	AR（1）	—	—	1.2352 ***	5.6089
	AR（2）	—	—	− 0.2349	− 1.0599
	R²	0.5195		0.9680	
	DW 值	0.2687		1.6865	
	F 值	24.8713		—	

续表

国别	被解释变量 lnEX	方程（3）		自相关矫正后的方程（3）	
		系数	t 统计值	系数	t 统计值
法国	常数项 C	5.9323***	59.3459	5.9989***	38.8344
	lnFDI	0.3229***	16.6399	0.3100***	10.6291
	AR（1）	—	—	0.9225***	4.4817
	AR（2）	—	—	−0.4823***	−2.2732
	R²	0.9233		0.9550	
	DW 值	0.7834		1.6696	
	F 值	276.8872		192.1653	
中国	常数项 C	6.5052***	53.0723	−0.2651	−0.0378
	lnFDI	0.4893***	6.6718	−0.0140	−0.5902
	AR（1）	—	—	0.9764***	4.1301
	AR（2）	—	—	0.0449	0.1902
	R²	0.6593		0.9915	
	DW 值	0.9482		2.0540	
	F 值	44.5140		745.4925	

说明：***、**分别表示在 1%、5% 的水平上显著。

附表 4   方程（4）回归残差 μ_t ADF 单位根检验结果

国别	检验模型类型					ADF 统计量	ADF 临界值		
	C	t	P	AIC	SC		1%	5%	10%
美国	—	—	0	− 0.7673	− 0.7182	− 4.2466 ***	− 2.6649	− 1.9559	− 1.6231
日本	—	—	2	− 1.1298	− 0.9810	− 1.7006 *	− 2.6756	− 1.9574	− 1.6238
英国	—	—	1	− 0.7066	− 0.6079	− 2.8586 ***	− 2.6700	− 1.9566	− 1.6235
德国	C	T	3	− 1.2601	− 0.9617	− 3.4825 *	− 4.4691	− 3.6454	− 3.2602
法国	—	—	1	− 1.6909	− 1.5921	− 3.5235 ***	− 2.6700	− 1.9566	− 1.6235
中国	—	—	2	1.1118	1.2606	− 1.0003	− 2.6756	− 1.9574	− 1.6238

说明：*** 、 ** 、 * 分别表示在 1% 、5% 、10% 的水平上显著。

附表5　　　　　　　中国全要素生产率原始数据及处理结果

年份	Y（1985年 不变价）亿元	K（1985年 不变价）亿元	L（万人）	TFP
1985	8964.4	16659.47	49873	0.311
1986	9759.06	18403.85	51282	0.3176
1987	10888.32	20456.8	52783	0.3313
1988	12115.18	22663.87	54334	0.3452
1989	12607.78	24224.75	55329	0.3443
1990	13091.09	25783.54	64747	0.3204
1991	14294.7	27743.97	65491	0.3353
1992	16330.17	30467.73	66152	0.3637
1993	18532.93	34157.69	66808	0.3879
1994	20879.75	38619.61	67455	0.4091
1995	23073.22	43701.48	68065	0.423
1996	25285.27	49091.73	68950	0.4346
1997	27520.56	54698.6	69820	0.4453
1998	29672.2	59895.2	70637	0.4561
1999	31791.32	64691.52	71394	0.4678
2000	34333.32	69966.51	72085	0.4834
2001	36907.86	75948.64	73025	0.4956
2002	39970.34	82442.25	73740	0.5126
2003	43688.08	89491.06	74432	0.5352
2004	47340.41	97142.55	75283	0.5535
2005	51492.87	107952.97	75825	0.5691
2006	58268.74	121911.13	76400	0.6038
2007	65480.15	139242.71	76990	0.6324
2008	75383.67	159313.65	77480	0.6785
2009	84672.06	188031.55	77995	0.6992
2010	97275.2	222475.67	76150	0.7474

资料来源：Y、L来源于《中国统计年鉴》。

附表 6   **中国 R&D 资本存量**

年份	R&D 支出（亿元）	投资价格指数（1985 = 1）	1985 年不变价格 R&D 支出（亿元）	1985 年不变价格的 R&D 存量（亿元）	1985 年基于 PPP 汇率（亿国际元）
1985	56.9	1.0000	56.9000	654.9461	809.26
1986	65.3	1.0644	61.3487	683.5476	844.61
1987	74.2	1.1199	66.2531	715.6233	884.24
1988	100	1.2707	78.6990	758.5411	937.27
1989	113.3	1.3786	82.1838	802.7978	991.95
1990	125.4	1.4540	86.2462	848.9041	1048.92
1991	150.3	1.5776	95.2728	901.7317	1114.20
1992	209.8	1.7825	117.6979	974.3430	1203.92
1993	256.2	2.2292	114.9289	1040.5548	1285.73
1994	309.6	2.4597	125.9496	1114.4767	1377.07
1995	349.8	2.6076	134.1483	1192.9011	1473.98
1996	404.6	2.7119	149.1962	1282.4523	1584.63
1997	509.2	2.7580	184.6288	1402.9585	1733.53
1998	551.1	3.1473	175.1010	1507.9116	1863.21
1999	678.9	3.3213	204.4109	1636.9269	2022.63
2000	895.7	3.3578	266.7532	1821.8337	2251.10
2001	1084.78	3.7002	293.1679	2083.2668	2574.14
2002	1313.77	4.0777	322.1840	2474.7126	3057.82
2003	1591.11	4.4936	354.0835	3077.0576	3802.09
2004	1927.00	4.9520	389.1357	4030.9454	4980.74
2005	2112.11	5.3298	419.7439	4578.8756	5598.89
2006	2478.45	5.6988	458.2964	4897.9563	5934.39
2007	2695.17	5.8945	490.7625	5689.5615	6789.45
2008	3000.67	6.2438	539.9823	6329.8934	7089.34
2009	3398.98	6.5764	559.6421	6790.5643	7589.56
2010	3890.78	6.9067	599.6243	7590.3723	8429.78

资料来源：《中国科技年鉴》及《中国经济统计数据库》有关各期。

附表7　　中国对外直接投资十大目的地国（地区）投资存量数据

单位：亿美元（当前期美元价格）

年份	中国香港	美国	中国澳门	加拿大	韩国	澳大利亚	新加坡	日本	德国	英国
1985	0.4211	1.6542	0.1588	1.9862	0.0450	1.6581	0.0355	0.0217	0.0375	0.0267
1986	0.4211	1.9876	0.1588	2.3216	0.0450	1.8935	0.0355	0.0217	0.0375	0.0310
1987	0.5465	2.3452	0.1588	2.8769	0.0450	2.0126	0.0412	0.0352	0.0422	0.0310
1988	0.7632	2.6544	0.1588	3.2121	0.0450	2.3216	0.0412	0.0487	0.0527	0.0321
1989	0.8873	2.7566	0.1588	3.4765	0.0450	2.7658	0.0528	0.0622	0.0621	0.0415
1990	0.9889	2.8869	0.1588	3.5299	0.0450	3.0923	0.0690	0.0757	0.0655	0.0415
1991	0.9889	2.9536	0.1588	3.6027	0.0450	3.1271	0.0852	0.0892	0.0663	0.0415
1992	1.2809	3.0702	0.1588	3.6573	0.0486	3.1521	0.1072	0.1202	0.0763	0.0507
1993	1.3514	3.2091	0.1588	3.6851	0.0486	3.2241	0.1344	0.1327	0.0781	0.0507
1994	1.3526	3.2728	0.1588	3.6953	0.0707	3.2402	0.1537	0.1327	0.0879	0.0606
1995	1.5601	3.4842	0.2203	3.6990	0.0867	3.2483	0.1415	0.1457	0.0879	0.0655
1996	2.1200	3.5235	0.4456	3.7068	0.0883	3.2539	0.1520	0.1525	0.0899	0.0655
1997	2.1767	3.7541	0.4721	3.5158	0.0883	3.2935	0.1762	0.1649	0.0932	0.0675
1998	2.3050	4.0104	0.5741	3.5645	0.0986	3.2921	0.2874	0.1604	0.1111	0.0725
1999	2.5497	4.8214	0.5760	3.5658	0.0996	3.3091	0.3168	0.1658	0.1138	0.0731
2000	2.7249	5.0528	0.5805	3.8823	0.1419	3.4108	0.3265	0.1684	0.1293	0.0731
2001	4.7316	5.5898	0.6049	3.9175	0.1500	3.5113	0.3303	0.1851	0.1642	0.1045
2002	40.7431	8.3452	1.8364	4.3594	1.0783	4.3095	0.7165	0.3667	0.5154	0.1966
2003	246.322	5.0234	4.4686	4.6180	2.3538	4.1649	1.6483	0.8931	0.8361	0.7515
2004	303.928	6.6520	6.2483	5.8791	5.6192	4.9458	2.3309	1.3949	1.2921	1.0846
2005	400.786	7.1795	8.8532	6.3745	6.8962	5.2375	2.8862	1.8742	1.5854	1.2843
2006	490.352	7.6253	10.7934	6.8473	8.9524	5.5823	3.2194	2.3321	1.8521	1.4392
2007	586.492	8.2394	12.8936	7.4923	10.7920	5.9381	3.7318	2.8639	2.1853	1.5939
2008	679.594	8.9363	14.9626	7.9691	12.6734	6.4193	4.2841	3.4974	2.4185	1.7941
2009	780.691	9.4291	16.7034	6.4013	15.9043	6.7291	4.8629	4.0942	2.7521	2.0194
2010	894.342	9.9421	19.6725	6.8620	17.3596	7.0182	5.3295	4.6831	3.0218	2.2954

资料来源：《中国对外贸易经济年鉴》有关各期。

附表8　　部分国家（地区）R&D 资本存量基于 1985 年 PPP 汇率

单位：亿国际美元

年份	中国香港	美国	中国澳门	加拿大	韩国	澳大利亚	新加坡	日本	德国	英国
1985	102	8422	8	224	29	52	34	1776	1387	1080
1986	130	8843	12	242	35	58	36	1931	1456	1150
1987	160	9256	15	260	38	65	38	2080	1528	1226
1988	195	9652	24	278	43	73	40	2236	1602	1305
1989	221	10047	33	295	47	82	43	2405	1675	1389
1990	253	10418	37	312	50	91	47	2596	1753	1482
1991	290	12341	42	338	56	115	51	4483	2960	1874
1992	323	15459	48	376	63	138	58	6558	3556	2061
1993	387	16075	52	395	76	150	65	8620	4735	2413
1994	444	17302	55	428	98	162	76	11231	5303	2560
1995	501	18206	59	463	122	178	89	11905	5402	2841
1996	564	19708	62	501	135	193	104	12368	5706	2965
1997	596	21193	67	546	128	208	121	12952	5899	3101
1998	627	22793	75	589	80	216	136	13011	6102	3325
1999	651	24707	79	656	100	233	152	13426	6225	3515
2000	685	26895	82	712	122	251	170	13851	6387	3783
2001	719	29643	88	766	124	276	191	14301	6523	4165
2002	753	32414	97	834	138	304	214	14773	6789	4534
2003	785	35261	103	907	160	343	241	15267	7023	5112
2004	823	38202	115	1023	198	385	273	15787	7346	5838
2005	867	40006	129	1193	220	429	302	16194	7693	6392
2006	903	42971	142	1293	258	462	339	16542	7952	6843
2007	946	44297	159	1362	283	506	358	16931	8274	7394
2008	983	46920	172	1493	319	548	390	17946	8592	7834
2009	1029	48261	183	1572	341	582	429	18632	8892	8391
2010	1067	50241	199	1701	373	621	457	19031	9162	8931

资料来源：《全球竞争力报告》及《中国科技统计》有关各期。

附表9　　　　　　中国对外直接投资十大目的地国（地区）GDP

单位：亿美元（当前期美元价格）

年份	中国香港	美国	中国澳门	加拿大	韩国	澳大利亚	新加坡	日本	德国	英国
1985	349	41807	19	3553	861	1661	177	13433	6193	4592
1986	401	44222	21	3683	975	1726	180	19906	8866	5583
1987	493	46923	25	4209	1318	2038	207	24182	11074	6854
1988	586	50496	27	4971	1749	2597	257	29182	11935	8310
1989	676	54387	28	5542	2129	2932	304	28993	11832	8393
1990	754	57438	32	5812	2536	3076	366	29700	15015	9896
1991	872	59167	34	5963	2829	3116	417	34022	17704	10310
1992	1022	62445	45	5779	3015	3060	490	37190	20204	10710
1993	1180	65581	52	5620	3328	2980	576	42751	19569	9580
1994	1333	69470	58	5620	3664	3396	698	46891	20917	10350
1995	1417	72696	65	5881	4351	3645	836	51374	24588	11250
1996	1566	76616	66	6116	4831	4085	914	45993	23836	11780
1997	1737	81109	66	6312	4764	4087	959	41974	21198	13170
1998	1652	85110	61	6038	3170	3645	844	37830	21592	13980
1999	1606	89565	59	6289	4060	3936	882	42431	21368	14060
2000	1654	94004	61	6510	4615	4148	942	44230	22186	14513
2001	1628	94756	61	6627	4221	4251	958	44318	22363	14846
2002	1599	96556	68	6852	4835	4421	1000	44185	22385	15114
2003	1567	99453	79	6989	5338	4572	1056	44804	22363	15446
2004	1603	117335	103	7185	5724	4718	1124	45969	22743	15925
2005	1659	120321	129	7297	6195	5006	1205	46794	23190	16329
2006	1703	124394	145	7394	6593	5293	1383	47592	23502	16693
2007	1756	127942	170	7419	7035	5501	1403	48301	24001	17038
2008	1803	130751	201	7593	7519	5892	1662	52931	24529	18034
2009	1856	139722	231	7621	8065	6043	1803	56093	25086	19752
2010	1902	140423	276	7802	8562	6294	2004	60431	25593	20861

资料来源：《中国统计年鉴》有关各期。

附表 10　　　　　中国企业 R&D 支出、研发占 GDP 的比重、
外向对外直接投资存量及 S_t^f 数据

年份	R&D 支出（亿元）	研发占 GDP 的比重（%）	中国外向 FDI 存量（当期价，亿美元）	S_t^f（亿美元）
1985	56. 9	0. 65	0. 47	0. 7257
1986	65. 3	0. 64	0. 33	0. 864
1987	74. 2	0. 63	4. 1	0. 9999
1988	100	0. 68	0. 75	1. 1703
1989	113. 3	0. 7	2. 36	1. 2775
1990	125. 4	0. 71	0. 77	1. 3498
1991	150. 3	0. 72	3. 68	1. 5019
1992	209. 8	0. 7	1. 95	1. 7719
1993	256. 2	0. 62	0. 96	1. 8842
1994	309. 8	0. 5	0. 7	1. 9393
1995	349. 8	0. 6	1. 01	2. 1618
1996	404. 6	0. 6	2. 94	2. 6441
1997	509. 2	0. 64	1. 96	2. 7956
1998	551. 1	0. 69	2. 59	3. 3496
1999	678. 9	0. 83	5. 91	3. 851
2000	895. 7	1	5. 51	4. 1568
2001	1084. 78	1. 07	7. 08	5. 5985
2002	1313. 77	1. 23	9. 83	25. 956
2003	1591. 11	1. 31	20. 87	133. 1779
2004	1927. 00	1. 44	37. 12	168. 4775
2005	2409. 89	1. 56	45. 45	190. 4509
2006	2906. 62	1. 69	56. 23	227. 6705
2007	3408. 56	1. 73	68. 94	259. 4696
2008	4024. 67	1. 85	77. 45	284. 6320
2009	4689. 52	1. 93	83. 29	319. 531
2010	5207. 48	2. 18	95. 29	348. 438

附表 11　　　　　　　　中国对外直接投资及增长率

年份	OFDI	Gofdi
1985	629	–
1986	450	– 0. 284578696
1987	645	0. 4333333333
1988	850	0. 317829457
1989	780	– 0. 082352941
1990	830	0. 064102564
1991	913	0. 100000000
1992	4000	3. 381161008
1993	4400	0. 100000000
1994	2000	– 0. 545454545
1995	2000	0
1996	2114	0. 057000000
1997	2723. 610	0. 288368023
1998	2816. 051	0. 033940616
1999	2377. 076	0. 155883186
2000	2399. 352	– 0. 57938408
2001	7091. 819	20466906766
2002	2849. 026	– 0. 598165813
2003	1849. 844	– 0. 350710032
2004	2080. 831	0. 124868367
2005	11870. 55	4. 704714126
2006	15624. 58	0. 316247854
2007	19584. 92	0. 253468725
2008	41392. 32	1. 113478253
2009	41806. 24	0. 011469875
2010	43842. 76	0. 285319643

资料来源：由国家统计局中国年度统计报告（1985—2011）整理得到。

附表 12 美国 OFDI 与产业结构数据

年份	OFDI	产业结构	年份	OFDI	产业结构
1985	2.645	3863.52	1998	2.733	22796.01
1986	2.661	5300.74	1999	2.735	28396.39
1987	2.66	5902.46	2000	2.742	26940.14
1988	2.666	6924.61	2001	2.753	23149.34
1989	2.671	8324.6	2002	2.762	20225.88
1990	2.677	7317.62	2003	2.76	27291.26
1991	2.694	8275.37	2004	2.751	33627.96
1992	2.699	7986.3	2005	2.752	36379.96
1993	2.702	10612.99	2006	2.755	44703.43
1994	2.698	11145.82	2007	2.759	52749.91
1995	2.704	13637.92	2008	2.763	31024.18
1996	2.705	16083.4	2009	2.78	42872.03
1997	2.711	18792.85	2010	2.788	47667.3

附表 13 　　　　　　　　　日本 OFDI 与产业结构数据

年份	OFDI	产业结构	年份	OFDI	产业结构
1985	439.74	2.543	1998	2700.35	2.63
1986	580.71	2.553	1999	2487.77	2.635
1987	770.22	2.556	2000	2784.42	2.64
1988	1107.8	2.558	2001	3001.14	2.656
1989	1543.67	2.56	2002	3042.37	2.661
1990	2014.41	2.559	2003	3355	2.663
1991	2317.91	2.565	2004	3705.44	2.663
1992	2480.58	2.577	2005	3865.81	2.665
1993	2597.95	2.595	2006	4495.67	2.671
1994	2755.74	2.608	2007	5426.14	2.677
1995	2384.52	2.619	2008	6803.31	2.688
1996	2586.12	2.619	2009	7409.27	2.705
1997	2719.05	2.624	2010	8310.76	2.728

附表 14　　　　　　　　　　**美国 OFDI 与就业结构数据**

年份	OFDI	产业结构	年份	OFDI	产业结构
1985	2. 655	3863. 52	1998	2. 71	22796. 01
1986	2. 659	5300. 74	1999	2. 718	28396. 39
1987	2. 664	5902. 46	2000	2. 719	26940. 14
1988	2. 67	6924. 61	2001	2. 726	23149. 34
1989	2. 673	8324. 6	2002	2. 729	20225. 88
1990	2. 678	7317. 62	2003	2. 76	27291. 26
1991	2. 687	8275. 37	2004	2. 76	33627. 96
1992	2. 693	7986. 3	2005	2. 762	36379. 96
1993	2. 7	10612. 99	2006	2. 762	44703. 43
1994	2. 696	11145. 82	2007	2. 766	52749. 91
1995	2. 702	13637. 92	2008	2. 771	31024. 18
1996	2. 703	16083. 4	2009	2. 784	42872. 03
1997	2. 705	18792. 85	2010	2. 786	47667. 3

附表 15　　　　　　　　　**日本 OFDI 与就业结构数据**

年份	OFDI	产业结构	年份	OFDI	产业结构
1985	2.466	439.74	1998	2.556	2700.35
1986	2.476	580.71	1999	2.561	2487.77
1987	2.484	770.22	2000	2.568	2784.42
1988	2.486	1107.8	2001	2.576	3001.14
1989	2.494	1543.67	2002	2.585	3042.37
1990	2.5	2014.41	2003	2.585	3355
1991	2.507	2317.91	2004	2.593	3705.44
1992	2.511	2480.58	2005	2.594	3865.81
1993	2.524	2597.95	2006	2.601	4495.67
1994	2.529	2755.74	2007	2.603	5426.14
1995	2.541	2384.52	2008	2.61	6803.31
1996	2.545	2586.12	2009	2.627	7409.27
1997	2.548	2719.05	2010	2.634	8310.76

附表 16 日本国际收支

	日本经常项目余额和资本项目余额		
项目 年份	贸易收支 （亿日元）	经常项目余额 （亿日元）	资本项目余额 （亿日元）
1985	129517	119698	9819
1986	151249	142437	8812
1987	132319	121862	10457
1988	118144	101461	16683
1989	110412	87113	23299
1990	100529	64736	35793
1991	129231	91757	37474
1992	157764	142349	15415
1993	154816	146690	8126
1994	147322	133425	13897
1995	123445	103862	19583
1996	88486	71532	16954
1997	120979	117339	3640
1998	157526	155278	2248
1999	137783	130522	7261
2000	123719	128755	− 5036
2001	84013	106523	− 22510
2002	115503	141397	− 25894
2003	119768	157668	− 37900
2004	139022	186184	− 47162
2005	103348	182591	− 79243
2006	94643	198488	− 103845
2007	123223	247938	− 124715
2008	40278	163798	− 123520
2009	40381	132867	− 92486
2010	40423	100875	− 90007

附表 17　　　　　　　　　　　　**美国国际收支**

年份	经常项目余额（亿美元）	资本项目余额（亿美元）
1985	−1182	
1986	−1472	
1987	−1607	
1988	−1212	
1989	−995	
1990	−789.6	477.2
1991	36.9	360.9
1992	−480.3	844.6
1993	819.5	561.7
1994	−1177.1	1340.6
1995	−1099	1136.8
1996	−1209.4	1728.1
1997	−1398.1	2720.4
1998	−2174.6	1455.1
1999	−3243.6	3731.9
2000	−4446.7	4439.7
2001	−4174.3	4566.2
2002	−4756.2	5267.1
2003	−5585	5347
2004	−6681	5292.8
2005	−8049	6876
2006	−7309	8109.4
2007	−6495	6377.7
2008	−6688.5	5718.4
2009	−3784.2	2162.2
2010	−4702.4	2202.6

参 考 文 献

［1］陈继勇：《美国对外直接投资研究》，武汉大学出版社 1993 年版。

［2］陈继勇：《国际直接投资的新发展与外商对华直接投资研究》，人民出版社 2004 年版。

［3］陈舜：《对外直接投资的利益来源》，《世界经济》1994 年第 5 期。

［4］陈小强：《中国跨国公司经营论》，中国财政经济出版社 2005 年版。

［5］成思危：《中国境外投资的战略与管理》，北京民主与建设出版社 2001 年版。

［6］程惠芳：《对外直接投资比较优势研究》，上海三联书店 1998 年版。

［7］程惠芳：《对外直接投资与宏观经济的内外均衡发展》，《经济研究》1998 年第 9 期。

［8］程惠芳：《"入世"与国际直接投资发展》，北京世界图书出版公司 2000 年版。

［9］段军山、毛中根：《FDI 投资收益汇出与潜在国际收支危机的理论及经验分析》，2005 年中国金融国际年会论文。

［10］高敏雪：《对外直接投资统计基础读本》，经济科学出版社 2005 年版。

［11］韩太祥：《经济发展、企业成长与跨国公司——发展中国家跨国企业研究》，经济科学出版社 2004 年版。

［12］黄先海、石东楠：《对外贸易对我国全要素生产率影响的测度与分析》，《世界经济研究》2005 年第 1 期。

［13］何大安：《投资流向与结构调整、结构升级的关联分析》，《经济研究》2001 年第 11 期。

［14］何洁、许罗丹：《中国工业部门引进外国直接投资外溢效应的实证研究》，《世界经济文汇》1999 年第 2 期。

［15］江小娟：《我国对外投资的战略意义与政策建议》，《中国外汇管理》2000 年第 11 期。

［16］李蕊：《跨国并购的技术寻求动因解析》，《世界经济》2003 年第 2 期。

［17］梁树新、王哲：《对外直接投资与母国产业发展》，《中国经济评论》2003 年第 10 期。

［18］梁琦、施晓苏：《中国对外贸易和 FDI 相互关系的研究》，《经济学季刊》2004 年第 7 期。

［19］李东阳：《国际直接投资与经济发展》，经济科学出版社 2002 年版。

［20］李荣林：《国际贸易与国际投资的关系：文献综述》，《世界经济》2002 年第 4 期。

［21］林彩梅：《美、日多国籍企业经营策略》，（台北）五南图书出版公司 1988 年版。

［22］刘昌黎：《日本对华直接投资研究》，东北财经大学出版社 1999 年版。

［23］刘昌黎：《日本对外直接投资的新衰退与新动向、新特点》，《世界经济导刊》2005 年第 8 期。

［24］刘海云：《跨国公司经营优势变迁》，中国发展出版社 2001 年版。

［25］刘红忠：《中国对外直接投资的实证研究与国际比较》，复旦大学出版社 2001 年版。

［26］刘秀玲：《国际直接投资与技术转移》，经济科学出版社 2003 年版。

［27］刘跃斌：《德国对外直接投资研究》，武汉大学出版社 2000 年版。

［28］刘志彪：《国际贸易和直接投资：基于产业经济学的分析》，《南京大学学报》（哲学·人文科学·社会科学）2002 年第 3 期。

［29］鲁桐：《WTO 与中国企业国际化》，中共中央党校出版社 2000年版。

［30］马亚明、张岩贵：《技术优势与对外直接投资：一个关于技术扩散的分析框架》，《南开经济研究》2003 年第 4 期。

［31］秦斌：《中国企业对外直接投资必要性的理论研究》，《世界经济与政治》1995 年第 5 期。

［32］戎建、苗瑞卿：《美国对外直接投资对国际收支的影响》，《世界经济与政治》2005 年第 5 期。

［33］茹玉骢：《技术寻求型对外直接投资及其对母国经济的影响》，《经济评论》2004 年第 2 期。

［34］邵祥林：《"走出去"跨国经营——中国经贸强国之路》，经济科学出版社 2005 年版。

［35］沈伯明：《"入世"与中国国际直接投资战略》，中山大学出版社 2004 年版。

［36］沈坤荣、郁强：《外国直接投资、技术外溢与内生经济增长》，《中国社会科学》2001 年第 5 期。

［37］宋军：《跨国并购与经济发展》，中国财政经济出版社 2004年版。

［38］孙建中：《资本国际化运营——中国对外直接投资发展研究》，经济科学出版社 2000 年版。

［39］孙建中、马淑琴、周新生：《中国对外直接投资的产业选择》，中国财政经济出版社 2002 年版。

［40］汪琦：《对外直接投资对投资国的产业结构调整效应及其传导机制》，《世界经济与政治论坛》2004 年第 1 期。

［41］吴立广：《国际资本流动福利效应的定量分析探讨》，《世界经济导刊》2005 年第 4 期。

［42］吴先明：《中国企业对外直接投资论》，经济科学出版社 2003年版。

［43］冼国明、杨锐：《技术积累、竞争策略与发展中国家对外直接投资》，《经济研究》1998 年第 11 期。

［44］项本武：《中国对外直接投资：决定因素与经济效应的实证研究》，社会科学文献出版社 2005 年版。

［45］邢建国：《对外直接投资战略选择》，经济科学出版社 2003 年版。

［46］肖卫国：《跨国公司海外投资研究》，武汉大学出版社 2002 年版。

［47］徐波：《中国与西欧直接投资关系研究》，世界知识出版社 2002 年版。

［48］杨大凯：《2002 中国投资发展报告——迈向国际化的直接投资框架》，上海财经大学出版社 2002 年版。

［49］杨青：《现代经济发展过程中的对外直接投资》，中国财政经济出版社 2002 年版。

［50］杨小凯、黄有光：《专业化与经济组织》，经济科学出版社 1999 年版。

［51］杨勇、武晓韵：《中日对外直接投资发展的比较研究》，《国际贸易问题》2000 年第 5 期。

［52］杨忠：《我国国有企业对外直接投资中的问题与对策》，《中国工业经济》2000 年第 8 期。

［53］叶刚：《遍及全球的跨国公司》，复旦大学出版社 1989 年版。

［54］易钢、张磊：《国际金融》，上海人民出版社 1999 年版。

［55］张国成：《日本经济面临四种空心化》，《人民日报》1994 年 12 月 6 日。

［56］张汉林、卢进勇：《经济增长新引擎——国际直接投资方式规范与技巧》，中国经济出版社 1998 年版。

［57］张海岩：《走向国际市场：中国企业的国际经营》，贵州人民出版社 1994 年版。

［58］张维迎：《企业理论与中国企业改革》，北京大学出版社 1999 年版。

［59］张岩贵：《国际直接投资及其波动性》，经济科学出版社 2001 年版。

［60］赵伟：《国际贸易——理论政策与现实问题》，东北财经大学出版社 2004 年版。

［61］赵伟：《中国企业"走出去"——政府政策取向与典型案例分析》，经济科学出版社 2004 年版。

［62］赵伟、古广东：《中国企业跨国并购现状分析与趋向预期》，《国际贸易问题》2005 年第 1 期。

［63］赵伟、古广东：《对外直接投资、外汇储备与母国国际收支平衡》，《投资研究》2005 年第 8 期。

［64］赵伟、古广东、何元庆：《外向 FDI 与中国技术进步：机理分析与尝试性实证》，《管理世界》2006 年第 7 期。

［65］赵伟、古广东等：《民营企业国际化：理论分析与典型案例研究》，经济科学出版社 2006 年版。

［66］冯志坚：《对外直接投资与母国就业模式》，《商场现代化》2007 年第 11 期。

［67］古广东：《中国企业对外直接投资对出口贸易影响分析》，《亚太经济》2008 年第 1 期。

［68］吉粉华：《通过对外直接投资调整我国产业结构》，《全国商情》（经济理论研究）2008 年第 9 期。

［69］李保民：《中国对外投资的政策与支持》，《国际贸易论坛》2008 年第 1 期。

［70］李子乃、潘文清：《计量经济学》，《高等教育》2008 年第 2 期。

［71］景婷婷：《日本的产业空心化与美国的对比分析》，《管理世界》2008 年第 7 期。

［72］蓝庆新、张雅凌：《印度对外直接投资的经验及对我国实施"走出去"战略的启示》，《东南亚纵横》2009 年第 3 期。

［73］蒋志强：《基于 VAR 模型的我国对外直接投资与经济增长关系经验研究》2009 年第 11 期。

［74］郝丰慧：《山西企业实施"走出去"战略的问题及对策》，《科学之友》2009 年第 7 期。

［75］刘凤根：《FDI 投资区位的决定因素的实证研究》，《科学决策》2009 年第 7 期。

［76］方慧、张贝贝、张青：《中印对外直接投资的比较研究》，《山东大学学报》（哲学社会科学版）2009 年第 1 期。

［77］贺文华：《FDI 与经济增长区域差异：基于中国省际面板数据的研究》，《经济前沿》2009 年第 3 期。

［78］冯倩：《论中国—东盟自贸区下的山西对外直接投资》，《商品与质量》2010 年第 12 期。

［79］范珂萌：《我国对外直接投资宏观分析及建议》，《内蒙古财经学院学报》2010 年第 4 期。

［80］李良新：《对外直接投资与经济增长关系研究——以湖南经济为例》，《特区经济》2010 年第 8 期。

［81］黄庐进、梁乘：《中印对外直接投资比较研究》，《对外经贸》2011 年第 11 期。

［82］姜巍：《广东省企业对韩国直接投资的可行性及战略选择》，《走向贸易强国之路》2011 年第 1 期。

［83］姜艳、杨惠升、陈近光：《云南省企业扩大进口和对外投资现状调查》，《时代金融》2011 年第 12 期。

［84］李良：《对外直接投资与对外贸易关系的实证研究——以湖南经济为例》，《国际贸易》2011 年第 11 期。

［85］李春艳、刘力臻：《对外直接投资在东北地区行为的实证分析》，《社会科学战线》2011 年第 11 期。

［86］李文溥、张明志：《福建发展对外直接投资问题研究》，厦门大学，2012 年。

［87］Aharoni, Y., *The Foreign Investment Decision Process Boston* ［M］, Harvard University Press, 1966.

［88］Aliber, R., *A Theory of Direct Foreign Investment*, in Kindlederger C. (ed.), *The International Corporation* ［M］, MIT Press, Cambridge Mass, 1970.

［89］Anderton, R., Underlying Trends in Manufacturing Export Shares For Six Major Industrialised Countries ［J］, *Bulletin of Economic Research*, 1991, Vol. 43: 169 – 178.

［90］Bain, J., *Industrial Organization* ［M］, New York, John Wiley & Sons, 1959.

［91］Bajo – Rubio, O., Foreign Directment and Trade: A Causality Analysis ［J］, *Open Economics Review*, 1999, Vol. 12: 305 – 324.

［92］Bayoumi T. and G. Lipsey, *Japanese Foreign Direct Investment and Regional Trade* ［R］, 1997, IMF Working Paper, No. 1659.

［93］ Berman, E. , J. Bound and S. Griliches, Changes in the demand for skilled labour within U. S. manufacturing: evidence from the annual survey of manufacturers ［J］, *Quarterly Journal of Economics*, 1994, 109 (2): 367 – 397.

［94］ Bergsten C. Fred , Thomas Horst and Theodore Moran, *American Multinationals and American Benefits* ［M］, The Brookings Institution, Washington, D. C. , 1978.

［95］ Blomstrom, M. , G. Fors and R. Lipsey, *Foreign Direct Investment and Employment: Home Country Experience in the United States and Sweden* ［R］, NBER Working Paper, 1997, No. 6205.

［96］ Blomstrom, M. , R. Lipsey and K. Kulchycky, U. S. and Swedish Direct Investment and Exports ［M］, in R. Baldwin (ed.), *Trade Police Issues and Empirical Results*, Chicago University Press, 1988.

［97］ Braconier, H. and K. Ekholm, Swedish Multinationals and Competition from High – and Low – Wage Locations ［J］, *Review of International Economics*, 2000, Vol. 8 (3): 448 – 461.

［98］ Braconier, H. and K. Ekholm, *Foreign direct investment in Eastern and Central Europe: Employment Effects in the EU. mimeo* ［R］, Stockholm School of Economics revised version of CEPR Discussion Paper, 2002, No. 3052.

［99］ Braconier, H. , K. Ekholm and K. H. Midelfart Knarvik, In Search of FDI – transmitted R&D Spillovers: A Study Based on Swedish data ［J］, *Weltwirts Chafliches Archiv*, 2001, Vol. 137 (4): 644 – 665.

［100］ Brainard, S. , *A simple Theory of Multinational Corporations and Trade with a Trade – off between Proximity and Concentration* ［R］, NBER Working Paper, 1993, No. 4269.

［101］ Brainard, S. and D. Riker, *Are US Multinationals exporting US Jobs?"* ［J］, NBER Working, 1997, No. 5958.

［102］ Brainard, S. and D. Rike, *US Multinationals and Competition from Low – wage Countries* ［R］, NBER Working, 1997, No. 5955.

［103］ Brainard, S. , An Empirical Assessment of the Proximity – Concentration Trade – off between Multinational Sales and Trade ［J］, *American E-*

conomic Review, 1997, Vol. 87: 520 – 544.

[104] Branstetter, L. , *Is Foreign Direct Investments a Channel of Knowledge Spillovers? Evidence form Japan's FDI in the United States* [R], NBER Working Paper, 2000, No. 8015.

[105] Buckley, P. and Casson, M. , *The Future of Multibational Enterpriae* [M], Macmillan Press, London, 1976.

[106] Buckley, P. and Casson, M. , *The Economic Theory of the Multinational Corporates* [M], Macmillan Press LTD. , 1985.

[107] Cantwell, J. , A Survey of Theorys of International Production, in Christos, N. and Roger, S. (ed.), *The Nature of the Translational Firm* [M], Routledge, London, 1991.

[108] Carr, D. , Markusen, J. and Maskus, K. , Estimating the Knowledge – Capital Model of the Multinational Enterprises [M], University of Colorado Manuscript, 1998.

[109] Casson, M. , *Alternatives to the Multinational Enterprises* [M], Macmillan Press, London, 1979.

[110] Casson, M. , *Multinational Enterprises and Economic Analysis* [M], Cambridge University Press, 1982.

[111] Caves, R. , International Corporations: The Industrial Economics of Foreign Investment [J], *Economica*, 1971, Vol. 38: 1 – 27.

[112] Caves, R. , Multinational Firms, Competition and Productivity in Host Country Market [J], 1974, *Economica*, Vol. 41: 176 – 193.

[113] Cheung, Steven, The Contractual Natural of the Firm [J], *Journal of Law and Economics*, 1983, Vol. 26: 1 – 21.

[114] Coase, R. H. , The Nature of the Firm [J], *Economica*, 1937, 4: 386 – 405.

[115] Coe, D. T. and E. Helpman, International R&D Spillovers [J], *European Economic Review* 1995, Vol. 39: 859 – 887.

[116] Corden, W. , The Theory of International Trade, in Dunning, J. (ed.), *Ecomnomic Analysis and the Multinational Enterprise* [M], Allen&Unwind Press, London, 1974.

[117] Courtney, William H. and Danny M. Leipziger, Multinational Cor-

porations in LDCs: The Choice of Technology [J], *Oxford Bulletin of Economics and Statistics*, 1975, Vol. 57.

[118] David T. Coe and E. Helpman, International R&D Spillovers [J], *European Economic Review*, 1995, Vol. 39.

[119] Dunning, J., *American Investment in British Manufacturing Industry* [M], Allen and Unwin, London, 1958.

[120] Dunning, J., Explaining Changing Patterns of International Production: An Defence of the Eclectic Theory [J], *Oxford Bulletin of Economic and Statistics*, 1979, Vol. 41: 269 – 296.

[121] Dunning, J., Towards an Eclectic Theory of International Production: Some Empirical Tests [J], *Journal of International Business Studies*, 1980, Vol. 2: 9 – 31.

[122] Dunning, J., The Eclectic Paradigm of International Production: An Update and Some Possible Extensions [J], *Journal of International Business Studies*, 1988, Vol. 19 (1): 1 – 31.

[123] Dunning, J., The Theory of International Production [J], *The International Trade Journal*, 1981, Vol. 3.

[124] Dunning, J., *Explaining International Production* [M], Unwind Hymen, 1981.

[125] Dunning, J., *International Production and the Multinational Enterprise* [M], Allen and Unwind Press, London, 1981.

[126] Dunning, J., Explaining Outward Direct Investment of Development Countries: In Support of the Eclectic Theory of International Production, in Kumar, K. and Mcleod, M. (ed.), Multinationals from Developing Countries [M], Lexington Books, Lexington, Mass., 1981.

[127] Dunning, J., The Investment Development Cycle and Third World Multinationals, in Khan, K. (ed.), *Multinationals of the South* [M], Routledge, London, 1986.

[128] Dunning, J., The Eclectic Paradigm of International Production: A Personal Perspective, in Christos, N. and Roger, S. (ed.), *The Nature of the Translational Firm* [M], Routledge, London, 1991.

[129] Dunning, J., *Multinational Enterprises and the Global Economy*

[M], Addison Wesley, 1993.

[130] Dunning, J., *The Thory of Transnational Corporations* [M], Routledge, 1993.

[131] Dunning, J., Reappraising the Eclectic Paradigm in an Age of Alliance Capitalism [J], *Journal of International Business Studies*, 1995, Vol. 26 (3): 461 −492.

[132] Dunning, J., Globalization and the Theory of MNE Activitiy, in Hood, N. &Young, S. (ed.), *The Globalization of MNE Activity and Economic Developmen* [M], Macmillan Press, 2000.

[133] Eaton, J. and Tamura, A., Bilateralism and Regionalism in Japanese and U. S. Trade and Direct Foreign Investment Patterns [J], *Journal of the Japanese and International Economics*, 1994, Vol. 8 (4).

[134] Ekholm, K., Forslid, R. and Markusen, J., *Export − Platform Foreign Direct Investment* [R], NBER Working Paper, 2003, No. 9517.

[135] Feenstra, R. and G. Hanson, Globalization, Outsourcing and Wage Inequality [J], *American Economic Review*, 1996, Vol. 86 (2): 240 −245.

[136] Feenstra, R. and G. Hanson, Foreign Investment, Outsourcing and Relative Wages, in R. Feenstra et al. (eds.), *The Political Economy of Trade Policy*: Papers in Honour of J. Bhagwati [M], MIT Press, 1996.

[137] Feenstra, R. and G. Hanson, Foreign Direct Investment and Relative Wages: Evidence from Mexico's Maquiladoras [J], *Journal of International Economics*, 1997, Vol. 42: 371 −393.

[138] Feldstein, M. and C. Horioka, Domestic saving and international capital flows [J], *Economic Journal*, 1980: 314 −329.

[139] Feldstein, M., *The Effect of Outbound Foreign Direct Investment on the Domestic Capital Stock* [R], NBER Working Paper, 1994, No. 4668.

[140] Flatters, F., Commodity Price Equalization: A Note on Factor Mobility and Trade [J], *The American Economic Review*, 1972, Vol. 62: 472 −476.

[141] Fontagne, L. and Pajot, M., How Foreign Direct Investment Affect International Trade and Competiveness: An Empirical Assessment [R],

CEPII, document de travail , 1997: 97 – 167.

[142] Fosfuri, A. and M. Motta, Multinationals without Advantages [J], *Scandinavian Journal of Economics*, 1999, Vol. 101 (4): 617 – 630.

[143] Glickman, Norman J. and Douglas P. Woodward, *The New Competitors: How Foreign Investments Are Changing the U. S. Economy* [M], Basic Books, New York, 1989.

[144] Goldberg, L. S. and M. W. Klein, *Foreign Direct Investment, Trade and Real Exchange Rate Linkages in South East Asia and Latin America* [R], NBER Working Paper, 1998, No. 6344.

[145] Graham, E. , *Oligopolistic Reaction and European Direct Investment in US* [M], Harvard Business School, Mimeo, 1975.

[146] Hanson, G. , Mataloni, R. and Slaughter, M. , Expansion Strategies of U. S. Multinational Firms, in Dani Rodrik and Susan Collins (ed.) [J], *Brookings Trade Forum* 2001: 245 – 294.

[147] Hansson, P. , *Skill Upgrading and Production Transfer Within Swedish Multinationals in the 1990s* [R], CEPS Working Document, 2001.

[148] Hatzius, J. , *Domestic Jobs and Foreign Wages: Labour Demand in Swedish Multinationals* [R], Centre for Economic Performance Discussion Paper, 1997, No. 337.

[149] Hawkins, R. , *Job Displacement and the Multinational Firms: A Methodological Review* [R], Occasional, No. 3, Center for Multinational Studies, 1972.

[150] Head, K. and J. Ries, Offshore production and skill upgrading by Japanese manufacturing firms [J], *Journal of International Economics*, 2002, Vol. 58: 81 – 105.

[151] Helmberger, P. and Schmitz, A. , Factor Mobility and International Trade: The Case of Complementarity [J], *The American Economic Review*, 1970: 761 – 767.

[152] Helpman, E. , A Simple Theory of International Trade with Multinational Corporations [J], *The Journal of Political Economy*, 1984, Vol. 92: 451 – 471.

[153] Helpman, E. and Krugman, P. , *Market Structure and Foreign*

Trade, *in Increasing Returns, Imperfect Competion and International Economy* [M], The MIT Press, Cambridge, Mass, 1985.

[154] Helpman, E. , Melitz, M. and Yeaple, S. , *Export Versus* FDI [R], NBER Working Paper, 2003, No. 9439.

[155] Hirsch, S. , *Location of Industry and International Competitiveness* [M], Oxford University Press, London, 1976.

[156] Hufbauer, G. , D. Lakdawalla and A. Malani, Determinants of Foreign Directment and its Connection to Trade [R], *UNCTAD Review*, 1994: 39 – 51.

[157] Hummels, D. , J. Ishii and K. – M. Yi, The Nature and Growth of Vertical Specialization in World Trade [J], *Journal of International Economics*, 2001, Vol. 54: 75 – 96.

[158] Hymer, S. , *International Operational of National Firms: A Study of Direct Foreign Investment* [M], Doctorial Dissertation for Massachuusetts Institute of Technology, Mass. MIT Press 1976.

[159] Hymer, S. , *The Multinational Corporation: A Radical Approach* [M], Cambridge University Press, Cambridge, 1979.

[160] Irving B. Kravis and Robert E. Lipsey, *The Effect of Multinational Firms' Foreign Their Domestic Employment* [R], NBER Working Paper, 1988, No. 2760.

[161] Jaffe, A. , M. Trajtenberg and R. Henderson, Geographic Localization of Knowledge Spillovers as Evidenced by Patent Citations [J], *Quarterly Journal of Economics*, 1993, Vol. 108 (3): 577 – 598.

[162] Johanson, H. , The Efficiency and Welfare Implication of the International Coperations, in Kindleberger, C. (ed.), *The International Corporation: A Symposium* [M], Mass. MIT Press, Cambridge, 1970.

[163] Johanson, J. and Vahlne, E. , The International Process of the Firms: A Model of Knowledge Development and Increasing Market Commitment [J], *Journal of International Business Studier*, 1977, Vol. 8 (2): 23 – 32.

[164] Jost, T. , *Direct Investment and Germany as a Business Location* [R], Deutsche Bundesbank Discussion Paper, 1997, No. 2/97.

[165] Keith Head and John Ries, Overseas Investment and Firm Exports

[J]，*Review of International Ecomomics*，2001，Vol. 9（1）：108 – 122.

[166] Keith Head，John Ries，Offshore Production and Skill Upgrading by Japanese Firms [J]，*Journal of International Economics*，2002，Vol. 58（1）：81 – 105.

[167] Kemp，M. C.，The Benefits and Costs of Private Investment from Abroad [J]，*Comment Economic Record*，1962，Vol. 38：108 – 110.

[168] Kindleberger，C.，*American Business Abroad：Six Lectures on Direct Investment* [M]，Yale University Press，New Haven，1969.

[169] Knickerbocker，F.，*Oligopolistic Reaction and the Multinational Enterprise* [M]，Harvard Graduate School of Business Administration，Boston，1973.

[170] Kogut，B.，*Foreign Direct Investment as a Sequential Process* [M]，in Dunning，J.（ed.），1983.

[171] Kojima，K.，*Direct Foreign Investment：A Japanese Model of Multinational Business Operation* [M]，Croom Helm，1978.

[172] Kojima，K.，Japanese and American Direct Investment in Asia：A Comparative Analysis [J]，*Hitotsubashi Journal of Econimics*，1985，Vol. 26：1 – 35.

[173] Lall，S.，Transnationa，Domestic Enterprises and Industrial Structure in Host LDCs [J]，*Oxford Economic Papaers*，1978，Vol. 30：217 – 248.

[174] Lall，S.（ed.）*The New Multinationals：The Spread of Third World Enterprise* [M]，John Wiley & Sons，1983.

[175] Landesmann，M. and Snell，N.，Structural Shifts in the Manufacturing Export Performance of OECD Economies [J]，*Journal of Applied Econometrics*，1993，Vol. 8：149 – 162.

[176] Lawrence，R. and M. Slaughter，International trade and American wages in the 1980s：Giant Sucking Sound or Small Hiccup? [J]，*Brookings Papers on Economic Activity：Microeconomics*，1993，Vol. 2：161 – 226.

[177] Lipsey，R.，Weiss，M.，Foreign Production and Exports in Manufacturing Industries [J]，*The Review of Economics and Statistics*，1981，Vol. 63：188 – 194.

[178] Lipsey, R. , Weiss, M. , Foreign Production and Exports of Individual Firms [J], *The Review of Economics and Statistics*, 1984, Vol. 66: 304 – 308.

[179] Lipsey, R. , Irving B. Kravis and Romualdo A. Roldan, Do Multinational Firms Adapt Factor Proportions to Relative Factor Prices? in Anne O. Krueger, ed. , *Trade and Employment in Developing Countries* [M], 1982.

[180] Lipsey, R. , Irving, B. and Roldan, R. , *Factor Supply and Substitute* [M], University of Chicago Press, Chicago, 1982.

[181] Lipsey, R. , *Outward Direct Investment and the U. S. Economy* [R], NBER Working Paper, 1984, No. 691.

[182] Lipsey, R. , *Outward Direct Investment and the U. S. Effect* [R], NBER Working Paper, 1994, No. 4691.

[183] Lipsey, R. , Ramstetter, E. and Blomstrom, M. , *Outward FDI and Parent Exports and Employment: Japan, the United States and Sweden* [R], NBER Working Paper, 2000, No. 7623.

[184] Lipsey, R. , *Home and Host Country Effect of FDI* [R], NBER Working Paper, 2002, No. 9293.

[185] MacDougall, G. D. A. , The Benefits and Costs of Private Investment from Abroad: A Theoretical Approach [J], *Economic Record*, 1960, Vol. 36: 13 – 35.

[186] Magnus Blomstrom and Ari Kokko, *Home Country Effects of Foreign Direct Investment: Evidence from Sweden* [R], NBER Working Paper, 1994, No. 4639.

[187] Makino, S. , *Toward a Theory of Asset Seeking Foreign Investment* [M], Hong Kong, The Chinese University, mimeo, 1998.

[188] Markusen, J. Factor Movement and Commodity trade as Complements [J], *Journal of International Economics*, 1983, Vol. 14: 341 – 356.

[189] Markusen, J. , The Boundaries of Multinational Enterprises and the Theory of International Trade [J], *Journal of Economic Perspectives*, 1995, Vol. 9: 169 – 189.

[190] Marris, R. , The Economic Theory of Managerial Capitalsim

[M]，London，1964.

[191] Messerlin, Patrick A. , The Impact of Trade and Capital Movements on Labor: Evidence on the French Case [M], Institut d'Etudes Politique de Paris, 1994.

[192] Morley, Samuel A. and Gordon W. Smith, *The Choice of Technology: Multinational Firms in Brazil* [R], Rice University Program of Development Studies Paper, 1974, No. 58.

[193] Mundell, R. , International Trade and Factor Mobility [J], *the American Economic Review*, 1957: 321 – 335.

[194] Narula, R. , *Multinational Investment and Economic Structure* [M], London & New York, Routledge, 1996.

[195] Neven, D. and G. Siotis, Technology sourcing and FDI in the EC: An Empirical Evaluation [J], *International Journal of Industrial Organization*, 1995, Vol. 14 (5): 543 – 560.

[196] Nigel Pain and Katharine Wakelin, Export Performance and the Role of Foreign Direct Investment [J] , *The Manchester School of Economics and Social Studies*, 1997, Vol. 66: 62 – 88.

[197] Pain, N. and Wakelin, K. , *Foreign Direct Investment and Export Performance* [R], Conference, European Association for Research in Industrial Countries, Vienna, 1996.

[198] Pain, N. and Wakelin, K. , *Export Perforence and the Role of Foreign Direct Investment* [R], NIESR Discussion Paper, 1998, No. 131.

[199] Penrose, E. , Foreign Investment and Growth of firm [J], *Economic Journal*, 1956, Vol. 60: 220 – 235.

[200] Penrose, E. , *The Theory of the Growth of the Firm* [M], Oxford University Press, New York, 1959.

[201] Pfaffermayr, M. , Foreign Direct Investment and Exports: A Time Series Approach [J], *Applied Economics*, 1994: 337 – 351.

[202] Pottelsberghe de la Potterie, B. van and F. Lichtenberg, Does Foreign Direct Investment Transfer Technology across Borders? [J] , *Review of Economics and Statistics*, 2001, vol. 83 (3): 490 – 97.

[203] P. S. Andersen and P. Hainaut, *Foreign Direct Investment and Em-*

ployment in the Industrial Countries [R], BIS Working Paper, 1998, No. 61.

[204] Pugel, Thomas A. , The United States, in John H. Dunning, (ed.), *Multinational Enterprises, Economic Structure and Industrial Competitiveness* [M], John Wiley and Sons, New York, 1985.

[205] Purvis, D. , Technology, Trade and Factor Mobility [J] , *The Economic Journal*, 1972, Vol. 82: 991 – 999.

[206] Simon, H. , Theories of Decision Making in Economics [J], *American Economic Review*, 1959, Vol. 49: 607 – 617.

[207] Siotis, G. , Foreign Direct Investments, Strategies and Firms' Capabilities [J], *Journal of Economics and Management Strategy*, 1999, Vol. 8 (2): 251 – 270.

[208] Slaughter, M. , *Multinational Corporations, Outsourcing and American Wage Diversion* [R], NBER Working Paper, 1995, No. 5253.

[209] Slaughter, M. J. , Production Transfer within Multinational Enterprises and American Wages [J], *Journal of International Economics*, 2000, Vol. 50: 449 – 490.

[210] Smith, A. , Strategic Investment, Multinational Corporaion and Trade Policy [J], *European Economic Review*, 1987, Vol. 31: 89 – 96.

[211] Stevens, V. and R. Lipsey, Interactions between domestic and foreign investment [J], *Journal of International Money and Finance*, 1992: 40 – 62.

[212] Stevens, Guy V. G. and Robert E. Lipsey, *Interactions between Domestic and Foreign Investment* [R], International Finance Discussion Paper, Board of Governors of the Federal Reserve System, August, 1988, No. 329.

[213] Stevens, G. V. G. and R. E. Lipsey, Internations between Domestic and Foreign Investment [J], *Journal of International Money and Finance*, 1992, Vol. 11: 40 – 62.

[214] Svesson, R. , Effects of Overseas Production on Home Country Export: Evidence Based on Sweden Multinations [J], *Weltwirtschaftliches Archiv*, 1996: 304 – 329.

[215] Swedenborg, B. , Sweden, in J. Dunning (ed.), *Multinational Enterprises, Economic Structure and International Competitiveness* [M], 1985:

217 - 48.

[216] Tain - Jy Chen, Ying - Hua Ku, *The Effect of Overseas Investment on Domestic Employment* [R], NBER Working Paper, 2003, No. 10156.

[217] Teece, D., *Multinational Corporation and the Resource Cost of International Technology Transfer* [M], Ballinger Publisher Company, Cambridge, Mass., 1976.

[218] Teecc, D., Multinational Enterpreses, Interprise, Internal Governance, and Industrial Organization [J], *The American Economic Review*, 1985, Vol. 75：233 - 237.

[219] Teece, D., Foreign Investment and Technological Development in Silicon Valley [J], *California Management Review*, 1992, Vol. 34：88 - 106.

[220] UNCTAD, *World Investment Report* [R], 1992 - 2004.

[221] Vernon, R., International Investment and International Trade in the Product Cycle [J], *Quarterly Journal of Economics*, 1966：190 - 207.

[222] Vernon, R., The Locational of Economic Acitity, in Dunning, J. (ed.), *Economic Analysis and the Multinational Enterprise* [M], Allen and Unwind Press London, 1974.

[223] Vernon, R., The Produc Cycle Hypothesis in a New International Environment [J], *Oxford Bulletin of Economics and Statistics*, 1979, Vol. 80：255 - 267.

[224] Wells, L., The International of Firms from Developing Countries, in Agmon, T. and Kindlebegger, C. (ed.), *Multinationals from Small Countries* [M], MIT Press, Cambridge, Mass., 1977.

[225] Wells, L., Foreign Investment from the Third World, in Kumar K. and Mcleod, M. (ed.), *Multinationals from Developing Lexington* [M], Lexington Books, Mass., 1981.

[226] Fonseca, M., Mendonça, A. and Passos, J. (2007) The Investment Development Path Hypothesis：Evidence from the Portuguese Case - A panel Data Analysis [J], WP 021/2007/DE.

[227] Gorynia, M., Nowak, J. and Wolniak, R. (2009) Poland's Investment Development Path：In Search of a Synthesis [J], *International Journal of Economic Policy in Emerging Economies*, Vol. 2, No. 2.

[228] *World Investment Report*, 1990 – 2010, UNCTAD.

[229] Cheng, L. K. and Ma, Z. (2009) Internationd Journal of China's Outward FDI: Past and future, "Pre – Conferenceon China's Growing Role in the World Trade" held at the National Bureau of Economic Research, Cambridge, Mass.

[230] Wissem, A. , A *Granger – Causality Analysis between FDI and Trade: An Empirical Comparative Study* [M], Phd. Paper, 2009.

[231] Cheung, Y. W. and X. Qian (2010) Empirics of China Outward Direct Investment, *Pacific Economic Review*, 14: 3 (2009) pp. 312 – 341.

后　记

　　本书是在我的博士学位论文基础上修改而成的。弹指一挥间，博士毕业已近八年，几经思索，最终选择了中国社会科学出版社出版这部专著。掩卷沉思，我的思绪又回到了那激情燃烧的青葱岁月……

　　出生和成长在中国的西部，负笈求学在中国的中部和东部，犹如发展中国家到发达国家的对外直接投资，外出求学十余年获得的不仅仅是知识的增长，能力的提高。2003 年秋天，怀着美好的憧憬和期盼，我终于考取了向往已久的浙江大学，得以有机会继续攻读经济学博士学位，圆了人生的一桩心愿。浙江大学这所百年名校，其深厚的文化底蕴、良好的学术氛围和"求是创新"的精神，使我在这三年期间获益匪浅，所学受益终身。

　　值此专著出版之际，我首先要向我的导师——赵伟教授表示深深的谢意。"厚德载物"，随从学习期间，赵老师谨严的学风、渊博的知识、敏锐的洞察力以及勤奋踏实的工作态度，时时感召着我，并将成为我一生中受用无穷的动力源泉。本冥顽愚钝的我，经赵老师的次次点拨，也在通往经济学的道路上渐渐悟出了一些道理。曾记得多少个落日点缀玉泉的黄昏，赵老师在余晖下的办公室手把手地教我修改文章；曾记得多少个晚风吹拂的日子，赵老师在登山的过程中，不断传授我们如何做学问、如何做人的道理；还曾记得多少个寒来暑去的岁月，赵老师一如既往地问寒问暖，感人至深。如果说在浙大三年求学我在学业上有所成就的话，那也是赵老师悉心指导的结果。师恩如海，千载难忘！

　　在浙江大学三年的时间里，我得到了许多老师的指导和鼓励，他们是史晋川教授、姚先国教授、金祥荣教授、金雪军教授、张小蒂教授、陈凌教授、汪斌教授、张旭昆教授、顾国达教授、叶航教授、肖文教授、沈姚教授、黄先海教授、许庆明教授、蒋岳祥教授、陈志俊博士、罗德明博士、潘士远博士、朱希伟博士等人。在浙江大学求学期间，我还有幸聆听了浙江大学经济学院王洛林院长、周其仁教授、汪丁丁教授以及浙江大学民营经济研究中心众多知名教授的课程或报告，他们的真知灼见启发了我，他们的思想对我产生了很大的影响，在此我谨向以上老师表示深深的谢意！浙江大学民营中心的朱秀君老师，浙江大学经济学院研究生科的董雪兵老师、周晓红老师、范良辉老师、付华明老师在工作上给予了很大的支持，在此一并表示感谢！

在日常学习和生活中，我得到了许多同学的关心和支持，他们是同门严浩坤博士、秦正强博士、吕盛行博士、管汉晖博士、徐朝晖博士、李芬博士、何元庆博士、程艳博士、马征博士、杨会臣博士、汪全立博士、马瑞永博士、陈愉瑜博士、普雁祥博士、李淑贞博士、何莉博士、赵晓霞博士、江东博士、陈文芝博士、张秋伊博士、张萃博士以及应艳、张研云、韩云霞、杨永明、李科等人，感谢以上师兄、师姐、师弟、师妹的关心与支持，祝愿你们工作顺利、前程似锦！另外，我有幸在浙江大学经济学院求学期间加入了一个温馨的班集体，来君博士、高莉博士、王永剑博士、李红坤博士、林应博士、张学勇博士、孙景蔚博士、钱陈博士、王中兴博士、周礼博士、杨梦泓博士、王晓荣博士、鲁莉劼博士、林皓博士、祝亚博士、李有博士、王明琳博士、李国民博士、赖普清博士、诸葛栋博士以及韩国友人斐成焕、计算机学院的高志刚博士、机能学院的苟湘博士、信息学院的俞峰博士、管理学院的吴秀敏博士等，他们给我生活和学习上诸多帮助，在次深表谢意，并祝愿你们学业、工作和生活皆顺利！

在三年的攻博生涯中，感谢雅安市人民政府前副市长孙前先生给予的无私支持和帮助；感谢挚友赵迎鸿兄长的大力支持和莫大的鼓励；感谢挚友高国龙兄长的大力支持；感谢挚友何成刚兄长的大力资助和鼓励。没有他们的鼓励和支持，我不可能这么顺利地完成学业。在此向你们说声：谢谢！

在我攻博乃至二十多年的求学期间，我的家人给予了我无私的关爱，尤其是我的母亲，在此谨祝愿她身体健康！感谢我的哥哥古广军给予我生活上的支持。这些年来，我的妻子何敏在学习和生活等方面给予了我莫大的安慰和支持，我一直对她亏欠太多，在此谨向她表示深深的歉意！在我人生二十多年的求学过程中，我得到了许多人的关心和支持，在此恕不能一一列举，谨向那些长期以来对我关心和支持的人表示深深的谢意！

　　本书得以最终的出版，得到了 2012 年度重庆师范大学学术专著出版基金的支持，也得到了重庆师范大学应用经济学一级学科硕士点建设资金的支持，在此表示感谢。本书在修改过程中，我指导的硕士研究生丁伟、高和参与了数据的更新和部分章节的修改，在此一并表示感谢。本书虽是本人多年思索、沉淀累计而成，但由于在此研究领域相关理论的匮乏和数据获取的困难，书中难免会有一些差错。对于本书可能存在的错漏，肯请各位读者批评与指正。

古广东

2013 年 12 月于重庆·师大苑